Discipulado transformou-se num chavão que muitos andam usando por aí sem defini-lo corretamente. Nesse mar de vozes, precisamos desesperadamente de um mapa de navegação que nos leve de volta para um curso bíblico. Neste livro, Bill Hull fornece a correção de curso que precisamos.

—*Robby Gallaty, pastor sênior, Long Hollow Baptist Church; presidente, Replicate Ministries*

Bill Hull acerta na mosca. Discípulos não são uma classe especial de cristãos. Bill nos proporcionou uma análise desafiadora e estimulante da conversão bíblica e do discipulado. Minha aposta é que você não concordará com tudo que encontrará nestas páginas. (Eu não concordei.) Mas eu lhe garanto que o seu ministério e a sua caminhada pessoal com Jesus serão grandemente beneficiados com a luta com a sabedoria e os *insights* que ele proporciona.

—*Dr. Larry Osborne, autor e pastor, North Coast Church, Vista, CA*

Bill Hull acredita que, ao aceitarmos Cristo como Senhor e Salvador, também recebemos o seu estilo de vida de fazer discípulos. Os dois compromissos andam de mãos dadas. Este não é o tipo de livro que se lê numa cadeira de balanço comendo chocolate.

—*Dr. Robert Coleman, autor,* The Master Plan for Evangelism

A leitura deste livro é obrigatória para todos os líderes da igreja. Ele trata das questões mais básicas, das realidades teológicas necessárias para criar um movimento de discipulado sustentável na sua igreja e para além dela. Leia este livro, pondere-o e deixe-o mudar a sua vida e o seu ministério. Recomento fortemente *Conversão e discipulado*.

—*Dr. Bobby Harrington, diretor, Discipleship.org; membro do conselho, Relational Discipleship Network; autor e pastor*

Estou convencido de que uma das falhas mais profundas do discipulado deriva da nossa falta de compreensão do significado do arrependimento como parte intrínseca de uma relação viva com Deus. Como ativista de longa data da causa do discipulado, Bill apresenta um argumento irrefutável em prol da relação de uma contínua conversão a uma vida de discipulado. Um livro bem escrito sobre um tema importante.

—*Alan Hirsch, autor de livros premiados; fundador, Forge, 100Movements, e Future Travelers; www.alanhirsch.org*

Bill Hull tem se empenhado no discipulado há muitos anos e ajudou a moldar muitas das mentes que consideram o discipulado a missão central da igreja. Admiro Bill tanto porque ele não é apenas um teórico, mas um praticante, que faz o que diz que os outros devem fazer. Ele deu àqueles que estão empenhados no discipulado uma nova ferramenta teológica para promover algo que tem sido deixado de fora da igreja há algum tempo. Sei que você gostará deste livro tanto quanto eu gostei.

—*Jim Putman, pastor sênior, Real Life Ministries; coautor,* Discipleshift

Tenho lido e ouvido Bill Hull há anos. Ele tem sido um treinador de discipulado na minha vida e na vida de inúmeros outros. Sou muito grato por ele, pelo seu trabalho e pela sua paixão pelo discipulado.

—*Ed Stetzer, www.edstetzer.com*

Bill Hull escreve com ousadia sobre como Dallas Willard o desafiou a pensar de forma diferente sobre um dos pilares fundamentais do evangelismo, o significado do evangelho e a ligação natural entre a conversão e o discipulado (também conhecido como aprendizado). Para os discípulos de Jesus, a boa notícia não era que eles poderiam dizer uma frase mágica e depois ir para o céu quando morressem; a boa notícia era que eles poderiam entrar num aprendizado com Jesus e começar a viver um tipo de vida eterna aqui e agora. Nada mudou. Essa continua sendo a boa notícia.

—*Gary W. Moon, MDiv, PhD; diretor executivo,*
Martin Institute and Dallas Willard Center,
Westmont College; autor, Apprenticeship with Jesus

A jornada vitalícia de Bill Hull lhe deu um dos papéis de liderança mais importantes no movimento de discipulado dos últimos cinquenta anos e o torna excepcionalmente qualificado para guiar a igreja a um verdadeiro discipulado bíblico. Esta será uma leitura difícil para alguns porque Bill fala diretamente e sem disparates àqueles que substituíram os programas elitistas pelo discipulado bíblico. Leia e ouça o apelo deste livro.

—*Michael J. Wilkins, professor distinto de língua e literatura*
do Novo Testamento, Talbot School of Theology; autor,
Following the Master: A Biblical Theology of Discipleship

BILL HULL

CONVERSÃO E DISCIPULADO

VOCÊ NÃO
PODE TER UM
SEM O OUTRO

PUBLISHER *Samuel Coto*
EDITORES *André Lodos, Guilherme H. Lorenzetti* e
Brunna Prado
PRODUÇÃO EDITORIAL *Bruna Gomes Ribeiro*
PREPARAÇÃO *Fernanda Garcia*
REVISÃO *Eliana Moura Mattos* e
Bruna Gomes Ribeiro
DIAGRAMAÇÃO *Joede Bezerra*
CAPA *Rafael Brum*

Dados Internacionais de Catalogação na Publicação (CIP)
(BENITEZ Catalogação Ass. Editorial, MS, Brasil)

H892c Hull, Bill
1.ed.   Conversão e discipulado: você não pode ter um sem o outro
/ Bill Hull; tradução Markus Hediger. – 1.ed. – Rio de Janeiro:
Thomas Nelson Brasil, 2022
336 p.; 15,5 x 23 cm.

Título original: Conversion & discipleship: you can't have
one without the other.
ISBN: 978-65-5689-604-5

1. Conversão (Cristianismo). 2. Discipulado
(Cristianismo). 3. Formação espiritual. I. Hediger,
Markus. II. Título.
08-2022/115   CDD 248.4

Índice para catálogo sistemático:
1. Conversão e discipulado: Cristianismo   248.4
Bibliotecária: Aline Graziele Benitez CRB-1/3129

Thomas Nelson Brasil é uma marca licenciada à Vida Melhor Editora Ltda.
Todos os direitos reservados à Vida Melhor Editora Ltda.
Rua da Quitanda, 86, sala 218 — Centro
Rio de Janeiro, RJ — CEP 20091-005
Tel.: (21) 3175-1030
www.thomasnelson.com.br

Para Dallas Willard,

*o profeta relutante que me inspirou
a me empenhar neste trabalho.*

> *Hoje, o segmento ocidental da igreja vive numa bolha de ilusão histórica sobre o significado do discipulado e do evangelho.*
>
> —Dallas Willard, The Divine Conspiracy

SUMÁRIO

Alguns acreditam que você pode ter conversão sem discipulado. Eu acredito que a prova da conversão é o discipulado.

PREFÁCIO

HOJE EM DIA, CHAVÕES ABUNDAM na Igreja. Às vezes são pouco mais do que acrobacias publicitárias, outras vezes são pouco profundos e, por vezes, são tentativas genuínas de chegar ao âmago da missão de Deus neste mundo. Termos individuais, como *missional* ou *formação* ou *espiritualidade,* só nos levarão até certo ponto; podem ajudar, mas precisaremos de todos eles se quisermos uma teologia equilibrada e robusta. Quando se trata da vida cristã, porém, existe um termo que nos pode levar ao coração de Deus: discipulado.

Descobri esse termo numa viagem. Como alguém que se converteu no Ensino Médio, fui tomado de alegria por ter encontrado sentido e propósito na vida. O meu pastor, que Deus o abençoe, admirava profundamente o apóstolo Paulo e estava imerso numa teologia que parecia evitar os Evangelhos e Jesus como figura histórica. Por isso, foi só na faculdade, imerso no estudo de toda a Bíblia e trabalhando como pastor de jovens, que descobri os Evangelhos. O meu mundo se inflamou subitamente com o desejo de saber mais sobre o assunto. Na faculdade, debrucei-me sobre a obra; alma e corpo tremiam e lutavam pela compreensão da profundidade do grande livro desse homem. Essa viagem em busca de Jesus, dos Evangelhos e das obras de Bonhoeffer mudou o curso da minha vida. Quando ouvia alguém falar de Jesus ou encontrava um novo livro sobre ele, eu me voltava para aquela direção; quando alguém chamou a minha atenção para Bonhoeffer, descobri que ele se manteve no caminho de Jesus e dos Evangelhos.

O "primeiro dia" com Jesus, se começarmos com Marcos, é uma lição em sucintez: arrependimento, fé, Evangelho, Reino. Coloque tudo isso numa única bolsa de ideias e o resultado será discipulado. Eu queria crescer como discípulo, ensinar e ler sobre discipulado. Mas descobri rapidamente que nem todos queriam isso. Alguns diziam que discipulado remetia à justiça por meio de obras e não por meio da graça; outros diziam que devemos equilibrar Jesus com a "vida no Espírito" de Paulo. Alguns até diziam que salvação e conversão são uma coisa, mas que discipulado é uma coisa totalmente diferente e opcional. O que eu ouvia era que era possível ter uma coisa sem a outra — que é possível ser salvo e não ser um discípulo. Eu era jovem e estava entusiasmado, mas senti o cheiro de uma mentira teológica nessa afirmação. Por isso, continuei a ensinar e escrever, e um dia, na Trinity Evangelical Divinity School, no corredor em frente ao meu escritório, conheci um jovem pastor, Bill Hull, que se preocupava com a mesma coisa. Ele tinha ouvido que eu estava ensinando discipulado e que dizia que não se pode ter uma coisa (salvação ou conversão) sem a outra (discipulado). Ele achava que eu tinha razão, eu acreditava que ele tinha razão, e aqui estamos nós, novamente, juntos.

Apoio irrestritamente a afirmação de Bill Hull: quando se trata de conversão (salvação) e discipulado, não se pode ter um sem o outro. Não existem muitas obras cujos títulos contêm a história do autor e expressem a essência da mensagem do livro tanto quanto este. *Conversão e discipulado: não se pode ter um sem o outro* expressa perfeitamente tudo que sei sobre a vida, o ministério e os escritos de Bill Hull. Dallas Willard, se você o ler com atenção, escreveu todos os seus livros voltados para uma teologia da semelhança de Cristo; Bill escreveu-os voltados para o discipulado ou para uma Igreja composta não de salvos, mas de discípulos.

Bill Hull começa no lugar certo, com o evangelho. Ele oferece uma palavra profunda: se errarmos em relação ao evangelho, erramos em tudo. Se acertarmos em relação a ele, estamos numa viagem diferente, sagrada e saudável para o discipulado. No entanto, ao dizer essas coisas, Bill não se contém e critica alguns dos temas preferidos (e superficiais) do mundo evangélico norte-americano sobre a natureza do evangelho e o tipo de reação à qual ele nos chama. Mas, se conseguir-mos acertar em relação a isso, o que resulta é a beleza daquilo que o evangelho pode criar: igrejas repletas de discípulos florescentes.

Em *Conversão e discipulado,* há uma impaciência profundamente saudável e santa — Bill Hull tem ensinado, pregado e escrito sobre esse tema durante todo o seu ministério. Mas as igrejas em todo o mundo não estão ouvindo como deveriam. Continuam oferecendo as mesmas desculpas esfarrapadas: "Isso soa como justificação pelas obras", dizem, ou "É tudo uma questão de graça, não de discipulado", ou "Você pode ter um sem o outro, mas deve tentar obter o outro". Bill não está sozinho na sua santa impaciência. Encontro diversos pastores que me dizem a mesma coisa: nas igrejas, muitos estão plenamente satisfeitos com menos do que uma devoção total a Cristo, e eles apostam na graça, na bondade e no amor incondicional. Mas o Deus da graça, o Deus da bondade, o Deus do amor incondicional encarnou naquele que nos chama para que nos arrependamos, acreditemos, abracemos o evange-lho e nos apaixonemos pelo Rei do Reino, Jesus.

O discipulado é uma questão de conformidade com Cristo, como o apóstolo Paulo disse uma vez: "Ora, o Senhor é o Espírito e, onde está o Espírito do Senhor, ali há liberdade. E todos nós, que com a face des-coberta contemplamos a glória do Senhor, segundo a sua imagem estamos sendo transformados com glória cada vez maior, a qual vem do Senhor, que é o Espírito" (2Coríntios 3:17,18). Por trás das palavras do apóstolo Paulo sobre a nossa transformação à imagem do próprio Cristo estão as palavras de Jesus sobre o discipulado que define a missão e a vida. Penso em Marcos 8:34: "Se alguém quiser acompanhar-me, negue--se a si mesmo, tome a sua cruz e siga-me". Amigos, essas duas palavras formam o núcleo de *Conversão e discipulado.* Vocês encontrarão neste livro não um novo programa, mas uma palavra antiga: a que diz que discipulado é a missão da Igreja.

Este livro é ousado, corajoso e bíblico. Bill estudou a Bíblia; ele não é um pragmatista que tenta lotar os bancos de uma congregação. Ele sabe o que ela diz sobre evangelho e graça, arrependimento e salvação, e que a missão de Deus é transformar os pecadores em santos. Essa transformação se chama discipulado, e o dom de Deus é o Espírito, que dá poder a cada um de nós para tornarmo-nos cada vez mais parecidos com Cristo. Em *Conversão e discipulado: não se pode ter um sem o outro*, você encontrará uma expansão, uma combinação criativa, uma aplicação renovada das maiores ideias de Dietrich Bonhoeffer e Dallas Willard. Mas por trás delas estão as palavras e a missão de Jesus, e, ao absorver essas palavras e essa missão, Bill Hull nos envia numa viagem para nada menos do que aquilo que podemos chamar de "cristoformidade".

Nenhum pastor ou cristão sério pode ignorar a mensagem deste livro. Bill está absolutamente certo: não se pode ter um sem o outro.

— *Scot McKnight, Julius R. Mantey Professor de Novo Testamento,*
Northern Seminary

AGRADECIMENTOS

AGRADECIMENTOS ESPECIAIS A RYAN PAZDUR e a sua equipe de edição, que melhoraram meu trabalho e aprimoraram a mensagem. Agradeço a ajuda de Bobby Harrington, Todd Wilson, Brandon Cook, Dann Spader, Michael Wilkins e Robby Gallaty, juntamente com os homens e mulheres envolvidos no Bonhoeffer Project, que me ajudaram a completar o livro.

INTRODUÇÃO

"

Se você ler a Grande Comissão, talvez não perceba que se trata de uma revolução mundial. Se pensa que se trata de plantar igrejas, por mais importante que isso possa ser, se pensa que se trata de evangelização, como muitas vezes as pessoas acreditam — não, não, trata-se de uma revolução mundial prometida através de Abraão, que ganha vida em Jesus e que continua viva no seu povo até os dias de hoje. É dela que os nossos corações têm fome, mesmo quando não sabemos como nos aproximarmos dela ou como abordá-la.

— *Dallas Willard,* Living in Christ's Presence

"

"

"Siga-me" é a substância do chamado que Jesus usa para transformar as pessoas em seus santos. [...] Podemos dizer, então, que na prática a ordem de seguir Jesus é idêntica à ordem de acreditar nele.

— *Karl Barth,* The Call to Discipleship

"

ESTE LIVRO PROPÕE QUE TODOS os que são chamados para a salvação sejam também chamados para o discipulado, e que não há exceções a isso. Hoje em dia, muitos cristãos, especialmente no Ocidente, pensam ter compreendido o que é salvação. Mas se você lhes perguntasse sobre discipulado, eles hesitariam ou o olhariam confusos. Discipulado? Não é isso que se faz depois de você se converter? O que isso tem a ver com a conversão?

Neste livro, quero mostrar-lhe que conversão e discipulado, embora distintos, são realmente duas faces da mesma moeda. Não se pode ter um sem o outro. Mas não acredite apenas na minha palavra. Ao longo deste livro, eu lhe mostrarei que é isso que a Bíblia ensina e que Jesus pretendia para os seus seguidores.

Vamos começar com algumas definições.

▶ Conversão: Para os nossos propósitos, *conversão* é "jargão teológico" para quando uma pessoa decide tornar-se cristã.[1]

▶ Discipulado: ocorre quando alguém responde ao chamado de aprender sobre Jesus e sobre outros para viver a sua vida como se Jesus a estivesse vivendo. Como resultado, o discípulo torna-se o tipo de pessoa que faz naturalmente o que Jesus fez.

---

[1] Falaremos novamente sobre o uso mais técnico da palavra "conversão" em capítulos posteriores.

Alguns anos atrás, o filósofo, escritor e ministro cristão Dallas Willard estava refletindo sobre o entendimento evangélico de salvação e discipulado. Willard escreveu:

> Simplesmente não existiu nem existe um ensino ou prática geral consistente sob o título de discipulado entre os evangélicos deste período: nenhum ensino que fosse reconhecível como discipulado em termos de ensino bíblico ou do passado cristão [...] essa versão mais recente de evangelicalismo carece de uma teologia de discipulado. Especificamente, falta-lhe um ensinamento claro sobre como o que acontece na conversão leva sem interrupção a uma vida cada vez mais plena no Reino de Deus.[2]

Quando li as palavras de Willard pela primeira vez, elas entraram em mim como uma faca. Na época, eu já tinha escrito três livros que apresentavam um novo modelo para o discipulado, por isso eu tinha algum interesse no assunto. Perguntei-me o que Willard pensaria da minha modesta contribuição. Por isso, um dia, durante o almoço, pedi sua opinião: "O que acha dos meus livros, Dallas? Você sabe, *Jesus Christ, Disciplemaker, The Disciple-Making Pastor* e *The Disciple-Making Church?*". Lembro-me de que Dallas fez uma pausa e depois colocou a sua grande mão sobre a minha. Ele me disse: "Bill, eu não li toda a sua obra, mas não vejo nada sobre discipulado nela".

Estranhamente, isso não me desencorajou. Ao contrário, intensificou ainda mais a minha determinação para abordar o problema. Dallas e eu continuamos falando sobre o que, exatamente, ele queria dizer com uma "teologia do discipulado", do que se trata e por que ela é necessária.

Dallas partiu para estar com Deus, e já não tenho o conforto de poder fazer-lhe perguntas durante os nossos almoços. Mas tenho pensado muito no que ele disse naquele dia. Agora vemos sinais encorajadores de que a Igreja está levando o discipulado mais a sério,

---

2 WILLARD, Dallas. Discipleship. *In*: MCDERMOTT, Gerald R. *Oxford Handbook of Evangelical Theology*. Oxford: University Press, 2010. p. 236.

especialmente entre pastores e líderes mais jovens. Victor Hugo escreveu: "Nem todas as forças no mundo chegam a ser tão poderosas como uma ideia cuja hora chegou". Parece ter chegado o momento do discipulado. Penso que esta é a ocasião de criar uma linguagem comum para o crescente interesse no assunto. Atualmente, estamos usando as mesmas palavras, mas falando línguas diferentes. Se não formos claros sobre o porquê do discipulado, sobre o que realmente são discípulos, sobre o papel central que eles desempenham no drama redentor de Deus e sobre como tudo está ligado no final, a obra iniciada pelo Espírito Santo desaparecerá na névoa teológica da confusão. É por isso que precisamos de uma teologia do discipulado.

Mas o que se qualifica como teologia do discipulado? Primeiro, ela deve abordar a relação entre discipulado e salvação. O evangelicalismo atual dá pouco lugar a essa prática na sua visão da salvação. As nossas doutrinas de graça tendem a nos impedir de definir claramente o que significa ser um discípulo. Tendemos a tratar a experiência da conversão como algo inteiramente separado do processo de se tornar discípulo.

Essa separação gerou um problema comum que enfrentamos hoje. As pessoas ainda professam ser cristãs, mas acreditam que não precisam seguir Jesus. Definimos o discipulado como opcional, como escolha, e não como exigência.[3] Para muitos que, hoje em dia, se dizem cristãos, ser salvo ou ser cristão não têm qualquer ligação séria com um compromisso contínuo de ser transformado à imagem de Cristo.

Embora fosse difícil para mim ouvir aquilo na época, Dallas Willard estava dizendo que a minha teologia era defeituosa de uma forma significativa. No nível do próprio evangelho, eu tinha representado de modo errado o que significa ser salvo. Veja bem, o evangelho que pregamos ditará o resultado; o conteúdo que pregamos resultará no tipo de pessoa criada.

Neste volume, meu objetivo não é a introdução de novas ideias. Creio que já existe uma teologia do discipulado e que ela pode ser encontrada nas Escrituras. Em outros livros, alguns dos quais escrevi,

---

3 John Stott descreveu o evangelho como "dádiva e exigência".

esse problema da separação é abordado em um ou dois capítulos. Aqui, porém, quero encarar o problema de frente. Por isso, com medo e tremor, exporei a questão para que você a contemple. Tenho certeza de que os meus pensamentos serão criticados e que, assim que forem publicados, vou querer mudá-los. No entanto, o meu objetivo é iniciar uma discussão, e não apenas nos círculos acadêmicos. Quero ver pastores e líderes de igrejas — aqueles que estão empenhados em fazer discípulos por toda parte — participando dessa conversa. Minha esperança é ajudá-los a compreender melhor a base teológica do discipulado, para que possam trabalhar melhor para reproduzir a vida de Cristo nos outros.

Vou abordar oito temas:

1. O evangelho
2. O chamado
3. Salvação
4. O Espírito Santo e como as pessoas mudam
5. Meios e caminhos
6. A Igreja
7. O pastor
8. O fim

Em cada um deles, espero responder ao desafio que o meu amigo Dallas Willard nos apresentou:

> Para os cristãos evangélicos, reverter o curso da sua realidade social e restaurar a compreensão da salvação que caracterizou o evangelicalismo desde o seu início em Lutero e depois dele será muito difícil, se não impossível. Seria principalmente um trabalho de interpretação das Escrituras e de reformulação teológica, mas também seria necessária uma modificação das práticas endurecidas pelo tempo. Mudanças radicais terão que ser feitas na maneira em que fazemos 'Igreja'.[4]

---

4 WILLARD, Dallas. *Spiritual Formation as a Natural Part of Salvation*. Transcrição de uma palestra feita no Wheaton College, 2008, p. 19.

Assim, este trabalho apresenta pelo menos três dimensões. Primeiro, precisamos restabelecer a nossa compreensão da salvação. Segundo, precisamos fazer o trabalho de interpretação das Escrituras e de reformulação teológica. Aqui, vou confiar no trabalho dos outros, resumindo e integrando os seus pensamentos aos meus próprios. Em terceiro lugar, depois de termos olhado para as Escrituras, devemos abordar nossos métodos e práticas. Um problema no debate atual sobre o discipulado é que, mesmo que usemos as mesmas palavras, não estamos de acordo quanto ao significado delas. A menos que definamos o que o discipulado realmente é, toda a nossa discussão será tão útil como as conversas na torre de Babel.

Portanto, esses três passos nos levam para onde estamos indo. Comecemos olhando para o Evangelho.

CAPÍTULO 1

O EVANGELHO

> *Acredito que o significado da palavra "evangelho" foi roubado pelo que acreditamos sobre salvação pessoal, e o evangelho foi reformulado para facilitar a tomada de decisões. O resultado disso é que a palavra "evangelho" não significa mais em nosso mundo o que originalmente significava para Jesus ou para os evangelhos.*
>
> —Scot McKnight

UMA DAS TAREFAS PERENES DA Igreja é re-examinar o evangelho que pregamos e no qual cremos, atentos às formas como ele foi remodelado pelos ídolos da nossa cultura. Martinho Lutero fez isso na sua época, em resposta à interpretação católica romana do evangelho. No entanto, apenas 100 anos após Lutero ter liderado a Reforma, o evangelho foi distorcido e a Igreja alemã se tornou uma carcaça ortodoxa. Dietrich Bonhoeffer, assumindo a tocha de Lutero quatrocentos anos mais tarde, falou sobre essa corrupção:

> O que emergiu vitorioso da história da Reforma não foi o reconhecimento luterano da graça pura e dispendiosa, mas o instinto religioso e alerta dos seres humanos em relação ao lugar em que a graça podia ser obtida pelo menor preço. Foi necessária apenas uma pequena e quase imperceptível distorção da ênfase, e o ato mais perigoso e ruinoso estava feito.[5]

Mesmo as pequenas corrupções do evangelho deixam uma marca, e, muitas vezes, elas não começam com grandes mudanças radicais. Entre os seguidores de Lutero, três gerações depois dele, a corrupção consistiu apenas numa mudança de ênfase, uma ligeira redefinição da graça. No entanto, isso logo se tornou a ênfase dominante na mensagem evangélica e gerou passividade nos crentes, porque substituiu a ênfase de viver a fé

---

5 BONHOEFFER, Dietrich. *The Cost of Discipleship*. Minneapolis: Fortress Press, 1996. p. 49 (Dietrich Bonhoeffer's Works, v. 4).

professada. Os seguidores de Lutero não defendiam explicitamente a graça barata. Simplesmente deixaram de falar de discipulado.

▶ O QUE É O EVANGELHO?

A palavra "evangelho" significa simplesmente boas novas.[6] Essa palavra ocorre mais de noventa vezes no Novo Testamento e é uma tradução do substantivo grego *euangelion*. Tanto o substantivo como a forma verbal, *euangelizo*, derivam do substantivo *angelos*, que é frequentemente traduzido como "mensageiro". "Um *angelos* era aquele que trazia mensagens de vitória ou notícias políticas que geravam alegria".[7]

Embora a palavra traduzida como "evangelho" possa ocasionalmente ser encontrada sozinha, na maioria das vezes, ela é acompanhada por um modificador. Entre os mais comuns encontram-se "o evangelho de Deus" (Marcos 1:14), "o evangelho de Jesus Cristo" (Marcos 1:1), "o evangelho do seu Filho" (Romanos 1:9), "o evangelho do reino" (Mateus 4:23), "o evangelho da graça de Deus" (Atos 20:24), "o evangelho da glória de Cristo" (2Coríntios 4:4), "o evangelho da paz" (Efésios 6:15) e "um evangelho eterno" (Apocalipse 14:6).[8] Esses modificadores transmitem-nos uma noção do conteúdo das boas novas, de que elas são de Deus, de Jesus Cristo, do Reino, e que de alguma forma estão relacionadas à graça, à paz e à glória.

No entanto, o poder do contexto é ainda mais útil do que esses simples adjetivos. Ler sobre o evangelho no contexto de uma descrição mais ampla feita pelo apóstolo Paulo nos ajuda a compreender o seu

---

6 Jonathan Pennington argumenta que a palavra grega traduzida como "evangelho" na versão da Septuaginta de Isaías e nos evangelhos sinópticos (que derivam muito de Isaías) significa basicamente "a restauração do Reino de Deus na Terra". Isso é contrário a outros textos gregos do primeiro século, nos quais a palavra "evangelho" é usada para a ascensão de governadores como César ou de reis.

7 BROWN, Colin (org.). *The New International Dictionary of New Testament Theology.* Grand Rapids: Zondervan, 1976, v. 2, p. 107.

8 PFEIFFER, Charles F. *Wycliffe Bible Encyclopedia.* Chicago: Moody Press, 1975. Mídia eletrônica.

significado e conteúdo na vida de uma pessoa: "Não me envergonho do evangelho, porque é o poder de Deus para a salvação de todo aquele que crê: primeiro do judeu, depois do grego. Porque no evangelho é revelada a justiça de Deus, uma justiça que do princípio ao fim é pela fé, como está escrito: 'O justo viverá pela fé'" (Romanos 1:16,17).

Aqui vemos como Paulo se lança numa descrição maravilhosa do evangelho que continua até seu auge magnífico em Romanos 12:1,2. Lá ele se volta para a aplicação prática do poder do evangelho para mudar a vida de uma pessoa quando diz: "Portanto, irmãos, rogo-lhes pelas misericórdias de Deus que se ofereçam em sacrifício vivo, santo e agradável a Deus; este é o culto racional de vocês" (Romanos 12:1).

O evangelho do qual Paulo fala capta a obra de Deus desde a criação até a consumação — nenhum aspecto importante é deixado de fora. A carta de Paulo aos romanos é concluída com ensinamentos práticos sobre como o poder e a sabedoria do evangelho nos impulsionam até mesmo através das experiências mais mundanas da vida comunitária religiosa.[9]

A estrutura do evangelho é exposta da melhor forma em 1 Coríntios 15:1-8, que serve como um resumo útil e conciso desses ensinamentos. Paulo lembra aos seus seguidores a mensagem central à luz da ressurreição: "Irmãos, quero lembrar-lhes o evangelho que lhes preguei, o qual vocês receberam e no qual estão firmes. Por meio deste evangelho vocês são salvos, desde que se apeguem firmemente à palavra que lhes preguei; caso contrário, vocês têm crido em vão" (1 Coríntios 15:1,2).

Paulo nos lembra de que acreditar em algo e permanecer firme naquilo são a mesma coisa. Suas palavras indicam que acreditar é mais do que mero consentimento intelectual; implica viver existencialmente como uma demonstração de crença. Paulo inclui uma frase um tanto críptica, "caso contrário, vocês têm crido em vão". Ele pode estar se referindo a uma fé no evangelho sem a esperança da ressurreição, ou a uma fé num "evangelho" diferente, corrompido pelos seus inimigos ou rivais. Paulo fala, então, da origem dessa mensagem evangélica e da sua importância: "Pois o que primeiramente lhes transmiti foi o que recebi"

---

9 Romanos 12:1-16,27.

(1Coríntios 15:3a). Ele quer que compreendamos que o evangelho não é dele, não é algo que ele inventou ou criou; ele não tem permissão ou autoridade para isso, nem para escrever a sua própria versão do texto. O evangelho é algo que é recebido, transmitido e confiado a outros. Não deve ser editado, adornado ou removido do seu contexto, que aqui se refere à ressurreição.[10] Receber o evangelho e transmiti-lo sem alterações — essa é a única forma de preservá-lo da corrupção.

A estrutura esquelética que Paulo nos dá nessa passagem apresenta três partes: Cristo morreu, Cristo foi sepultado e Cristo ressuscitou.

1. *Cristo morreu.* *"Cristo morreu pelos nossos pecados, segundo as Escrituras" (1Coríntios 15:3).* "Segundo as Escrituras" é uma sigla para os escritos do Antigo Testamento. Paulo está pensando especificamente nas profecias referentes ao Messias vindouro, nas promessas que Deus deu a Abraão, Davi, e em outras promessas que se cumpriram com o nascimento e com a obra de Cristo. Quando Jesus nasceu e formalmente começou o seu ministério, ele apresentou ao mundo a plena revelação de Deus. Minha intenção aqui é lembrar-nos de que, antes da morte de Jesus, ele viveu. Noventa por cento do seu tempo na Terra foi vivido em obscuridade — não exatamente uma estratégia concebida para ter o maior impacto possível. No entanto, em três curtos anos, ele abalou o mundo em que viveu e iniciou um movimento que continua até hoje.

A morte de Jesus significou muito mais do que outras mortes por causa de quem ele era: Deus encarnado. Ela teve um significado maior devido à sua herança santa[11] e porque aqueles que lhe eram mais próximos con-sideravam-no sem pecado.[12] Numa outra passagem, Paulo interpreta a morte de Jesus como algo que todo o povo de Israel deveria ter com-preendido: "Deus tornou pecado por nós aquele que não tinha pecado, para que nele nos tornássemos justiça de Deus" (2Coríntios 5:21).

Quando Paulo proclamou "Cristo morreu", quis dizer várias coisas adicionais que resultaram da sua morte. Visto que Jesus era o ungido,

---

10   Veja também Judas 3: "Senti que era necessário escrever-lhes insistindo que bata-lhassem pela fé uma vez por todas confiada aos santos".

11   João 14:1-14.

12   1Pedro 2:22,23.

escolhido por Deus como substituto, ele tomou sobre si a pena do pecado no lugar de todos os que são culpados por nascimento, através da maldição de Adão. A razão pela qual Deus optou por esse plano não é explicada aqui. Mas temos a simples revelação de que Cristo morreu por nós, e que a sua morte de alguma forma satisfez as exigências de Deus para que os humanos se reconciliassem com ele.[13] Um Cristo vivo foi escolhido e, simultaneamente, voluntariou-se para desistir da sua vida. É aqui que começa o evangelho.

2. *Cristo foi sepultado (1Coríntios 15:4).* A princípio, este segundo ponto pode parecer incidental. Talvez você pense: "É claro que ele foi sepultado. Para que mencionar isso?". Mas Paulo inclui esse ponto porque ele estabelece que Cristo estava realmente morto, preso num túmulo com uma pedra de duas toneladas que barrava a entrada e com um guarda romano que garantia que ninguém roubaria o seu corpo. O próprio Jesus afirmou que ele permaneceria na terra durante três dias e três noites e depois seria ressuscitado.[14] Assim, parte da autenticação das palavras e da vida de Jesus, bem como do estabelecimento da veracidade da promessa que ele cumpriu, é a verificação da sua morte. Sim, Cristo foi sepultado. Ele realmente morreu. E, como veremos, ele de fato ressuscitou.

3. *Cristo foi ressuscitado. "Ele ressuscitou ao terceiro dia, segundo as Escrituras" (1Coríntios 15:4).* Mais uma vez, a frase "segundo as Escrituras" refere-se a todas as promessas messiânicas que Deus fez, a começar pela sua declaração à serpente de que o libertador lhe desferiria um golpe fatal na cabeça enquanto ela feriria o seu calcanhar.[15] No entanto, o fato de Jesus ter experimentado uma morte e um sepultamento verificáveis não tem muito significado para nós sem o ato final, a sua ressurreição — e esta é apenas uma abstração se não há testemunhas oculares. Paulo conta-nos sobre as aparições de Jesus a Pedro, aos doze e a mais de quinhentos outros e afirma explicitamente que muitos desses quinhentos puderam confirmar aos leitores originais de Paulo o

---

13 2Coríntios 5:15,16; 1João 2:1,2.
14 Mateus 12:40; João 2:19.
15 Gênesis 3:15.

que viram (1Coríntios 15:5,6). Ele até menciona Tiago e a si mesmo entre aqueles que viram Jesus após a sua ressurreição (1Coríntios 15:7,8).

Esses três pontos são a estrutura esquelética do evangelho. O restante de 1Coríntios 15 dedica-se a explicar o significado da ressurreição e inclui o fato de que Jesus voltará e sujeitará todas as coisas a si mesmo.[16] A ressurreição conduz naturalmente ao retorno de Cristo, à consumação do evangelho e à abençoada esperança do fiel para o futuro.

Mas·a história do evangelho ainda não acabou! A boa notícia de hoje é que, devido ao que Cristo fez, um dia veremos Deus eliminar o pecado, libertar-nos da angústia de viver num mundo destroçado, trazer justiça, criar um mundo novo e eterno. Essas verdades, garantidas pela ressurreição, devem trazer grande alegria a todos os que depositarem sua esperança em Cristo.

▶ O EVANGELHO DE ELEVADOR

O esqueleto que esbocei é o resumo do evangelho de Paulo. Esses são os pontos essenciais que você poderia compartilhar num elevador. Se tivéssemos que explicar o evangelho rapidamente, poderíamos dizer que Jesus viveu, que afirmou ter sido enviado por Deus, que foi morto, e que a sua morte traz reconciliação para toda a criação. Finalmente, poderíamos compartilhar que Jesus ressuscitou da morte, ascendeu ao céu e voltará para trazer a realidade prometida. Para ter acesso a esse dom de Deus, as pessoas devem reconhecer que precisam dele, voltar--se para Jesus e começar a segui-lo como prova da sua fé.

Há muito abandonei a crença de que palavras específicas ou ideias religiosas são necessárias para receber a salvação. É um pouco absurdo pensar que palavras mágicas devem ser ditas para adquirir a vida eterna. Além disso, poucas pessoas são obrigadas a confiar num discurso de elevador como base para a sua relação com Deus. Nada nas Escrituras diz que eu deveria ser capaz de contar todas as boas novas em dez minutos, ou em vinte minutos, ou até mesmo em dez horas ou dez meses. Tenho

---

16 1Coríntios 15:9-58.

sugerido frequentemente uma simples mensagem de elevador: "Siga Jesus, e ele lhe ensinará tudo que precisará saber". É claro que compreender o que Jesus ensina exigirá uma vida inteira de aprendizagem.

As pessoas se tornam cristãs quando decidem seguir Jesus. Elas podem não acreditar em tudo o que a Bíblia ensina, mas, se conseguirem obter os fatos básicos e, a partir deles, chegarem a ponto de querer ser seguidoras de Jesus, elas estão no caminho. Devem saber que Cristo viveu, morreu, foi sepultado e ressuscitado, e que ele voltará para corrigir todas as coisas. Mas esse simples esqueleto não é tudo o que a Bíblia ensina sobre seguir Jesus, nem representa a plenitude das boas novas que somos chamados a pregar.

Qual é o evangelho que estamos pregando?

Nada insulta um pastor evangélico mais do que a acusação de que ele não está pregando o evangelho. Lembro-me de uma reunião de almoço com um membro da igreja que eu estava pastoreando. Já tínhamos almoçado várias vezes no restaurante, e eu esperava outra experiência encantadora. Era um estabelecimento italiano que servia grandes porções de espaguete e almôndegas; espalhei o parmesão, enrolei o espaguete no meu garfo e estava prestes a apreciar a primeira garfada quando o meu amigo disse:

— Devo compartilhar com você a minha decepção por você não ter conseguido pregar o evangelho.

Engoli antes de falar.

— Não acredito que tenha dito isso. Estou pregando Romanos versículo por versículo. Isso não é o evangelho?

Ele continuou cético.

— Não estamos vendo pessoas sendo salvas. Há pessoas nos nossos cultos que precisam saber como ganhar a vida eterna, e você não lhes está dando essa oportunidade — ele manteve-se firme com uma expressão sombria no rosto.

Consegui finalmente compreender o que queria dizer. Eu não estava expondo o plano de salvação no final do culto e convidando as pessoas a fazerem a oração do pecador. Eu estava pregando a verdade de Romanos clara e nitidamente, mas não estava pedindo uma resposta pública. Para esse amigo, o evangelho era o plano de salvação, mas eu estava tentando mostrar como o evangelho era a história da salvação. Estávamos olhando para a história da obra de Deus desde Gênesis até Apocalipse, desde a criação até a queda, e desde a promessa do Messias através de Israel até a sua vinda na forma de Jesus. Estávamos olhando para a vida, a morte, o sepultamento e a ressurreição de Cristo, e para a sua promessa de retornar e estabelecer o seu Reino.

Pude constatar que eu e o meu amigo estávamos em páginas diferentes. Usávamos as mesmas palavras, mas falávamos línguas distintas.

Os evangélicos esperam que os cristãos tenham tido uma experiência para a qual possam apontar — uma experiência de salvação. Quanto mais dramática, mais autêntica e mais poderosa é a história, mais ela ajuda aqueles que a ouvem.

Eu não sou nenhum teólogo ranzinza. Adoro uma boa história e já chorei muito ouvindo tais relatos. Mas estou convencido de que, ao reduzir a história completa do evangelho da obra de Deus, desde Gênesis até Apocalipse, a um pacote de três ou quatro pontos com uma oração, diminuímos a nossa compreensão da salvação e daquilo que significa ser um seguidor de Cristo. Essa mudança da cultura evangélica para a cultura da salvação enfraqueceu a Igreja, minimizou a vida dos cristãos e dificultou o discipulado. Nossa conversão, que deveríamos ver como linha de largada, tornou-se linha de chegada.

CAVANDO MAIS FUNDO

▶ MAIS DO QUE UM PLANO DE SALVAÇÃO?

Em seu livro recente *The King Jesus Gospel* (2011, p. 70), Scot McKnight[a] pergunta: "Como a cultura do evangelho se tornou uma cultura de salvação? Como o evangelho se tornou o plano de salvação?". McKnight apresenta o esqueleto do evangelho de 1 Coríntios 15 e argumenta que ele formou a base da mensagem evangélica da Igreja

Primitiva: "1Coríntios 15 levou ao desenvolvimento da Regra de Fé, e a Regra de Fé levou ao Credo dos Apóstolos e ao Credo Niceno. Assim, 1Coríntios conduziu ao Credo Niceno. Assim, o Credo Niceno é preeminentemente uma declaração evangélica!" (2011, p. 64).

McKnight explica que o evangelho é, inerentemente, uma história: "O evangelho é a História de Jesus como a conclusão da História de Israel, tal como encontrada nas Escrituras, e a história do evangelho formou e enquadrou a cultura dos primeiros cristãos" (p. 69). Essa história é contada em todos os quatro Evangelhos: Mateus, Marcos, Lucas e João. O que poderíamos chamar de "plano de salvação" — uma porção simplificada da história do evangelho comumente compartilhada em folhetos ou na pregação — é simplesmente um extrato conveniente daquilo que se encontra nas Escrituras, mas *não deve ser confundido com o próprio evangelho*.

McKnight remete a história do "plano de salvação" até a Reforma: "a contribuição singular da Reforma, em suas três vertentes — luterana, reformada e anabatista — foi que a gravidade do evangelho foi deslocada para a resposta humana, a responsabilidade pessoal e o desenvolvimento do evangelho como falando sobre essa responsabilidade" (p. 71). McKnight argumenta que os reformadores reformaram o evangelho como algo que trata principalmente de soteriologia, ou de como ser salvo das consequências do pecado. Ele aponta para a Confissão de Augsburgo e para os artigos sobre salvação e justificação pela fé presentes nela, dizendo: "Foi precisamente aqui que uma 'cultura evangélica' foi remodelada e transformada em uma 'cultura de salvação' ou, melhor ainda, em uma 'cultura de justificação'" (p. 72).[b]

Hoje em dia, muitos professores que falam de salvação pensam principalmente na justificação pela fé. Mas fazê-lo é diminuir o que Deus quer que seja grande. A justificação se refere a um estatuto; a salvação é uma vida totalmente nova, tanto agora como para sempre (Romanos 5:8-11). A vida de Deus continua nos salvando, dando-nos poder e transformando a nossa experiência naquilo que João chamou de "abundante" (João 10:10).[c]

Após a Reforma, a ênfase e a discussão do evangelho assumiram um enfoque mais restrito nas pessoas que tomam decisões por Cristo.

O evangelho tornou-se uma simples coleção de fatos que falam a um indivíduo: o homem está perdido e em pecado; a salvação, a regeneração e a remissão dos pecados se encontram apenas em Jesus. Em outras palavras, o evangelho trata do arrependimento e do perdão dos pecados para que as pessoas possam ganhar entrada no céu. Você provavelmente já viu folhetos utilizados por milhões de pessoas para explicar esse plano de salvação aos outros.

---

a MCKNIGHT, Scot. *The King Jesus Gospel.* Grand Rapids: Zondervan, 2011. Edição revisada.

b A fim de aprofundar-se no tema, são necessários a leitura completa do livro de McKnight e um estudo mais aprofundado da história da igreja.

c "Abundante" é uma palavra tão boa, encontrada nas versões King James e Revised Standard. A palavra grega significa "em excesso".

De Lutero a Bright

Em seu livro *The King Jesus Gospel* (veja a seção "Cavando mais fundo"), Scot McKnight resume parte da história por trás da redução do evangelho.[17] No Ocidente, desde o século 4 até a Reforma, é difícil encontrar exemplos dos métodos de evangelismo que conhecemos hoje. A maioria das pessoas chegava à fé através das suas famílias e em culturas dominadas pela igreja e por reis cristãos. Quase todas as pessoas no Ocidente foram batizadas em igrejas logo após nascerem.

Antes da Reforma, a teologia cristã era estruturada em torno do Credo Apostólico ou mais centrada na natureza e na santidade de Deus. Com a Reforma vieram grandes confissões e outros documentos em que a doutrina da salvação ocupava uma posição central. No entanto, essa mudança não afetou imediatamente a forma como o evangelho era pregado. Por exemplo, seria difícil encontrar nos sermões de Lutero ou de Calvino um apelo à salvação ou um "convite" semelhante aos feitos pelos palestrantes modernos. Mesmo saltando adiante várias gerações para os sermões de Jonathan Edwards, George Whitefield e John Wesley,

---

17 Assista ao vídeo *The Faith Forum 2012* . Disponível em: https://www.youtube.com/watch?v= ECMQ0Fn6Q0k. Acesso em: 28 ago. 2022.

convites e apelos para aceitar Cristo como salvador ainda são bastante raros. Alguém perguntou uma vez a George Whitefield quantas conversões teriam ocorrido em determinada reunião, e ele respondeu: "Não sei. Saberemos mais em seis meses".

McKnight define o início do evangelismo moderno e do evangelho da salvação com o pregador reavivista Charles Finney. Enquanto as pessoas tendem a culpar Finney por *todos* os problemas do evangelicalismo moderno, é preciso ressaltar que Finney tinha objetivos bastante modestos. Ele acreditava que, se criasse as condições certas, conseguiria levar as pessoas a se apresentarem e tomarem decisões. Nas suas famosas *Lectures on Revival*, ele apresentou sete princípios para a concretização desse plano; na sequência, *Reflections on Revival*, o pregador amenizou alguns dos seus pontos de vista. Ainda assim, Finney representa o espírito americano e a nossa ânsia por fazer coisas e produzir resultados.

Finney foi seguido por homens como D. L. Moody, Billy Sunday e Billy Graham. Meu propósito aqui não é diminuir o trabalho desses homens nem sugerir que o seu evangelismo não era agradável a Deus. Contudo, devemos reconhecer que esses homens influenciaram decisivamente a forma como a cultura americana compreendeu o evangelho. Billy Graham, por exemplo, foi tão persuasivo e poderoso na cultura da Igreja americana que o que ele pregou tornou-se literalmente o nosso evangelho. Esquecemos que o que Billy Graham pregava na televisão era apenas uma parte do que ele sabia ser o evangelho completo. Ele era um defensor do discipulado, e o seu amigo Robert Coleman, autor de *The Master Plan of Discipleship*, era responsável pelo acompanhamento após as cruzadas de Graham.

Contudo, quer intencionalmente ou não, o sucesso de Graham na pregação teve o efeito prático de separar o evangelismo do discipulado, deixando em muitos a impressão de que o evangelho não exigia um estilo de vida contínuo de arrependimento e discipulado. Muitos achavam que o evangelho tratava principalmente do perdão dos pecados e da entrada no céu, e não da transformação contínua da vida e do senhorio de Cristo.

Apesar de Billy Graham ter sido influente na popularização de um evangelho do perdão, foi a publicação de *The Four Spiritual Laws* em 1957 por Bill Bright, fundador da Campus Crusade for Christ (agora Cru), que em grande parte difundiu a redução do evangelho na Igreja americana. Por favor, saibam que amo Bill Bright e passei muito tempo com ele ao longo dos anos. Na verdade, minha vida mudou para sempre devido à sua semelhança com Cristo e à sua paixão por alcançar as pessoas para Cristo. A culpa aqui não é de Bright, mas de como o seu evangelho simplificado se tornou a representação oficial na Igreja.

Aqui está um resumo das quatro leis de Bright:

1. Deus ama você e oferece um plano maravilhoso para a sua vida.
2. O homem é pecador e separado de Deus. Por isso, ele não pode conhecer nem experimentar o amor e o plano de Deus para a sua vida.
3. Jesus Cristo é a única provisão de Deus para o pecado do homem. Através dele, você pode conhecer e experimentar o amor e o plano de Deus para a sua vida.
4. Devemos receber Jesus Cristo pessoalmente como Senhor e Salvador; só então poderemos conhecer e experimentar o amor e o plano de Deus para as nossas vidas.

Essa simples apresentação do evangelho foi concebida para levar as pessoas a um ponto de decisão. Embora diga muitas coisas que são verdadeiras e bíblicas, é um plano de salvação, não o evangelho em si. Certamente é uma ferramenta para iniciar uma conversa, mas não diz o suficiente para levar uma pessoa para além de uma decisão. Não fala da expectativa de discipulado e, na verdade, torna o discipulado opcional.

A maioria daqueles que tomam uma decisão através de um folheto ou de uma reunião evangelística e fazem a oração do pecador não decide seguir Jesus. A razão pela qual não o fazem é que o discipulado não está relacionado com a decisão. Eles concordam com uma declaração de fatos, mas não se comprometem com o dispendioso caminho do discipulado.

O evangelho que pregamos determina os discípulos que produzimos. Durante grande parte do século 20, temos conduzido o evangelismo como uma questão de conversão, utilizando um plano de salvação que está desconectado do discipulado. Mas não se pode ter um sem o outro. Um plano de salvação não produz discípulos saudáveis e não é uma forma de construir uma Igreja. Na realidade, esse tipo de pregação está desconstruindo a Igreja, e devemos começar agora a correção dessa prática.

Para encerrar, quero dizer que não estou fazendo essa crítica a partir de uma posição externa. Fui um participante disposto, tal como muitos na Igreja americana. Fui arrastado pelos esforços evangelísticos americanos liderados por Billy Graham e Bill Bright. Mesmo com a ambição genuína de alcançar os outros, todos nós somos produtos do nosso tempo. Mais uma vez, meu objetivo não é atribuir culpa. Agradeço a Deus por esses grandes homens e acredito que vidas foram transformadas através do seu trabalho. Contudo, olhando para trás pelas lentes das Escrituras, devo dizer que os nossos esforços bem-intencionados reduziram inadvertidamente o evangelho.

Por que importa que "reduzimos o evangelho à salvação e [...] a salvação ao perdão pessoal"[18]? Porque, quando fazemos da salvação o objetivo final do evangelho, tudo após a conversão se torna opcional. As pessoas dizem: "O meu *status* junto a Deus está estabelecido. Eu sou seu filho e passarei a eternidade com ele. Sou amado e aceito incondicionalmente". No entanto, isso não tem efeito prático nenhum na forma como vivem. Não pode ser assim!

Entendo que falar contra a pregação de um evangelho simples que responda à nossa necessidade de chegar ao céu não é popular. E, para ser claro, acredito que existe um lugar para esse tipo de apresentação, mas que não deveria ser a norma para a pregação, porque essa redução do evangelho é letal para a Igreja e para a sua missão. Uma vez que o nosso propósito é sermos discípulos e fazermos discípulos, nada importa

---

18 MCKNIGHT, Scot. *The King Jesus Gospel*. Grand Rapids: Zondervan, 2011. Edição revisada. p. 74-75.

mais do que a nossa compreensão do que significa ser salvo. Jesus está contando discípulos, não decisões. Se tentarmos criar discípulos semelhantes a Cristo com um evangelho falho, falharemos.

▶ OS SEIS EVANGELHOS QUE PREGAMOS HOJE

Qual, então, é o evangelho é pregado hoje? Bem, na verdade, são vários diferentes. Lembre-se, o tipo de evangelho em que acreditamos e que ensinamos determina diretamente o tipo de discípulos que produzimos. Se não estamos pregando o bíblico, estamos pregando o que Paulo chamaria de um evangelho diferente,[19] que leva a um Cristo diferente, a uma igreja diferente, a um cristão diferente e a uma cultura diferente. Creio que hoje seis evangelhos são ensinados de forma proeminente, e que cada um cria um tipo diferente de discípulo.

Por exemplo: se você pregar um evangelho de consumo que se concentra nos bens e serviços religiosos disponíveis através de Cristo, você criará um discípulo de consumo. Esse tipo de discípulo é quase inútil para Cristo e para sua obra. Ou, se ensinar um evangelho de direita que seja legalista e centrado no desempenho, você criará um discípulo legalista.

TIPOS DE EVANGELHO					
do perdão	da esquerda: antigo e novo	da prosperidade	do consumidor	da direita	do Reino
"Receba perdão"	"Ajude os necessitados"	"Reivindique seus direitos"	"Satisfaça suas necessidades"	"Esteja correto"	"Siga-me"
O que ele cria	O que ele cria	O que ele cria	O que ele cria	O que ele cria	O que ele cria
Seguir Cristo é opcional Passividade santificada	Acomodação à cultura A verdadeira verdade é opcional É impossível saber de verdade	Reivindicação de direitos Gerenciamento de Deus	Impaciência indulgente Vício por desejo	Presunção teológica Exclusividade Indiferença	Ativista O seguidor deseja aprender a viver como Jesus viveu

[19] Gálatas 1:8.

A maioria das igrejas pretende produzir discípulos maduros e reprodutores, mas isso geralmente não acontece na realidade. A resposta é clara. Estamos tentando o impossível. Não podemos criar discípulos maduros a partir de cristãos que acreditam num evangelho de consumo ou num evangelho legalista — ou em qualquer outro evangelho que exista, exceto o evangelho do Reino. Tentar fazê-lo é como empurrar uma rocha para cima, *porque estamos tentando levar as pessoas a agir de forma semelhante a Cristo sem corrigir aquilo em que realmente acreditam.*

-- O evangelho do perdão

O evangelho mais comum pregado hoje em dia concentra-se quase que exclusivamente no perdão. Ele é bastante popular porque é simples, explica os requisitos básicos para obter o perdão dos seus pecados e ganhar entrada no céu, e é fácil publicá-lo em panfletos, brochuras e folhetos. Esse evangelho tende a equiparar a fé à concordância com um conjunto de fatos religiosos. A decisão de concordar é tipicamente seguida por uma oração ou algum outro protocolo, após o qual a pessoa é proclamada cristã para todo o sempre. Talvez você se pergunte: o que há de errado nisso?

A principal fraqueza do evangelho do perdão é o que ele não menciona. Muitas vezes ele cobre os temas importantes do perdão e da graça, mas não faz menção ao arrependimento, não discute a obediência a Jesus, que a Escritura ensina para uma vida de discipulado, nem convida a segui-lo. O resultado em termos práticos é o que alguns têm chamado de evangelho da gestão do pecado. Com ele, você gerencia o pecado em vez de ter sua vida transformada. Esse evangelho trata de um problema específico — o juízo de Deus sobre o nosso pecado — dando uma solução específica — a morte de Jesus na cruz permite que ele seja perdoado. Como é que você se beneficia dessa solução? Basta você tomar a decisão certa, dizer as palavras certas para fazer a confissão certa e ter a experiência certa.

Como acrescenta Dallas Willard: "Já há algum tempo, a crença necessária para ser salvo vem sendo considerada cada vez mais um ato totalmente privado, 'apenas entre você e o Senhor'".[20] Esse evangelho prega um Cristo que existe apenas para o nosso benefício. Sua única obra é redimir a humanidade sem exigir nada em troca. Esse entendimento tende a fomentar aquilo que alguns têm chamado de "cristãos vampiros": eles só querem um pouco do sangue de Jesus pelos seus pecados, mas não querem mais nada com ele até chegarem no céu.[21] Por natureza, esse evangelho exclui qualquer vida contínua em Cristo porque cria uma pessoa que tem confiança no céu, mas não tem qualquer interesse em viver agora para Cristo. Tragicamente, quando cristãos desse tipo estiverem à porta do céu declarando, com base no evangelho, que não existe razão para mantê-los do lado de fora, eles podem descobrir que não há razão para deixá-los entrar (Mateus 7:22-24).

-------------------------------- O evangelho da esquerda (liberalismo)

Ao ouvir os sinos da Riverside Church ao lado do rio Hudson em Nova York, talvez você não saiba que John D. Rockefeller doou a histórica torre com o sino em memória da sua mãe. Mais de setenta e cinco anos após a sua construção, a igreja neogótica ergue-se como um baluarte do liberalismo e do pensamento progressista, sendo chamada de "bastião do ativismo e do debate político" pelo *The New York Times*. O primeiro e mais famoso pastor da igreja, Harry Emerson Fosdick, popularizou o liberalismo a partir do púlpito de Riverside com a sua maravilhosa eloquência, agraciando várias vezes a capa da revista *Time*. Outrora, o Union Theological Seminary se alojava na igreja, que ainda mantém uma relação estreita com o seminário.

Dietrich Bonhoeffer teve aulas no Union Theological Seminary, graças a uma bolsa especial em 1930-1931. Na época, a escola era liberal demais para Bonhoeffer. Reinhold Niebuhr e a faculdade da Union estavam à frente da desconstrução da Bíblia e formaram uma apologia teológica para o liberalismo.

---

[20] WILLARD, Dallas. *The Divine Conspiracy*: Rediscovering Our Hidden Life in God. San Francisco: HarperCollins, 1998. p. 35-39.
[21] Ibid., p. 403, nota 8.

O motivo por detrás do evangelho liberal é a relevância. Os pais do liberalismo eram professores europeus como Bultmann, Brunner, Tillich e Nietzsche. Seu objetivo era tornar o cristianismo relevante para a era científica, o que significava eliminar o místico e milagroso. Também reimaginaram todo o foco da salvação. O foco já não estaria mais em salvar almas do inferno, mas no objetivo maior de transformar a sociedade através da justiça social.

Hoje vemos o fruto dos seus esforços. Tanto na Europa como nos Estados Unidos, a maioria das igrejas liberais está vazia. Suas congregações, outrora históricas, tornaram-se ruínas do que eram. Algumas igrejas tornaram-se museus que cobram entrada. As igrejas estão morrendo, mas, infelizmente, o evangelho da velha esquerda que pregam não está.

Esse evangelho da esquerda está amarrado à política e ideologia liberais. Em Nova York, a Riverside Church, a Columbia University e o Union Theological Seminary formam um triângulo físico e simbólico de igreja, bata e colarinho que reflete essa ideologia esquerdista. Eles representam a justiça para todos. Mas o seu evangelho está esvaziado de esperança verdadeira porque eles abandonaram o âmago do evangelho verdadeiro: que Jesus é Deus encarnado, que ele está vivo e ativo hoje e que a sua verdade é a única coisa verdadeiramente relevante no cristianismo.

Richard, o irmão de Reinhold Niebuhr, descreveu bem o cristianismo liberal: "Um Deus sem ira trouxe homens sem pecado para um Reino sem julgamento através das ministrações de um Cristo sem cruz".[22]

Esse é o evangelho da velha esquerda. A nova esquerda fez uma escolha diferente. Em vez de desconstruírem as Escrituras, desconstroem o evangelho, criando uma nova hermenêutica. Fazem perguntas sobre o texto bíblico e depois dão novas interpretações criativas. Rejeitam ensinamentos fundacionais, tais como a exclusividade de Cristo, a existência do inferno, a certeza do julgamento e a definição de pecado, especialmente no que diz respeito à sexualidade humana. Quando concluíram a sua reinterpretação, determinaram que ninguém irá para o inferno exceto Hitler.

---

22 NIEBUHR, H. Richard. *The Kingdom of God in America*. Middletown, CT: Wesleyan University Press, 1988. p. 193.

O novo evangelho da esquerda é uma lista de acomodações e capitulações diante da cultura ocidental sobre os aspectos do ensino cristão ortodoxo que a cultura ocidental considera censuráveis. Embora lhe falte uma teologia coesa, o novo evangelho da esquerda foi assimilado em grupos liberais tradicionais e até encontrou um lar em igrejas mais litúrgicas. Também se esconde bastante bem em grupos evangélicos que carecem de um forte fundamento doutrinário e que não fazem muitas perguntas difíceis. A maioria dos defensores da nova esquerda são antigos evangélicos que acham cômodo manter os adereços do evangelicalismo, acrescentando alguns recursos adicionais aqui ou ali.

Mas ao evangelho da esquerda falta a urgência do evangelho bíblico. O problema é diagnosticado de forma incorreta e a solução oferecida é errada. Declaram que, se ninguém vai para o inferno, relaxe; a salvação não é assim tão urgente. O que devemos abordar urgentemente não são as necessidades espirituais, mas as necessidades reais dos pobres e dos famintos, daqueles que sofrem e daqueles que procuram justiça. O liberalismo é conhecido por abordar essas necessidades enquanto negligencia as necessidades da alma, e por querer que as pessoas ajam como discípulos sem fazer novos discípulos.

Como devemos entender o evangelho da esquerda? Bem, como George Orwell disse: "Algumas ideias são tão estúpidas que só um intelectual pode acreditar nelas".

-------------------------------------- **O evangelho da prosperidade**

Enquanto grande parte do evangelho da esquerda não se insere na esfera evangélica, o evangelho da prosperidade é a peça central daquelas partes da igreja mundial que apresentam o crescimento mais rápido. Ele ensina que Deus garante saúde e riqueza financeira se tivermos fé suficiente e praticarmos alguns princípios bíblicos básicos. Muito desse evangelho é baseado em teologia anedótica, ou seja: podemos esperar ver hoje os mesmos milagres que encontramos na Bíblia, basta orarmos por eles. Essa abordagem tende a ignorar o contexto das passagens bíblicas e não leva em conta o desenrolar da história redentora.

Alguns professores de prosperidade destacam que cada cristão deve esperar saúde física porque isso faz parte da expiação e ela nos é essencialmente garantida pelo sangue de Cristo. Eles contam histórias de curas espantosas e de como Deus concede prosperidade a pessoas que deram o seu último centavo para a sua obra.

Muitos evangélicos se pronunciaram contra o evangelho da prosperidade.[23] O que torna esse evangelho tão insidioso é que ele obscurece muitas das obras genuínas de Deus. Ele cura e abençoa financeiramente as pessoas, mas quando acreditamos que Deus está sujeito às nossas manipulações ou que ele garante um resultado se fizermos X, Y e Z, estamos caindo em heresia.

O evangelho da prosperidade também cria um espírito de reivindicação e de que estamos habilitados a falar de uma nova realidade para a existência. Podemos designá-lo e reivindicá-lo, o que significa que podemos gerenciar Deus e levá-lo a servir a nossa agenda. Tal como o evangelho do perdão, o evangelho da prosperidade é um meio de usar Deus para os nossos próprios fins. Mas, pior ainda, ele permite que falsos mestres explorem o rebanho. Especialmente desoladora é a forma como esse evangelho está florescendo em países pobres. Enquanto os líderes vivem em casas bonitas e luxuosas, os seus congregados continuam vivendo em pobreza abjeta.

Esse falso evangelho tende a separar o exercício do poder espiritual da maturidade espiritual, que se manifesta plenamente quando os famosos defensores falham moralmente. Eles enfrentam o perigo ocupacional de receberem mais dinheiro e poder do que o seu caráter pode suportar. Estar cheio do Espírito Santo realmente fornece poder espiritual para enfrentar os desafios que enfrentamos, mas ele deve servir também para fomentar o crescimento de Cristo dentro de nós e permitir-nos caminhar no Espírito e não na carne.[24]

---

23 Os inimigos do evangelho da prosperidade são tão conservadores como John Piper e tão fervorosos como John MacArthur. Em anos recentes, Piper tem pregado sermões inteiros contra ele, e MacArthur organizou uma conferência para refutá-lo.
24 Gálatas 5:16-22.

O evangelho do consumidor

O evangelho do consumidor também é bastante popular na igreja contemporânea. Ele promete fornecer tudo o que uma pessoa precisa: conveniência, rapidez, teologia em porções digestíveis e resultados instantâneos. Já que a impaciência é o pecado da América do Norte, o evangelho do consumidor substitui o lento e difícil caminho da maturidade espiritual autêntica por métodos e programas que dão resultados rápidos e fáceis. Como bônus, os nossos pecados são retirados da mesa de negociação e a vida mais profunda do discipulado é opcional, algo que podemos praticar se tivermos tempo.

Esse evangelho é facilmente abraçado pelos nossos interesses próprios. E outra coisa assustadora em relação a esse evangelho é que poucas pessoas sabem que o estão pregando. Somos naturalmente atraídos por uma mensagem de conveniência. Quem recusa uma mensagem que diz que podemos obter o perdão e o céu e ainda assim gerenciar a nossa própria vida? Esse evangelho cria discípulos que procuram uma igreja até encontrarem alguma que satisfaça as suas necessidades. Quando algo que eles não gostam ou que lhes causa dor acontece ou é ensinado, eles seguem para outra igreja porque acreditam que dor, arrependimento e dificuldade nunca são a vontade de Deus. O nosso inimigo não teme um evangelho concebido para satisfazer as nossas necessidades egoístas.

Mas os discípulos não podem florescer se tiverem sido treinados para medir a sua espiritualidade segundo o que acharam do culto. O verdadeiro evangelho é encarnado em Jesus que viveu em humildade, submissão, obediência e sacrifício. Seu amor sacrificial pelos outros é a antítese do evangelho do consumidor.

Dallas Willard disse:

> A fé cristã falhou em transformar as massas e em fazer um mundo mais justo e pacífico porque falhou em transformar o caráter humano. A razão é que, na maioria das vezes, o nosso evangelho não tem sido acompanhado de discipulado. Hoje, o discipulado não é uma parte essencial do cristianismo, na filosofia, programa ou currículo.[25]

---

25 WILLARD, Dallas. *The Spirit of the Disciplines*: understanding how God changes lives. Nova York: HarperCollins, 1989. p. 221.

Infelizmente, isso se aplica a todos os evangelhos apresentados até aqui — mas especialmente ao evangelho do consumidor, porque o seu objetivo é satisfazer as necessidades do freguês, mantendo-o feliz e satisfeito. Esse evangelho não desafia, não provoca, não oferece nenhuma palavra profética. Fala de conforto e segurança e oferece dicas e técnicas para tornar a Bíblia relevante sem nos chamar para morrermos para nós mesmos e para sofrermos pelos outros.

O evangelho da direita (religiosa)

Assim como o liberalismo teológico tem um evangelho de esquerda, a direita religiosa conservadora tem um de direita. Esse evangelho tende a dar prioridade à doutrina correta, à adesão a um código moral bastante restrito e à exclusividade da verdade. Ele defende a separação da cultura, embora algumas formas procurem transformar a cultura para que ela adote uma visão cristã do mundo. Em geral, o evangelho da direita assume uma postura defensiva e vê o mundo como um campo de batalha onde o bem e a direita devem enfrentar as forças do mal — que, na maioria das vezes, são representadas pela teologia liberal e pela política de centro-esquerda. Esse evangelho tende a criar discípulos que levam uma vida separada das pessoas que são chamados a alcançar.

Embora o evangelho da direita inclua um apelo ao discipulado, ele enfatiza a manutenção da doutrina correta e a permanência na tribo certa. O que importa nesta vida é conhecer as doutrinas e crenças corretas.

O que você acredita é muito mais importante do que tudo o que você faz. A resposta do evangelho da direita à pergunta referente ao que constitui a fé salvadora é acreditar que Jesus e o seu sacrifício são suficientes para levá-lo para o céu. Portanto, ser salvo trata-se apenas de ir para o céu. Assim, o evangelho da direita limita a compreensão da salvação à próxima vida e nem sempre mostra como Jesus e o seu modo de agir são relevantes para esta vida.

Em sua crítica a esse evangelho, Dallas Willard disse: "Ele não explica como é possível confiar em Cristo para a próxima vida sem confiar nele para esta; confiar nele para o seu destino eterno sem confiar nele para as coisas que se relacionam com a vida cristã. Isso realmente é possível? Certamente não é!".[26] As pessoas não são salvas, porque estão intelectualmente certas.

Se alguma vez você foi membro de uma igreja evangélica de direita, você sabe que é um lugar difícil. Há muitas pessoas mortas na Primeira Igreja da Direita porque a graça lá é escassa, e a vida vem da graça.

-- **O evangelho do Reino**

O que podemos chamar de evangelho do Reino capta melhor a pregação de Jesus e da Igreja Primitiva. É o evangelho anunciado pela primeira vez por João Batista: "Arrependam-se, porque o Reino dos céus está próximo" (Mateus 3:2). Jesus também pregou esse evangelho: "O Reino de Deus está próximo. Arrependam-se e creiam nas boas novas!" (Marcos 1:15). Até a sua ascensão, os discípulos de Jesus esperavam que ele estabelecesse o Reino.[27] A Igreja Primitiva também teve essa expectativa pelos trinta anos seguintes, até os últimos dias de Paulo. "Por dois anos inteiros Paulo permaneceu na casa que havia alugado, e recebia a todos os que iam vê-lo. Pregava o Reino de Deus e ensinava a respeito do Senhor Jesus Cristo, abertamente e sem impedimento algum" (Atos 28:30,31). Jesus prometeu que "este evangelho do Reino será pregado em todo o mundo como testemunho a todas as nações, e então virá o fim" (Mateus 24:14).

O que é o evangelho do Reino? *É a proclamação do governo e do reinado de Cristo sobre toda a vida.* Essa boa nova começou com a sua libertação da antiga Israel e as suas promessas de salvar a humanidade do reino das trevas, do desespero, do pecado e da morte através de um Messias. É a proclamação de que o Messias prometido veio em Jesus, que é o rei tão esperado que se sentará no trono de Deus. Através dele, temos acesso à vida eterna e passamos a estar sob o seu domínio, seguindo-o e tornando-nos seus discípulos. Com ele aprendemos a viver a nossa vida ao máximo. A boa notícia é que não importa se somos

---

[26] WILLARD, 1998, p. 49.
[27] Atos 1:5-8.

judeus ou gentios, escravos ou livres, homens ou mulheres. Jesus veio por nós. Ele viveu por nós, morreu por nós, ressuscitou dos mortos por nós, voltará por nós e reconciliará todas as coisas consigo mesmo. Aqueles que o seguirem viverão na sua presença, sob o seu domínio. Aqueles que o rejeitarem existirão eternamente separados da sua presença amorosa, no que chamamos de inferno — o melhor que Deus pode fazer por aqueles que não gostam dele ou que não desejam estar com ele.

Como é que entramos neste Reino de Deus? A entrada tem sido sempre a mesma. Jesus convidou-nos a segui-lo, e ele é a entrada para o Reino. Por isso, comece a caminhar! Entramos aceitando-o como nosso rabino e nosso rei. Concordamos em aprender com ele, seguindo os seus ensinamentos, submetendo-nos à sua direção e orando pela sua ajuda e provisão. À medida que o conhecemos e o amamos, e através da obra do Espírito Santo, começamos a tornar-nos iguais a ele.

Mark Twain disse uma vez: "Os dois dias mais importantes da sua vida são o dia em que nasceu e o dia em que descobre por quê".[28] O evangelho do Reino nos diz por que nascemos: para o Reino de Deus. O Reino é o reino da vontade efetiva de Deus, onde ela é feita. Essa vontade está tornando-se uma realidade na vida daqueles que seguem Jesus e que compõem o seu corpo, a igreja.

Embora o evangelho do Reino fale do perdão e da vida eterna, ele não trata apenas disso, do nosso destino depois de morrermos ou do caminho que nos levará ao céu. Trata de mais do que interesse próprio e de mais do que tentar criar um mundo melhor que se ajuste às nossas perspectivas políticas ou religiosas. Ao contrário dos evangelhos anteriormente mencionados, o evangelho do Reino inclui um apelo à negação própria. Está centrado na entrega própria para o bem dos outros, e não na prosperidade financeira nem na satisfação de consumidores religiosos.

Em suma, o evangelho do Reino nos chama para o discipulado. Ser discípulo de Jesus, aprender com ele e submeter-se à sua liderança e ao seu ensino é norma, não exceção nem opção. O evangelho nos chama

---

28 Disponível em: http://www.goodreads.com/quotes/505050-the-two-most-importan-t-days-in-your-life-are-the. Acesso em: 16 ago. 2022.

para tornar-nos aprendizes de Cristo e aprender com ele a viver a nossa vida como se ele a estivesse vivendo. Se ele fosse encanador, que tipo de encanador ele seria? Se ele fosse um contador, que tipo de contador ele seria? Esse é o evangelho da vida real.

Dallas Willard fala do poder desse evangelho na sua obra clássica, *The Divine Conspiracy*:

> Se [Jesus] viesse hoje como veio na época, ele poderia cumprir a sua missão através de qualquer ocupação decente e útil. Poderia ser escrivão ou contador numa loja de materiais de construção, técnico de computadores, banqueiro, editor, médico, garçom, professor, fazendeiro, técnico de laboratório ou trabalhador na construção civil. Poderia dirigir um serviço de limpeza de casas ou reparar automóveis. Em outras palavras, se ele viesse hoje, ele poderia muito bem fazer o que você faz. Ele poderia muito bem viver no seu apartamento ou na sua casa, ter o seu emprego, ter a sua educação e perspectivas de vida, e viver com a sua família, ambiente e tempo. Nada disso seria o menor obstáculo para o tipo de vida eterna que se torna disponível para nós através dele. A nossa vida humana, afinal, não é destruída pela vida de Deus, mas é cumprida nela e só nela.[29]

Em outras palavras, o evangelho do Reino fala a pessoas comuns e traz transformação para vidas comuns à medida que as pessoas escutam e obedecem aos ensinamentos de Jesus. Esse é o evangelho que Jesus pregou às pessoas comuns e que se relacionava à sua experiência cotidiana. Sim, devemos lembrar às pessoas a história de Israel e incluir os ensinamentos dos apóstolos — mas o coração desse evangelho nos leva a conhecer, a seguir e a obedecer a Jesus.

▶ TRÊS CARACTERÍSTICAS DO EVANGELHO DO REINO

Eu gostaria de destacar três características do evangelho do Reino para mostrar por que ele é único.

---

[29] WILLARD, 1998, p. 13.

Primeiro, o Reino de Deus cresce através do investimento numa população minoritária. Jesus descreve o Reino de Deus através de parábolas e afirma que aqueles que têm discernimento espiritual entenderão. Aqueles que não estão inclinados a ouvir não conseguem entender, "porque vendo, eles não veem e, ouvindo, não ouvem nem entendem" (Mateus 13:13).

Usando uma parábola de semear sementes, Jesus explicou como a palavra de Deus recebe uma variedade de respostas. Seu público era composto de judeus observadores que esperavam uma revolução política e militar, mas que não estavam inclinados a acreditar num rabino rural e não treinado. Então Jesus lhes disse que cerca de 50% das pessoas que ouvem a mensagem não a aceitarão. Outros 25% responderão, mas serão medíocres, nominais ou casuais. Mas a boa notícia é que um quarto dos outros ouvintes responderá e produzirá uma colheita, reproduzindo de um terço a cem vezes mais.[30]

Jesus estava explicando a natureza do seu trabalho. A maioria não fará nada com a mensagem, mas 25% fará — e 25% é muito, e é o suficientes para se reproduzirem e crescerem. Ele estava lhes ensinando que é nisso que devemos nos concentrar, não nos 75%. É ali que está o nosso trabalho; é ali que investimos a nossa energia. Ele investiu o seu tempo onde ele contava. O fato de ter passado 90% do seu tempo registrado nos evangelhos com esses poucos homens é prova suficiente. Como discípulos de Jesus, não devemos nos preocupar com os 75%; concentremo-nos nos 25%, e eles crescerão. É assim que o Reino funciona.

Segundo, o evangelho do Reino nos ensina a obedecer a Deus, a viver intencionalmente no meio da diversidade e ambiguidade. Jesus usa outra parábola para comparar a vida no Reino a um agricultor que plantou trigo, mas que depois encontrou ervas daninhas crescendo com o trigo. O trigo e as ervas daninhas estavam tão misturados que o agricultor não podia arrancar as ervas daninhas sem destruir o trigo. Para obter alguma colheita, ele teve que permitir que os dois crescessem lado a lado e depois fossem separados no momento da colheita, quando

---

30 Mateus 13:18-23.

ambos fossem cortados. Jesus explica que as plantas de trigo são os seus seguidores e que as ervas daninhas são os discípulos do inimigo. No final os anjos separarão os dois, e cada um partirá para a sua respectiva morada: o trigo para o céu, e as ervas daninhas para a vida sem Deus.[31]

Seguir Jesus exige que vivamos ao lado daqueles que não acreditam ou não seguem o nosso Rei. Significa também que temos a obrigação de amá-los como Cristo os amou. Não somos responsáveis por determinar e declarar quem está no Reino e quem está fora dele. Apenas um ser onisciente é capaz de fazer isso, e nós claramente não somos qualificados. Devemos simplesmente viver e amar, orar e contar, e algumas dessas ervas daninhas desenvolverão ouvidos para ouvir. A estratégia é que, se vivermos entre eles, teremos acesso. A Igreja institucional não tem o mesmo grau de acesso ou as oportunidades que seus membros têm todos os dias.

Terceiro, o evangelho do Reino nos lembra de que o crescimento é lento, mas que ele acabará permeando tudo. Jesus usa duas ilustrações para explicar como é o seu plano na vida como um todo: uma semente de mostarda e o fermento no pão. Uma semente de mostarda é pequena, mas cresce tanto que pode dar sombra e até mesmo um lar às aves. Essa ilustração nos lembra dos muitos cristãos que começaram apenas com uma mão amiga, mas continuaram a construir orfanatos e hospitais. O grão de mostarda é como a Cruz Vermelha, ou como os cristãos que ajudam quando ocorre uma catástrofe, ou como aqueles com um legado cristão.

O fermento, é claro, permeia o pão inteiro. O argumento de Jesus é de que, tal como o fermento, a sua palavra se espalha de forma silenciosa, mas, uma vez que o faz, não pode ser impedida; da mesma forma, o fermento não pode ser retirado de um pão para evitar que ele cresça. Similarmente, os discípulos do Rei devem ser inseridos no meio da comunidade para terem maior contato e impacto.

---

[31] Mateus 13:36-42. A queima das ervas daninhas ou dos seguidores de Lúcifer não exige necessariamente o fogo eterno, já que a analogia está se referindo ao que acontece com o trigo. É evidente que ele mistura sua linguagem, porque ervas não choram nem rangem os dentes. O resultado é triste, independentemente da interpretação.

▶ COMO PARTICIPAMOS?

O evangelho do Reino proclama o que Deus fez e está fazendo, mas também exige uma resposta da nossa parte. Devemos entrar no Reino. Como? Arrependendo-nos, recebendo o perdão dos nossos pecados e seguindo Jesus. Depois somos resgatados do domínio das trevas e transferidos para o Reino do Filho amado (Colossenses 1:13). Mas devemos nos tornar aprendizes de Jesus e aprender com ele a viver a nossa vida. "Se você tem um Cristo sem um Reino, não tem um Cristo. E se tem um Reino sem Cristo, você não tem o Reino de Deus".[32]

Jesus descreve a vida no seu Reino como um tesouro que um homem descobre;[33] quando ele percebe o seu valor, não há nada de que não desista para obtê-lo. De uma forma ligeiramente diferente, Jesus compara a vida no seu Reino a uma pérola preciosa.[34] Ela é tão valiosa que ele venderia tudo para possuí-la.

A ideia de um Reino é, hoje, um tanto estranha ao nosso jeito de pensar. Especialmente para aqueles de nós que vivem nos Estados Unidos, a ideia de submetermo-nos em obediência à autoridade de um governante soberano não se conforma aos nossos valores culturais. Podemos aceitar a ideia de uma relação pessoal com alguém, mas talvez rejeitemos as implicações sociais e globais mais vastas do evangelho do Reino.

Para evitar que o evangelho seja reduzido à nossa experiência espiritual pessoal, devemos aceitar tudo isso. O mundo não será abalado por pessoas cujo pensamento mais radical é o de que, um dia, chegarão ao céu. Muitas religiões postulam algum tipo de vida após a morte. O evangelho do Reino, porém, é único porque faz reivindicações globais e universais. Proclama que Cristo oferece a todas as pessoas a entrada ao seu Reino e que todas elas, por toda parte e a todo momento, devem

---

32 WILLARD, Dallas. The Gospel of the Kingdom and Spiritual Formation. *In:* ANDREWS, Alan (org.). *The Kingdom Life*: A Practical Theology of Discipleship and Spiritual Formation. Colorado Springs: NavPress, 2010. p. 46.
33 Mateus 13:44.
34 Mateus 13:45.

responder diante dele. Tal como o fermento, sua estratégia de crescimento é orgânica, permeando todo o pão. O evangelho do Reino é um
apelo a ser discípulo do Rei, a aprender com ele. Os primeiros discípulos de Jesus servem como nosso exemplo. Jesus perguntou a eles:
— Vocês entenderam todas essas coisas?
— Sim — responderam.
Ele lhes disse:
— Por isso, todo mestre da lei instruído quanto ao Reino dos céus é
como o dono de uma casa que tira do seu tesouro coisas novas e coisas
velhas (Mateus 13:51,52).

Sob a instrução do próprio Messias, o Rei Jesus, esses homens incul-
tos ganharam uma nova visão do mundo, novas joias da verdade, e
compreenderam as velhas joias dadas no Antigo Testamento. Tornaram-
-se professores religiosos que podiam explicar toda a história do
Evangelho, desde Gênesis até Apocalipse. Esses discípulos contavam
com o cumprimento imediato de todas as promessas do Reino.[35] Mas
Jesus lhes disse que o tempo para o cumprimento ainda não tinha chegado. Depois ordenou a esses instrutores treinados que se enchessem
com seu Espírito, se tornassem suas testemunhas e levassem a sua mensagem ao mundo inteiro.

-------------------------------------- **Pense santos, não campanários**

Quando pensamos num Reino, a maioria de nós pensa em termos
de geografia. Vislumbramos autoestradas, montanhas, desertos, cidades
e fazendas. Por isso, quando pensamos no Reino de Deus, tendemos a
pensar em espaços ou propriedades especiais, separados pelo povo de
Deus para a adoração, em edifícios com campanário ou cruz sobre o
telhado. Pensamos que, para entrar no Reino de Deus, as pessoas devem
entrar num desses espaços, e acreditamos que Deus é mais ativo e mais
propenso a operar nesse espaço sagrado.

No entanto, esse conceito é limitante demais e tem nos traído em
grande parte. A comissão de Jesus aos seus discípulos não é fazer com

---

[35] Atos 1:6-8.

que as pessoas venham até nós, mas sim fazer-nos ir até elas. Ele nos instruiu a andar pelo mundo todo e pregar o evangelho a todas as pessoas (Marcos 16:15). Seu foco não são os edifícios, mas sim as pessoas.

Quando você pensa numa região, estado ou cidade, imagine luzes circulares que representam os discípulos de Jesus. Podemos ver essas luzes por toda parte, em todos os domínios da sociedade. Estão na Câmara Municipal, nas capitais de estado e em muitas casas, centros comerciais e escolas. Na verdade, teríamos dificuldade de encontrar um lugar onde não estivessem.

Algumas dessas luzes estão cintilando enquanto outras ardem intensamente. O trabalho das nossas igrejas é fazer com que todas essas luzes ardam fortes, para ativar a população cristã já presente no local. Fazemos isso recordando, encorajando e ensinando esses cristãos a acreditar e a comprometer-se com o evangelho do Reino. Esse compromisso é resumido da melhor forma por Jesus em duas palavras simples: sigam-me.

A oferta de Jesus vem com a promessa de que ele nos ensinará a viver da forma como Deus quer que vivamos, em obediência a Ele. Ensinar as pessoas a obedecer às suas ordens não é apenas ensinar-lhes o que devem fazer. É também ensinar-lhes a pensar, a sentir e a ser. Os ensinamentos de Jesus falam ao intelecto, mas também ao coração e à imaginação, e oferecem uma nova visão da realidade, que muda a forma como nos relacionamos com as pessoas, com Deus e com o mundo.

▶ CRISTÃOS E DISCÍPULOS SÃO A MESMA COISA?

Visto que, durante décadas, a Igreja tem separado o discipulado da salvação, devemos fazer a pergunta: será que cristãos e discípulos são a mesma coisa? A princípio, essa pergunta parece se referir ao significado das palavras, mas, na verdade, trata-se de expectativas. Um discípulo é um aprendiz, um estudante de alguém. O termo implica ação e obediência. O termo *cristão*, contudo, tende a referir-se a um *status* ou posição. Os primeiros céticos usavam essa palavra em grande parte como um termo de zombaria para descrever seguidores de Jesus, e ela ocorre apenas três vezes no Novo Testamento.[36] Para muitos, o principal requisito para ser cristão é a concordância com a doutrina cristã.

Espera-se que um cristão *seja* algo; espera-se que um discípulo *faça* algo. Quando Jesus convidou as pessoas a segui-lo, ele pediu que elas viessem e vissem (João 1:39) e, mais tarde, que viessem e o seguissem (Mateus 4:19). Quando Jesus escolheu os doze discípulos, seu convite foi para virem e estarem com ele (Marcos 3:13). Esses apelos exigiam uma resposta ativa. O termo *discípulo* abrange uma expectativa que o termo *cristão* não abrange. O escritor escocês George MacDonald explicou bem essa diferença: "Em vez de se perguntar se você acredita ou não, pergunte-se se você fez algo hoje porque ele disse 'Faça isso', ou deixou de fazer algo porque ele disse 'Não faça isso'. É simplesmente absurdo dizer que acredita ou até querer acreditar nele se você não fizer nada do que ele lhe disser".[37]

Podemos afirmar biblicamente que todos os que seguem Jesus de forma ativa (discípulos) também acreditam nele, e que a sua crença é suficiente para salvá-los. Portanto, acredito que é seguro dizer que cada discípulo de Jesus é um cristão. Porém, nem sempre é seguro supor que cada pessoa que se diz cristã seja um discípulo, porque um "cristão" professo que não segue Jesus não é cristão. Alguns usam o termo "cristão nominal", que significa alguém que é cristão apenas no nome, para descrever tais pessoas. Veremos em maior detalhe qual é a diferença nos ensinamentos de Jesus e Paulo.

_____

[36] A primeira é em Atos 11:26. A tradução literal é "pela primeira vez, os discípulos foram chamados cristãos". As outras referências são Atos 26:28 e 1Pedro 4:16. Algumas evidências extrabíblicas indicam que "cristão" foi usado por incrédulos para descrever os seguidores de Jesus. O termo não teve sua origem entre os seguidores de Cristo.

[37] MACDONALD, George. Creation in Christ. *In:* JOB, Rueben P.; SHAWCHUCK, Norman. *Guide to Prayer for Ministers and Other Servants.* Nashville: The Upper Room, 1983. p. 60.

--- **O que Jesus ensina?**

Quando alguém perguntou a Jesus como poderia receber a vida eterna, Jesus respondeu em termos de arrependimento e discipulado:

— Sigam-me, e eu os farei pescadores de homens.[38]

Quando perguntaram a Jesus:

— Mestre, o que preciso fazer para receber a vida eterna?

— O que está escrito na Lei? — respondeu Jesus. — Como você a lê?

— Ame o Senhor, o seu Deus, de todo o seu coração, de toda a sua alma, de todas as suas forças e de todo o seu entendimento — ele respondeu. — Ame o seu próximo como a si mesmo.

— Você respondeu corretamente — disse Jesus. — Faça isso, e viverá.[39]

Jesus queria que as pessoas agissem, que renunciassem a um conjunto de comportamentos e adotassem outro. Jesus vinculou a fé nele à ação. No final do seu sermão mais famoso, Jesus continuou a argumentar em prol de uma justiça que excedia a dos fariseus preocupados com o comportamento:

> Nem todo aquele que me diz: "Senhor, Senhor", entrará no Reino dos céus, mas apenas aquele que faz a vontade de meu Pai que está nos céus. Muitos me dirão naquele dia: "Senhor, Senhor, não profetizamos nós em teu nome? Em teu nome não expulsamos demônios e não realizamos muitos milagres?" Então eu lhes direi claramente: "Nunca os conheci. Afastem-se de mim vocês, que praticam o mal!"[40]

A forma hebraica ou do Oriente Médio de entender crença sempre a liga à ação. Até mesmo o evangelho de João, que geralmente

---

38 Mateus 4:19.
39 Lucas 10:27,28.
40 Mateus 7:21-23.

é considerado um evangelho de crença, vincula em grande parte as palavras às obras de Jesus.[41] "Disse Jesus aos judeus que haviam crido nele: 'Se vocês permanecerem firmes na minha palavra, verdadeiramente serão meus discípulos. E conhecerão a verdade, e a verdade os libertará'". O evangelho de João utiliza o verbo "crer" mais de trinta vezes, e em cada caso essa crença está ligada à vida eterna. Mas, repito, devemos entender que essa crença significa mais do que mero consentimento intelectual; ela inclui uma resposta ativa. Em alguns casos, significa permanecer ou estar em comunhão com outro:

> Eu sou a videira; vocês são os ramos. Se alguém permanecer em mim e eu nele, esse dará muito fruto; pois sem mim vocês não podem fazer coisa alguma. Se alguém não permanecer em mim, será como o ramo que é jogado fora e seca. Tais ramos são apanhados, lançados ao fogo e queimados. Se vocês permanecerem em mim, e as minhas palavras permanecerem em vocês, pedirão o que quiserem, e lhes será concedido.[42]

No seu evangelho, João nos conta a história de Jesus e, nas suas epístolas, João é um mestre de sabedoria prática.

> Sabemos que o conhecemos, se obedecemos aos seus mandamentos. Aquele que diz: "Eu o conheço", mas não obedece aos seus mandamentos, é mentiroso, e a verdade não está nele. (1João 2:3,4)

> Quem afirma estar na luz, mas odeia seu irmão, continua nas trevas. (1João 2:9)

> Se alguém tiver recursos materiais e, vendo seu irmão em necessidade, não se compadecer dele, como pode permanecer nele o amor de Deus? (1João 3:17)

---

41 João 8:31,32.
42 João 15:5-7.

João confirma que ser cristão significa mais do que fazer uma oração, recitar um credo ou ser um perito nos ensinamentos de Jesus. Os
cristãos amam, servem e ajudam os outros, ou não são membros da
comunidade de seguidores de Jesus. Os ensinamentos sobre crenças e
ações estão também ligados ao julgamento final. Veja, por exemplo,
João 5:26-30:

> Eu lhes afirmo que está chegando a hora, e já chegou, em que os
> mortos ouvirão a voz do Filho de Deus, e aqueles que a ouvirem,
> viverão. Pois, da mesma forma como o Pai tem vida em si mesmo,
> ele concedeu ao Filho ter vida em si mesmo. E deu-lhe autori-
> dade para julgar, porque é o Filho do homem. Não fiquem
> admirados com isto, pois está chegando a hora em que todos os
> que estiverem nos túmulos ouvirão a sua voz e sairão; os que
> fizeram o bem ressuscitarão para a vida, e os que fizeram o mal
> ressuscitarão para serem condenados. Por mim mesmo, nada
> posso fazer; eu julgo apenas conforme ouço, e o meu julgamento
> é justo, pois não procuro agradar a mim mesmo, mas àquele que
> me enviou.

Tanto os evangelhos sinópticos como o evangelho de João nos ensinam que a fé abraça o discipulado. Nos evangelhos sinópticos, Jesus
ensina um evangelho de arrependimento, um apelo a seguir e a fazer.
O evangelho de João faz o mesmo, apenas de uma forma diferente. Em
ambos os casos, seguir Jesus é uma demonstração do que é realmente
fé, uma crença suficientemente forte para gerar ação.

--- **Jesus e Paulo**

O apóstolo Paulo ressalta claramente que a pessoa se torna cristã
pela fé, e não pelas obras da lei.[43] Há alguma discussão sobre o que ele
quis dizer com obras da lei, mas a nossa pergunta imediata é esta: será
que ele iguala fé a ser um discípulo de Jesus?

---

43 Romanos 3:28.

Com base no relato de Paulo em Gálatas, o próprio Jesus ensinou o evangelho a ele.[44] Paulo também se encontrou com os discípulos de Jesus em Jerusalém, conhecendo assim a ordem de Jesus de segui-lo e fazer discípulos por toda a Terra. Paulo escreveu Romanos mais ou menos na mesma época em que os evangelhos sinópticos foram escritos. Assim, ele teria escrito Romanos e Gálatas com o conhecimento do seu claro apelo ao discipulado. Paulo teve o cuidado de não alterar o evangelho que lhe foi dado para apresentar aos gentios. Ele deixou claro que não alteraria a sua história ou o seu evangelho que concordava com o que Jesus e os apóstolos ensinavam, e que todos deveriam ter cuidado com os perigos representados por outros evangelhos.[45]

Alguns tentaram estabelecer um conflito entre aquilo que chamam de modelo de discipulado de Jesus e o modelo de transação de Paulo. Uma discussão útil sobre esse tema é *Discipleship: The Expression of Saving Faith*, de Robert Picirilli.[46] Segundo Picirilli, o modelo transacional de Paulo ensina que, se as pessoas apenas acreditam em Cristo, elas são salvas. Esse modelo tem sido elevado na cultura cristã moderna como o caminho primitivo e comprovado pelo tempo para a salvação. Seu maior fundamento são as cartas de Paulo aos Romanos e Gálatas, e os seus maiores defensores são as igrejas protestantes. O modelo de transação descreve a salvação como sendo principalmente uma decisão judicial que se estabelece de uma vez por todas. Esse modelo segue a ênfase da Reforma Protestante em inserir a justificação pela fé no centro do evangelho. A justificação é um aspecto central dele, mas a fraqueza do modelo de transação é a pregação sem apelo ao discipulado e à transformação contínua.

Essa aberração não foi o que Paulo ensinou; ele falou muito sobre a necessidade de aprendizagem e treino na vida cristã.[47] Paulo não deixou

---

[44] Gálatas 1:12-2:10.
[45] Veja Gálatas 1:8.
[46] PICIRILLI, Robert. *Discipleship*: The Expression of Saving Faith. Nashville: Randall House, 2013.
[47] 1Coríntios 9:24-27; Filipenses 4:9-13; 1Timóteo 4:7-11.

dúvida de que o seu trabalho era ensinar e exortar todos a crescerem em Cristo.[48] Em Romanos 12, vemos Paulo ressaltando esse ponto, e o que ele descreve é claramente o discipulado:

> Portanto, irmãos, rogo-lhes pelas misericórdias de Deus que se ofereçam em sacrifício vivo, santo e agradável a Deus; este é o culto racional de vocês. Não se amoldem ao padrão deste mundo, mas transformem-se pela renovação da sua mente, para que sejam capazes de experimentar e comprovar a boa, agradável e perfeita vontade de Deus (Romanos 12:1-2).

Paulo também ensina a responsabilidade e vivência pactual para ajudar os outros — rebeldes e indisciplinados, tímidos e fracos — a manter os seus compromissos com Deus. "Exortamos vocês, irmãos, a que advirtam os ociosos, confortem os desanimados, auxiliem os fracos, sejam pacientes para com todos" (1 Tessalonicenses 5:14). Paulo também ensina a importância de ensinar os outros a espalhar o evangelho. "E as coisas que me ouviu dizer na presença de muitas testemunhas, confie a homens fiéis que sejam também capazes de ensinar a outros" (2 Timóteo 2:2).

Embora usem palavras e expressões diferentes, Paulo ensina o que Jesus ensina: que o discipulado é essencial para os cristãos. Quando Paulo ensina a justificação apenas pela fé em Cristo, ele está também ensinando que a vida de discipulado é o fruto da nossa salvação em Cristo.

▶ SISTEMA DE DUAS CAMADAS

Qual tem sido o resultado, em nossas igrejas, de separar salvação e discipulado?

Nos últimos anos, os cristãos têm sido divididos em duas categorias. No cerne dessa divisão está a ideia de que a salvação apresenta duas

---

48 Gálatas 4:19; Colossenses 1:28.

partes. Em primeiro lugar, uma pessoa recebe Cristo como Salvador. Algum tempo depois, ela se submete a ele como Senhor. Esse entendimento levou à existência de uma população cristã de dois níveis: aqueles que são salvos e apenas esperam pelo céu, e aqueles que levam a sério a sua fé.

Em termos práticos, esse sistema de duas camadas criou a expectativa de que muitos cristãos definharão e nunca darão qualquer fruto nem se multiplicarão trinta, sessenta nem cem vezes.[49] Já que esperamos isso, criamos programas em torno disso. Na verdade, podemos intencionalmente não exortar as pessoas a estudar a Bíblia e a agir de acordo com a sua fé, porque essas atividades de discipulado podem ser interpretadas como legalismo. Chamamos de cristãos os membros da nossa Igreja, mas abstemo-nos de chamá-los de discípulos porque esse termo se refere a um nível de compromisso mais profundo.

Os termos bíblicos utilizados para descrever os fiéis — seguidores, discípulos, escravos e servos de Cristo — parecem sérios demais para muitos frequentadores das igrejas. Devemos rejeitar esse sistema de duas camadas. Devemos voltar aos rótulos bíblicos e falar de forma bíblica sobre a ligação entre conversão e discipulado e, ao fazê-lo, recuperar essa compreensão perdida da salvação.

---

49 Mateus 13:19-23.

CAPÍTULO 2

O CHAMADO

"

Ninguém além de Cristo pode nos chamar para o discipulado.

Em essência, discipulado nunca consiste numa decisão por esta ou aquela ação específica; sempre é uma decisão por ou contra Jesus Cristo.

— *Dietrich Bonhoeffer,* The Cost of Discipleship

"

O CHAMADO PARA SEGUIR CRISTO é o chamado para acreditar em Cristo. Quando respondemos ao chamado e começamos a segui-lo, renascemos e somos capacitados pelo Espírito Santo.

Cada pessoa anseia por uma vida de propósito. Um cobrador de impostos estava sentado na sua cabine, e Jesus disse-lhe: "Siga-me e seja meu discípulo" (Marcos 2:14). Jesus não qualificou sua declaração nem tentou convencer o homem. Ele fez um convite simples e inequívoco: se você quer estar comigo e aprender comigo, siga-me. Jesus não exigiu uma crença especial ou bem-informada. Apenas exigiu que o cobrador de impostos Mateus, também chamado de Levi, se levantasse e começasse a usar suas pernas.

Mateus levantou-se e o seguiu. Ele aprenderia a acreditar, a obedecer, a adorar, a evangelizar e a orar pelos outros. É isso que os discípulos fazem — eles aprendem a ser iguais ao seu mestre. Se eu pudesse dizer apenas uma coisa a um buscador, eu diria isto: *Siga Jesus, e ele lhe ensinará tudo que alguma vez precisará saber.*

Jesus sabia que os discípulos que ele chamou tinham pouco conhecimento espiritual quando o fez. As primeiras histórias sobre os discípulos estão registradas em João.

> No dia seguinte João estava ali novamente com dois dos seus discípulos. Quando viu Jesus passando, disse: "Vejam! É o Cordeiro de Deus!" Ouvindo-o dizer isso, os dois discípulos seguiram a

> Jesus. Voltando-se e vendo Jesus que os dois o seguiam, pergun-
> tou-lhes: "O que vocês querem?" Eles disseram: "Rabi", (que
> significa Mestre), "onde estás hospedado?" Respondeu ele:
> "*Venham e verão*". Então foram, por volta das quatro horas da
> tarde, viram onde ele estava hospedado e passaram com ele aquele
> dia. (João 1:35-39, grifos meus).

O que começou com quatro dias seguindo esse novo professor transformou-se em quatro meses e incluiu vários outros que optaram por seguir. Vamos chamar isso de o período de *Venha e veja*, o primeiro de um chamado quádruplo.[50] Após conversas com Jesus, alguns desses homens estavam convencidos de que ele era realmente o Messias.

Jesus levou-os ao casamento em Caná, e eles foram com ele para Jerusalém. Provavelmente tremeram diante de seu confronto com os líderes religiosos quando ele limpou o templo e decerto ficaram mara-vilhados com seus vários encontros com pessoas necessitadas, em especial as mulheres samaritanas. Quando regressava com suas compa-nheiras da aldeia, ele emitiu uma forma de grande comissão e os mandou para casa para pensarem sobre o assunto. Após quatro meses juntos, deixou-os com este desafio:

> A minha comida é fazer a vontade daquele que me enviou e con-
> cluir a sua obra. Vocês não dizem: 'Daqui a quatro meses haverá
> a colheita'? Eu lhes digo: Abram os olhos e vejam os campos! Eles
> estão maduros para a colheita. Aquele que colhe já recebe o seu
> salário e colhe fruto para a vida eterna, de forma que se alegram
> juntos o que semeia e o que colhe. Assim é verdadeiro o ditado:
> 'Um semeia, e outro colhe'. Eu os enviei para colherem o que
> vocês não cultivaram. Outros realizaram o trabalho árduo, e vocês
> vieram a usufruir o trabalho deles (João 4:34-38).

---

50 Um estudo sobre esse período pode ser encontrado no livro *Jesus Christ, Disciple-maker*, de Bill Hull (Grand Rapids: Baker, 2004), p. 29-73. Os outros chamados são *Venha e siga-me*, *Venha estar comigo* e *Permaneça em mim*. Veja a discussão destes a seguir.

O que podemos aprender sobre a relação entre processo e crença a partir desses relatos sobre o método de ensino de Jesus? Vemos que seu ensino é mais relacional do que categórico e mais orientado para o processo do que transacional.

Além disso, os relatos não parecem conter uma experiência claramente reconhecível que um leitor moderno possa apontar como sendo o momento da conversão. O que é apresentado é um pouco confuso e não é facilmente embalado e reproduzido. Curiosamente, Jesus termina essa fase de ensino com um desafio semiformal para difundir e reproduzir a mensagem. Podemos supor que, tal como João Batista, Jesus estava instruindo seus seguidores sobre o arrependimento. Não sabemos exatamente o que seu ensinamento continha nesses primeiros dias, mas conhecemos o núcleo: "Siga-me".

Como nos lembra Bonhoeffer, é Jesus quem chama. Seu chamado nos evangelhos era incondicional e, muitas vezes, imediato; partia da sua autoridade inerente. Novamente, Bonhoeffer explica bem: "Jesus é o Cristo e tem autoridade para chamar e exigir obediência à sua palavra. Jesus chama para o discipulado não como um mestre e um modelo a seguir, mas como o Cristo, o Filho de Deus".[51] Bonhoeffer acrescenta o que esses discípulos do Filho de Deus são chamados a aprender: "Não é nada mais do que estar vinculado exclusivamente a Jesus Cristo. Isso significa quebrar completamente qualquer coisa pré-programada, idealista ou legalista. Nenhum outro conteúdo é possível, porque Jesus é o único conteúdo. Não há outro conteúdo além de Jesus. Ele mesmo o é".[52] Quando seguimos Jesus, aprendemos a viver e a agir com ele. Todas as perguntas são respondidas não pela memorização do conteúdo, mas pela experiência diária da vida em conjunto.

E quanto àqueles que dizem *não* a Jesus? Se um *sim* coloca alguém em posição de aprender com ele a como acreditar, então um *não* significa não poder acreditar. Os fiéis são chamados por Jesus para tirá-los

---

[51] BONHOEFFER, Dietrich. *The Cost of Discipleship*. Minneapolis: Fortress Press, 2003. (Dietrich Bonhoeffer's Works, v. 4). p. 57.
[52] Ibid., p. 59.

do estado em que não podem acreditar. Enquanto Mateus permanecesse na sua cabine, ou Tiago e João permanecessem em seu barco de pesca, eles não poderiam aprender com Jesus da forma que os transformaria. Dizer *não* tem consequências reais.

▶ JESUS PEDE MAIS

O que Jesus estava pedindo aos seus seguidores? Quando ele disse: "Siga-me", o que esperava que fizessem? Novamente, a resposta é mais direta do que podemos imaginar. Pediu que deixassem sua cabine de impostos, largassem suas redes e deixassem sua casa para trás, e insinuou que trataria do resto. Jesus não pediu uma recitação de um credo nem uma confissão formal. Pediu uma demonstração de fé suficiente para começarem a andar com ele.[53] A história de Pedro e André fornece uma ilustração: "Andando à beira do mar da Galileia, Jesus viu dois irmãos: Simão, chamado Pedro, e seu irmão André. Eles estavam lançando redes ao mar, pois eram pescadores. E disse Jesus: 'Sigam-me, e eu os farei pescadores de homens'. No mesmo instante eles deixaram as suas redes e o seguiram" (Mateus 4:18-20).

O relato de Marcos preenche o resto da história. "Indo um pouco mais adiante, viu num barco Tiago, filho de Zebedeu, e João, seu irmão, preparando as suas redes. Logo os chamou, e eles o seguiram, deixando Zebedeu, seu pai, com os empregados no barco" (Marcos 1:19,20). Tiago e João talvez já tivessem avisado seu pai de que isso poderia

---

[53] O período do *Venha e veja* durou mais ou menos quatro meses e está registrado em João 1:35-4:46. Enquanto esse episódio com Levi está registrado no início de Mateus, ele se insere após o período do *Venha e siga-me* quando datado numa harmonia dos Evangelhos e inicia o período do *Venha e siga-me* registrado em Mateus, que dura uns dez meses. Para uma explicação adicional, veja o livro *Jesus Christ, Disciplemaker*, de Bill Hull (Grand Rapids: Baker, 2004). *The NIV Harmony of the Gospels* (Nova York: HarperCollins, 1988), de Robert Thomas e Stanley Gundry, é um bom recurso para visualizar os estágios dos quatro chamados de Jesus aos seus seguidores: *Venha e veja*, *Venha e siga-me*, *Venha estar comigo* e *Permaneça em mim*. Esse chamado quádruplo não só é derivado das Escrituras, mas também foi observado por A. B. Bruce em *The Training of the Twelve* (Grand Rapids: Kregel, 1988), p. 11.

acontecer, uma vez que, provavelmente, já tinham conhecido Jesus. Assim, Zebedeu ficou segurando as redes, mas não deve ter se surpreendido. Ele sabia o efeito que Jesus tinha sobre seus filhos. No entanto, independentemente do que ele pensava, eles partiram para seguir Jesus.

Deixar para trás a profissão e a família qualifica-se como "fé salvadora"? A verdade é que não temos uma categoria agradável e arrumada na qual possamos inserir esses homens. Não podemos dizer que eles eram cristãos, porque não existia nenhuma igreja ou organização naquele momento. Tudo que podemos dizer com certeza é que eles eram seguidores de Jesus e tinham muito a aprender com ele a essa altura.

O pesquisador Alan P. Stanley ressalta que fazer "uma distinção entre o chamado de Jesus à conversão e seu chamado ao discipulado" é popular hoje em dia. Mas Stanley argumenta que a conversão e o discipulado são essencialmente o mesmo e que ambos podem ser vistos como um processo do qual "a conversão é apenas um aspecto e a eternidade é a conclusão".[54]

▶ OS DISCÍPULOS VÊM EM TODAS AS FORMAS E TAMANHOS

Devemos observar que Jesus chama diferentes discípulos para papéis diferentes e que, durante sua vida na terra, eles o seguiram de maneiras diferentes. No período dos seus primeiros quatro meses de ministério, Jesus recrutou mais seguidores do que os doze que se tornaram os mais próximos dele. Muitos juntaram-se a Jesus por algum tempo, mesmo que não tenham sido convidados pessoalmente.

Outros discípulos eram marginais ou secretos, como Nicodemos, que encontrou Jesus sob a proteção da noite, e José de Arimateia, que era um discípulo secreto. Mas eles, ainda assim, eram considerados discípulos. Milhares de pessoas curiosas se reuniam para ouvir Jesus e

---

[54] STANLEY, Alan P. *Did Jesus Teach Salvation by Works?* The Role of Works in Salvation in the Synoptic Gospels. Eugene, OR: Pickwick, 2006. (The Evangelical Theological Society Monograph Series). p. 220.

fingiam ser discípulos, mas iam embora quando o ensino ou a situação se tornava difícil.[55] Os verdadeiros discípulos são aqueles que continuam no período do *Venha e siga-me*.

Depois do período do *Venha e veja* vem o período do *Venha e siga-me*, mas esse seguimento tem formas diferentes para discípulos diferentes. Enquanto Jesus esteve na terra, muitos deixaram seus empregos e casas e o seguiram fisicamente pelo país. Mas, às vezes, Jesus ordenava a seus seguidores que o abandonassem ou voltassem para casa em vez de se juntarem a seu grupo de discípulos. Por exemplo, depois de a mulher ungir seus pés com perfume, ele lhe disse: "Sua fé a salvou; vá em paz" (Lucas 7:50). Ele instruiu um leproso curado: "Levante-se e vá; a sua fé o salvou" (Lucas 17:19). Quando o possesso libertado implorou para ir com ele, Jesus disse: "Vá para casa, para a sua família e anuncie-lhes quanto o Senhor fez por você e como teve misericórdia de você" (Marcos 5:19).

Jesus deixou para trás dezenas de pessoas em pequenas cidades e aldeias e não as convidou a segui-lo fisicamente. No entanto, elas também se tornaram seus discípulos, porque acreditaram nele e seguiram seus ensinamentos na vida comum. É útil nos lembrarmos dessas diferenças, pois a grande maioria dos que seguem Jesus — ao longo da história e nos dias de hoje — é chamada para trabalhar em empregos comuns, criar famílias e ser luz nas suas comunidades em vez de para sair de casa e tornar-se missionários, pastores ou trabalhadores humanitários internacionais.

Independentemente de como as pessoas seguiam Jesus quando ele estava na terra, caminhando com ele dia após dia ou seguindo-o de longe, o objetivo do seu discipulado era o mesmo. Jesus disse: "O discípulo não está acima do seu mestre, mas todo aquele que for bem-preparado será como o seu mestre" (Lucas 6:40). O objetivo do discipulado é tornar-se igual a Jesus. Todos os seus seguidores devem aprender com ele a viver como ele e, ao fazê-lo, *tornar-se igual a ele.*

---

55 Por exemplo, Jesus alimentou cinco mil seguidores em João 6:1-15, mas muitos discípulos o abandonaram quando ouviram seu ensinamento difícil em João 6:60-70.

Embora o objetivo seja o mesmo — como diz Paulo: ser imitadores de Cristo (1Coríntios 11:1) —, os discípulos são chamados para papéis diferentes na família de Deus.[56]

Os primeiros discípulos tiveram o papel histórico único de assumir o ministério de Jesus após sua ascensão. Por isso, era essencial que Jesus estabelecesse pessoalmente o paradigma para seu treinamento, a fim de que pudessem utilizá-lo com outros.

Também devemos usar o processo que Jesus estabeleceu para desenvolver a fé nos seus seguidores. Durante a fase do *Venha e siga-me*, Jesus apresentou aos seus discípulos o que eu chamo de *o grande currículo*. Jesus não tinha apostilas para distribuir nem exigia que seus discípulos escrevessem redações. Sua sala de aula era o mundo, e ele utilizava as experiências do dia a dia para ensinar, testar e treinar seus seguidores.

Vejamos alguns exemplos. Jesus e seus discípulos encontraram um homem possuído por demônios que era tão violento que todos o temiam. No entanto, Jesus o curou.[57] Os discípulos viram Jesus curar um número de pessoas com condições incuráveis e, enquanto viajavam com ele de cidade em cidade, observaram e aprenderam com seu ensino eficaz em diferentes culturas e grupos de pessoas. Viram também como Jesus lidou com sua popularidade e com as exigências do seu ministério e como, embora muitas vezes tivesse que se esconder na escuridão para orar, ele fazia-o continuamente.

Durante esse tempo, Jesus teve muitos conflitos com os líderes religiosos a respeito do sábado. Eles o confrontaram por ter permitido que seus discípulos colhessem grãos no sábado e por ter curado o povo naquele dia sagrado. Mas Jesus confrontou seu legalismo e ensinou: "O sábado foi feito por causa do homem, e não o homem por causa do sábado" (Marcos 2:27). Seus discípulos aprenderam muito com a forma como Jesus confrontou seus críticos e como ele lidou com essas situações. Eles também viram como esses inimigos conspiraram para matar Jesus e como ele respondeu a essas ameaças. Todos eles precisariam

---

56 Veja Mateus 8:9; 12:50; João 15:13-15.
57 Marcos 5:1-15.

desse ensinamento e desse modelo para seus ministérios posteriores, assim como os discípulos de Jesus de hoje.

É fácil ignorarmos esses contextos e a forma como os discípulos aprenderam com Jesus. Mas nunca devemos esquecer que as experiências de vida moldam nossa fé. Os discípulos que seguiam Jesus de lugar em lugar tinham que recuperar o fôlego frequentemente e várias vezes se surpreendiam com o que Jesus fazia e dizia — sobretudo quando ele desafiava o *status quo*. A energia das multidões e os milagres que Jesus realizava criavam uma atmosfera elétrica que influenciou o coração e a mente deles. Sua fé não era apenas o produto de ensino teórico: foi construída sobre o terreno escarpado e acidentado da vida, onde demônios possuíam pessoas, homens e mulheres precisavam desesperadamente de cura e grandes multidões os assediavam de todos os lados tentando tocar seu líder. Mas em meio a tudo isso, Jesus mostrou a seus discípulos uma autoridade e um poder que era impossível negar, e, à medida que seu conhecimento experiencial do Pai e do Filho aumentava, sua fé se tornava mais forte.[58]

Tenha em mente que aprender dessa forma relacional e experiencial não é necessariamente um processo constante de uma fé cada vez mais forte, porque temos momentos de dúvida. Construímos a fé mesmo quando lutamos com dúvidas. De certa forma, é útil pensar nelas como o "vergalhão" da nossa fé. Francis Schaeffer, um grande apologista do século passado, escreveu que foram necessários vários meses de vida sob a nuvem negra da dúvida para levá-lo a tornar-se um evangelista para os intelectuais. Sua fé foi posta à prova pelas suas dúvidas, e, quando a fé sobrevive à labuta da dúvida, ela se torna mais forte.

---

58 Quando lemos o evangelho de Marcos, é fácil esquecermos que esse período inicial foi provavelmente muito mais longo do que aparenta ter sido, pois Marcos tende a resumir detalhes. Mas, a partir de Mateus e Lucas, podemos estimar que esse período do *Venha e siga-me* durou mais ou menos dez ou onze meses. THOMAS, Robert L.; GUNDRY, Stanley N. *The NIV Harmony of the Gospels*, edição revisada de BROADUS, John A.; ROBERTSON, A. T. *A Harmony of the Gospels for Students of the Life of Christ* (Nova York: HarperCollins, 1988), p. 16.

No entanto, nem todos passarão nesses testes. Enquanto a fé de Schaeffer sobreviveu, a do teólogo ateu Paul Tillich não resistiu. Tillich passou toda sua vida tentando argumentar que Deus era o "fundamento do nosso ser", mas seu evangelho era desprovido de vida e poder, e esvaziou as igrejas progressistas e liberais da sua época. Afinal de contas, quem quer ouvir um evangelho de esperança que não oferece esperança? Nos dias de Jesus, os fariseus também pregavam uma mensagem sem esperança, que era uma das razões pelas quais o povo estava tão desesperado por aprender de Jesus. Ele ofereceu algo que mais ninguém podia oferecer.

▶ APRENDENDO CONSTANTEMENTE

O ensino de Jesus provocou uma variedade de reações dos seus seguidores.[59] Às vezes, reclamavam: "Dura é essa palavra. Quem consegue ouvi-la?" (João 6:60). Outras vezes, resistiam ou ficavam ansiosos por causa daquilo que ele ensinava. "Mas eles não entendiam o que ele queria dizer e tinham receio de perguntar-lhe" (Marcos 9:32). Às vezes, nem sequer faziam ideia do que Jesus estava dizendo e apenas balançavam a cabeça. "Os que ouviram isso perguntaram: 'Então, quem pode ser salvo?'" (Lucas 18:26). Claramente, faltava-lhes muitas vezes fé ou perspicácia para entender o significado completo, fazendo com que Jesus respondesse: "Ó geração incrédula e perversa, até quando estarei com vocês? Até quando terei que suportá-los?" (Mateus 17:17).

Os primeiros discípulos nem sempre estavam à altura dos padrões. Mas isso não deve nos desencorajar; na verdade, é uma boa notícia, porque mostra que ser discípulo não é um estado de perfeição. Discípulos são pessoas que ainda estão aprendendo, ainda estão em crescimento. Cometem erros. Os primeiros discípulos ajudam a explicar nossa própria experiência, e suas histórias proporcionam conforto e encorajamento porque sabemos que, no final, quase todos eles produziram grandes frutos. Uma fé em desenvolvimento não é uma fé

---

59 O parágrafo seguinte foi emprestado de STANLEY, 2006, p. 226.

impecável. O discipulado é realista, não idealista. Alan Stanley explica melhor como entender o discipulado como um processo: "Devemos ter o cuidado de distinguir entre o chamado para ser discípulo e a realidade de ser um discípulo. Uma vez que muitos definem o discipulado apenas como as condições estabelecidas por Jesus nos evangelhos, não surpreende que 'discípulo' se tenha tornado praticamente sinônimo de 'cristão empenhado'. No entanto, como vimos, esse não foi o caso dos Doze e também não o foi para o resto do Novo Testamento".[60]

Isso leva a outra afirmação que podemos fazer sobre discipulado: *ele é a realidade permanente de qualquer pessoa que deseja seguir Cristo.* O discipulado não é um processo de tamanho único, nem produz discípulos a cada hora como uma fábrica de geringonças. Ele chama todos os seus discípulos e expõe as mesmas exigências e requisitos. Mas ele faz concessões às nossas formas individuais de aprendizagem e usa toda a nossa vida para desenvolver nossa fé. Tornamo-nos discípulos na conversão, quando respondemos ao chamado de Cristo para segui-lo. Depois passamos o resto da nossa vida a tornar-nos na realidade aquilo que Ele nos chamou a ser.

▶ O CHAMADO GERAL

Quando estava na terra, como Jesus chamou as pessoas para que o seguissem? Na maior parte das vezes, ele fez uma variedade de convites gerais às multidões. Disse-lhes que o seguir significava negar-se a si mesmo, tomar uma cruz e odiar o pai e a mãe. Essa abnegação chegava a ponto de desistir da própria vida.[61] Jesus fazia esses convites a qualquer pessoa que o quisesse ouvir. Ele não designava nenhuma tarefa específica, missão, localização ou prazo para nada disso. Esse convite geral era apenas para dar o primeiro passo e segui-lo.

Distinguir entre os chamados gerais de Jesus às multidões e os chamados específicos a indivíduos como Mateus e Pedro é útil, e podemos

---

60 Ibid., p. 227.
61 Veja Mateus 10:39; 16:38; e Lucas 9:23,24; 14:25-27.

aprender muito com o estudo de cada um deles. Comecemos analisando as descrições de Jesus do seu discipulado que valem para todos os seus seguidores.

--- **Mateus 28:18-20**

A primeira das passagens de "chamado" geral, palavras que se aplicam a todos os seguidores de Jesus, encontra-se perto do fim do ministério terreno de Jesus enquanto ele se prepara para sua ascensão ao céu. As famosas palavras de Mateus 28:18-20, vulgarmente chamadas de a Grande Comissão: "Foi-me dada toda a autoridade no céu e na terra. Portanto, vão e façam discípulos de todas as nações, batizando-os em nome do Pai e do Filho e do Espírito Santo, ensinando-os a obedecer a tudo o que eu lhes ordenei. E eu estarei sempre com vocês, até o fim dos tempos" (Mateus 28:18-20). Embora essa passagem tenha sido dirigida diretamente aos primeiros discípulos, a Igreja mundial reconhece que ela se aplica a todos. Esses versículos são alguns dos mais utilizados no discipulado, por uma boa razão: são uma convocação arrebatadora para uma revolução mundial.

Jesus inicia a ordem informando seus discípulos: "Foi-me dada toda a autoridade no céu e na terra". Antes de ser preso, Jesus tinha orado ao Pai: "Glorifica o teu Filho, para que o teu Filho te glorifique. Pois lhe deste autoridade sobre toda a humanidade, para que conceda a vida eterna a todos os que lhe deste" (João 17:1,2). É um lembrete útil do propósito subjacente ao trabalho e ensino de Jesus. Trazer glória a seu Pai era a peça central da sua obra desde seu batismo, e ele trouxe-a ao completar a obra que seu Pai lhe tinha dado. Na verdade, é justo dizer que a única preocupação real de Jesus era completar a tarefa que seu Pai lhe tinha requisitado.

No entanto, na mesma oração registrada em João, Jesus disse a seu Pai o quanto ele amava esses homens:

> "Eu revelei teu nome àqueles que do mundo me deste. Eles eram teus; tu os deste a mim, e eles têm guardado a tua palavra. Agora

eles sabem que tudo o que me deste vem de ti. Pois eu lhes transmiti as palavras que me deste, e eles as aceitaram. Eles reconheceram
de fato que vim de ti e creram que me enviaste. Eu rogo por eles.
Não estou rogando pelo mundo, mas por aqueles que me deste,
pois são teus [...]. Assim como me enviaste ao mundo, eu os enviei
ao mundo. [...] *Minha oração não é apenas por eles. Rogo também
por aqueles que crerão em mim, por meio da mensagem deles"*
(João 17:6-9,18,20, grifos meus).

É evidente que Jesus tinha em mente a Grande Comissão quando
fez essa oração, porque não era apenas para os primeiros discípulos,
mas para cada um de nós que o seguiria. A Grande Comissão não foi
um pensamento posterior; impor sobre seus discípulos a mesma responsabilidade de trazer glória ao Pai foi o cumprimento da oração de Jesus
e da sua obra. Seu plano era transmitir essa responsabilidade através dos
seus discípulos a todos os futuros discípulos que acreditariam nele através da sua mensagem. E com essa responsabilidade ele deu a autoridade
para completar a tarefa.

Deveríamos sentir uma conexão especial com Cristo quando lemos
essas palavras, sabendo que ele orou por nós. Sua paixão e seu cuidado
são tão evidentes nessa oração que, quando a leio, sinto que faço parte
da sua equipe e que ele está me aplaudindo tal como aplaudiu seus
primeiros discípulos. Lembro-me também de uma conversa que tive
com meu amigo Robert Coleman, autor de *The Masterplan for Evangelism*. Perguntei-lhe:

— Se você fosse fazer uma pergunta sobre a Igreja na América do
Norte, qual seria?

Ele refletiu por um momento e respondeu:

— Qual é sua desculpa para não obedecer à comissão de Cristo de
fazer discípulos?

A pergunta de Coleman destaca a triste verdade de que muitos negligenciam essa responsabilidade central que estava no coração de Cristo
na noite anterior à sua crucificação e no dia da sua ascensão. Se você
e eu quisermos tornar-nos discípulos sérios de Jesus, não podemos ler

essas palavras e simplesmente optar pela não participação. Devemos refletir e meditar sobre a paixão motriz do seu coração, a tarefa que motivou suas orações e sua missão. Para ser justo, acredito que muitos cristãos ignoram sua responsabilidade por ignorância, porque os líderes não ensinam essa expectativa de seguir Jesus.

Jesus não nos dá apenas um trabalho a fazer. Ele nos dá a autoridade para fazê-lo. Não se esqueça disso, porque essa é a chave. Com o chamado vem a autoridade.[62] E esse chamado é a peça central do que Deus autorizou cada um de nós a fazer. Embora haja muitos bons projetos que podemos realizar, eles serão julgados válidos ou nulos, dependendo da sua contribuição para fazer discípulos. Estou convencido de que nossa atividade religiosa é uma perda de tempo se não estiver obedecendo às palavras de Cristo. Podemos fundar igrejas, construir organizações missionárias mundiais, liderar universidades, falar em conferências e pregar em grandes encontros. Mas, se não estivermos fazendo discípulos, estaremos negligenciando esse chamado que Jesus faz a cada um e a todos os discípulos. C. S. Lewis disse-o bem: "A Igreja existe apenas para atrair os homens para Cristo, para fazer deles pequenos cristos. Se não o fizerem, todas as catedrais, clero, missões, sermões, até mesmo a própria Bíblia são simplesmente uma perda de tempo. Deus tornou-se homem com esse único propósito".[63]

É claro, o fato de nossas igrejas não estarem fazendo discípulos significa que um dos maiores campos para a evangelização do discipulado são nossas igrejas. O primeiro passo de uma revolução de discipulado é convencer os líderes das igrejas de que devem parar o que estão fazendo, arrepender-se e assumir esse novo papel. Esse passo começa com uma reinterpretação proativa da Escritura e uma reformulação teológica que tem suas raízes no discipulado.

Mas alguns perguntarão: e o evangelismo? Quando fazemos discípulos, engajamo-nos inevitavelmente nele. Todo o processo de encontrar convertidos e batizá-los faz parte da tarefa central de fazer discípulos.

---

[62] Veja Mateus 10:1; Lucas 9:1,2; 2Coríntios 10:8.
[63] LEWIS C. S. *Mere Christianity*. Nova York: Macmillian, 1952. p. 30.

Na verdade, ao re-evangelizar os chamados cristãos e cristãos nominais e ao ensiná-los a escolher a vida de discipulado, colocaremos em movimento pessoas com poderes para evangelizar aqueles que estão fora das nossas igrejas.

Frequentemente fazemos do evangelismo a peça central. Mas, para além de uma cultura vibrante de discipulado, obtemos um evangelismo falso, inconsistente, não encarnacional e programado. Ele não multiplica discípulos e não se sustenta. Não podemos quebrar as barreiras culturais para alcançar as pessoas escondidas atrás das paredes da divisão da sociedade, porque não temos pessoas suficientes na comunidade. Uma vez que a Grande Comissão de Jesus se volta para todas as nações e grupos de pessoas, devemos penetrar todos os domínios da sociedade com discípulos que sejam treinados e motivados.

Talvez a parte mais fácil da comissão seja entender que os convertidos devem ser batizados. Muito poderia ser dito teologicamente sobre o batismo, mas não no âmbito desta discussão. Basta dizer que isso provavelmente significa o batismo em água, testemunhando que uma pessoa decidiu seguir Jesus.

A comissão nos instrui a "ensiná-los a obedecer a tudo o que eu lhes ordenei". Os mandamentos de Jesus fornecem o currículo para o discipulado. Eles vão desde o arrependimento do pecado até o amor recíproco. A ideia de que devemos ensinar as pessoas a obedecer aos ensinamentos de Cristo não é controversa. Mas o que não é tão bem-compreendido e praticado é como Jesus ensinou.

A maior parte do ensino hoje em dia é a apresentação formal — a pregação. Mas esse é apenas um dos métodos que Jesus empregou para ensinar seus discípulos, e a solução não é apenas acrescentar pequenos grupos. Infelizmente, muitos pequenos grupos carecem de qualquer forma de aprendizagem transformacional e experiencial, *porque são simplesmente versões menores de uma experiência de sermão em que as pessoas aprendem passivamente a informação, mas não mudam a forma como realmente vivem.*

A verdade é que não podemos ensinar de maneiras que mudem as pessoas, a menos que elas sejam obrigadas a prestar contas. Podemos transmitir informação, mas não podemos chegar aos seus verdadeiros problemas a menos que desenvolvamos relações de confiança e integridade, além de exigências desafiadoras. Se uma pessoa não pode falhar, se não há risco envolvido, então não se trata de discipulado. Sabemos que não podemos ensinar uma criança a obedecer a diretrizes sem estrutura, responsabilidade e uma relação de apoio. Dizer algo pode funcionar por pouco tempo, mas não é uma forma sustentável nem eficaz de ensinar.

O elemento que falta no nosso discipulado não é a ausência de ensino sobre missões, obediência, evangelismo ou qualquer outro tema. A omissão é uma falta de aprendizagem intencional enraizada numa comunidade pactual; esta consiste em um grupo de pessoas que têm os mesmos objetivos e que querem aprender com Jesus e uns com os outros a viver como se Jesus estivesse vivendo sua vida. Para simplificar, se Jesus fosse encanador, elas desejariam saber que tipo de encanador ele seria e desejariam ser encanadores como ele seria. Penso que Malcolm Gladwell compreendeu esse ponto quando resumiu os ensinamentos de John Wesley: "Se quiser causar uma mudança fundamental na vida e no comportamento das pessoas, uma mudança que persistirá e influenciará os outros, você terá de criar uma comunidade em sua volta, onde essas novas crenças possam ser praticadas, expressadas e alimentadas".[64]

Essa dinâmica tem sido o componente ausente na criação de uma cultura de discipulado de sucesso. Mais tarde falaremos sobre o lado prático das comunidades pactuais. Por ora, meu objetivo é apenas salientar que ensinar as pessoas a obedecer é a chave do discipulado, e fazê-lo envolve muito mais do que comunicar informação. De certo modo, precisamos criar um novo monaquismo, como Dietrich Bonhoeffer defendeu, mas não legalista nem moralista como o antigo, nem uma meritocracia. É uma comunidade de graça e disciplina.

---

64 GLADWELL, Malcolm. *The Tipping Point*: How Little Things Can Make a Big Difference. Boston: Little and Brown, 2002. p. 173.

Jesus encerrou sua comissão aos seus discípulos com uma promessa solene: "E eu estarei sempre com vocês, até o fim dos tempos" (Mateus 28:20). Essas palavras preciosas pretendem encorajar aqueles que estão totalmente empenhados nele e no seu projeto. O encargo de Jesus chama-se a Grande Comissão porque seu objetivo é grande — satisfazer as necessidades mais profundas da raça humana. Essas necessidades são conhecer Deus, reconciliar-se com ele e entrar na vida eterna como seguidor de Jesus.

O que está em jogo nisso tudo? Apenas a qualidade de vida e as almas eternas de milhares de milhões de pessoas. E qual é o calendário para completar essa comissão? "E este evangelho do Reino será pregado em todo o mundo como testemunho a todas as nações, e então virá o fim" (Mateus 24:14). Nosso tempo não é ilimitado.

É por isso que precisamos de Jesus conosco. É uma grande tarefa, e nós precisamos de um grande líder para completá-la.

Marcos 8:31-37

Uma segunda passagem que fala do chamado geral ao discipulado é Marcos 8:31-37. No início, Jesus apenas convidou seus discípulos mais sérios, mas depois a Bíblia nos diz que ele ampliou sua mensagem à multidão (Marcos 8:34).

Que chamado Jesus está fazendo aqui? Nos versículos anteriores, Jesus tinha começado a dizer a seu círculo mais íntimo que ele iria morrer em breve. "Então ele começou a ensinar-lhes que era necessário que o Filho do homem sofresse muitas coisas e fosse rejeitado pelos líderes religiosos, pelos chefes dos sacerdotes e pelos mestres da lei, fosse morto e três dias depois ressuscitasse" (Marcos 8:31). Certamente seus discípulos tinham esperado que sua missão fosse aceita pelos ricos e poderosos, mas agora estavam perturbados.

Em vez de se tornarem populares entre a elite, eles entendem que Jesus os chama para abraçar uma vida de rejeição e dificuldades. Nunca usarão as melhores vestes nem serão convidados para as melhores festas. Independentemente de quem somos, essa é uma notícia difícil de ouvir. Mas Jesus não esconde a verdade. Ele diz aos seus discípulos que será morto e que, depois, dentro de três dias, ressuscitará.

Não tenho certeza se os discípulos entenderam essa última parte. Afinal de contas, Jesus já tinha dito coisas confusas antes. Pedro não gosta nada disso. Ele chama Jesus de lado e começa a corrigi-lo por sugerir que ele sofrerá e morrerá. "Jesus, porém, voltou-se, olhou para os seus discípulos e repreendeu Pedro, dizendo: 'Para trás de mim, Satanás! Você não pensa nas coisas de Deus, mas nas dos homens'" (Marcos 8:33).

O que aprendemos sobre discipulado com essa interação? Aprendemos que o ponto de vista humano é normal e compreensível, mesmo quando está completamente errado, e que é nosso modo padrão, a menos que nos seja dada uma alternativa. A resposta de Pedro a Jesus não nos deve surpreender. Mas Jesus não se limitaria a desculpar o comportamento de Pedro. Tal como Pedro, ele também expressa suas convicções com forte emoção. Qualquer comunidade próxima inevitavelmente terá equívocos e argumentos, e muitas vezes o conflito faz parte do aprendizado.

A tensão entre o desejo de aceitação mundana e o enfrentamento do sofrimento é uma luta fundamental no discipulado. Mas Jesus torna explícita a necessidade do sofrimento: "Se alguém quiser acompanhar-me, negue-se a si mesmo, tome a sua cruz e siga-me. Pois quem quiser salvar a sua vida, a perderá, mas quem perder a vida por minha causa e pelo evangelho, a salvará" (Marcos 8:34,35).

"Negar-se a si mesmo" chega ao cerne da questão. A multidão que cercava Jesus estava interessada nele. Mas estava principalmente interessada no que Jesus podia fazer por ela. Ele era um meio para alcançar um fim.

Contudo, os seguidores íntimos de Jesus estão empenhados. Ele os fez passar por um processo, convidando-os primeiro a explorar quem ele é quando disse "venha e veja".[65] Depois os convidou: "Venha e

---

65 João 1:39.

siga-me" para que aprendessem a ser pescadores de pessoas.[66] Agora eles estão nos últimos meses da vida terrena dele, e ele lhes dá essa notícia péssima.

Embora Jesus tenha repreendido Pedro, sua mensagem de sofrimento era também para os outros discípulos e para as multidões que estavam ouvindo. Ele se dirige a todos porque sua mensagem é para todas as pessoas: agricultores, professores, escribas e fariseus, jovens e velhos, doentes e saudáveis. Somos todos chamados a abandonar nossos caminhos egoístas e a abraçar a alternativa — uma vida de sofrimento e sacrifício.

Nesse contexto, Pedro queria egoisticamente que a missão seguisse o caminho que ele desejava, que era diferente do que Jesus tinha acabado de descrever. Pedro, como muitos de nós, estava vendo estrelas. Ele ansiava pelos desfiles, pelo respeito, pela alta posição que iria alcançar como discípulo do Messias. Como muitas pessoas, ele esperava um Messias milagroso que reinaria sobre Israel e o mundo. As pessoas se curvariam diante desse Messias e o adorariam, e haveria alegria nas ruas.

Em vez disso, Jesus deu um aviso da morte. "Não se agarre à sua vida", diz ele. "Desista dos seus sonhos e dessa narrativa que aquece o seu coração e encanta a sua alma". Muito daquilo que Pedro e os outros pensavam que os deixaria felizes, resolveria seus problemas e seria o pagamento de todo o seu sacrifício estava agora fora de questão. Seu líder estava seguindo o caminho da vergonha — a execução numa cruz —, e os discípulos provavelmente se perguntaram o que aconteceria com eles quando Jesus se fosse.

Jesus instrui seus discípulos a simplesmente libertarem o futuro. A maioria de nós é movida pelo desejo egoísta e, como resultado, é prisioneira das suas emoções. Jesus nos instrui a deixar nossos desejos de lado e tomar a cruz. Ele tomou-a e sofreu nela pelos seus discípulos, mas estes também têm uma cruz. Devemos aceitar esse símbolo de sofrimento de bom grado, envergonhar-nos aos olhos do mundo, morrer para os desejos egoístas e segui-lo.

---

[66] Mateus 4:19; Marcos 1:16-18.

Essa passagem nos ensina também que qualquer tentativa de impedir que Jesus seja o Cristo é satânica. Não podemos moldar Cristo, o Messias, para que ele se encaixe na nossa agenda. Sua obra é glorificar o Pai, não nós. Mais uma vez, Dietrich Bonhoeffer nos ajuda: "Quando Satanás entra na igreja, ele tenta afastar a igreja da cruz".[67] Jesus só foi o Cristo se ele sofreu. Mostramos que somos verdadeiramente seus discípulos quando estamos dispostos a sofrer ao segui-lo.

Assumir a cruz significa aceitar tudo que acompanha a obediência. Na maioria das vezes, assumi-la significa sofrer rejeição com Cristo. Podemos ser rejeitados pelas nossas crenças e até ser excluídos, desprezados e abandonados por pessoas que pensávamos que nos amavam.

Assumir a cruz também significa que devemos rejeitar algo, particularmente ideias erradas sobre discipulado e valores da cultura ocidental. Muitos de nós acham que um discipulado sério significa uma vida de luta e sofrimento desagradável. Pensamos que crescer em santidade requer uma disciplina dura, longos encontros, negação do prazer e renúncia aos pequenos prazeres da vida. Ao contrário dos primeiros cristãos, muitos de nós têm uma vida bastante rica, com muita comida, água limpa e excelente saneamento básico. A vida diária é livre de violência, e temos a liberdade de dizer o que queremos, de estar com as pessoas que amamos e de ter acesso a bons cuidados médicos. Em geral, vivemos livres de perseguição.

Essa boa vida até torna difícil imaginarmos o que significa assumir a cruz. Vivemos também numa cultura que nos encoraja a desenvolver toda a nossa vida em torno dos nossos desejos egoístas. Talvez não haja viaturas com policiais à nossa procura, mas devemos combater a perseguição cultural do conforto. É difícil viver num mundo opulento, privilegiado e egocêntrico e manter a santidade, a integridade e o serviço leal a Cristo. Devemos rejeitar as vozes culturais e resistir às refinadas tentações destinadas a destruir nossa fé.

Para Satanás, existe pouca diferença estratégica entre matar discípulos de Jesus e tirá-los de ação, encorajando-os a alimentar seus desejos

---

[67] BONHOEFFER, 2003, p. 85.

egoístas. Seja como for, ele consegue o que quer, mesmo que não haja pessoas fazendo discípulos em seu nome. Ele fica feliz quando lotamos nossas igrejas com pessoas que não têm qualquer intenção de seguir Jesus.

Em Marcos, Jesus continua seu ensinamento com uma pergunta: "Pois, que adianta ao homem ganhar o mundo inteiro e perder a sua alma? Ou, o que o homem poderia dar em troca de sua alma?" (Marcos 8:36,37). Nossa alma é a parte mais profunda de nós, e Deus integra todas as partes do nosso ser na nossa alma. De tudo o que possuímos, ela é o mais precioso, pois abriga tudo que é eterno, mesmo a semente da nossa futura ressurreição. Jesus nos diz que, em vez de nos agarrarmos à nossa vida, devemos desistir dela e abraçar nossa alma, que Ele pode renovar e restaurar.[68]

Em outras palavras, não devemos vender nossa alma. O escritor Johann Wolfgang von Goethe é famoso por ter criado o personagem Fausto, que vende seu bem mais precioso, sua alma, ao diabo em troca de coisas que não durarão. Mas Jesus nos avisa que devemos vender nossa alma apenas a uma pessoa — a ele.

Ele diz: "Quem perder a vida por minha causa e pelo evangelho, a salvará" (Marcos 8:35). A verdade sobre o discipulado é que, se desistirmos da nossa vida por Jesus, ele nos devolve a vida. É mais fácil dizer que abandonaremos nossa vida do que fazê-lo, porque para isso é necessária uma forte motivação. Mas Jesus nos oferece essa motivação — seu amor por nós.

Quando entendermos o valor da nossa conexão pessoal com ele, rejeitaremos de bom grado nossos próprios desejos e as tentações deste mundo por ele. O amor por Jesus liberta os seres humanos da escravidão da morte.

A morte é o problema mais grave que enfrentamos. No final, toda perseguição religiosa e muito do que fazemos é uma tentativa de escapar da morte. Mas não podemos impedi-la. Só Jesus venceu a morte.

---

[68] Salmos 23:1-3.

No seu chamado geral, ele oferece a esperança de uma eventual realidade pela qual vale a pena pôr de lado objetivos pessoais, ambições, prazeres e oportunidades de experimentar. Mas, para receber a vida eterna que Jesus promete aos seus discípulos, devemos confiar na sua palavra pela fé, sem provas tangíveis. Em conjunto, Mateus 28:18-20 e Marcos 8:31-37 são bons resumos do chamado geral que Cristo estende a todos os discípulos: obediência e sacrifício pessoal através da fé nas suas promessas para o futuro, e formação de outros discípulos que farão o mesmo. Contudo, outras passagens acrescentam nuances ao que Jesus diz em Mateus e Marcos.

Outras passagens de chamado geral

Em João 6:48-58, Jesus chama a si mesmo o "pão da vida" e diz aos seus discípulos que, para receberem a vida eterna, eles devem comer sua carne e beber seu sangue (João 6:48,54). Aqui ele oferece não só alimento físico, mas também espiritual; oferece uma nova identidade e uma nova família que transcende nossas relações físicas. Em Lucas 14:26-33, Jesus exige que qualquer pessoa que o siga coloque-o à frente de si mesmo, da família e dos seus bens. Como em Marcos, ele chama seus seguidores para o sacrifício próprio enraizado na lealdade e na devoção pessoal a ele. Nessas e noutras passagens, a conversão a Cristo não é apenas um simples acordo ou um consentimento mental sem convicção. Aqueles que verdadeiramente recebem o evangelho tornam-se novas pessoas. E Jesus recomenda a essas novas pessoas que espalhem a mensagem e revolucionem o mundo.

Quando anunciou o reino e em discussão com seus críticos, Jesus exigiu que qualquer pessoa que o seguisse se arrependesse.[69] Em cada caso, o arrependimento é o reverso da crença. A palavra grega *metanoia*, traduzida como arrependimento, significa arrepender-se e mudar de opinião. Assim, esse ato significa dar meia-volta ou mudar de direção. Aqueles que se arrependem admitem primeiro que sua vida está

---

69 Veja Marcos 1:15; Lucas 13:1-5; 15:7.

seguindo o rumo errado e depois se comprometem a virar-se em 180 graus e seguir Jesus em obediência aos seus ensinamentos. João Batista também ordenou o arrependimento e ensinou que ele deve ser visível na vida de uma pessoa. "Deem frutos que mostrem o arrependimento", disse ele (Lucas 3:8). Trata-se de mais do que um consentimento mental ou uma resposta de remorso ou tristeza. É a ação intencional de obedecer que se evidencia no comportamento.

A ilustração mais famosa de arrependimento é a parábola de Jesus sobre o filho pródigo. Um filho toma sua parte da herança, sai de casa e esbanja seu dinheiro. Depois de chegar no fundo do poço, ele alcança um ponto de clareza mental e percebe que deve voltar para seu pai. "Caindo em si, ele disse: 'Quantos empregados de meu pai têm comida de sobra, e eu aqui, morrendo de fome! Eu me porei a caminho e voltarei para meu pai, e lhe direi: Pai, pequei contra o céu e contra ti. Não sou mais digno de ser chamado teu filho; trata-me como um dos teus empregados'. A seguir, levantou-se e foi para seu pai" (Lucas 15:17-20 NLT).

Os pensamentos do filho pródigo ilustram o arrependimento e a fé verdadeira. Ele tinha uma visão do seu pecado; ele viu as consequências da sua ação errada e sabia que o pecado não era apenas uma coisa abstrata. Ele reconheceu que tinha machucado e desonrado seu pai, e sentiu a culpa e a vergonha do que fez. Depois provou que seu arrependimento era verdadeiro por meio dos seus atos. Ele nos mostra que o arrependimento envolve a pessoa inteira. Começa no coração — normalmente estimulado pela dor causada por uma ação errada — e leva à ação.

A fé é o lado positivo do processo de conversão. O evangelho do reino exige acreditar que Jesus é o Rei, o que resulta no arrependimento e na mudança da nossa própria vida para segui-lo.

Chamado e fé em João

A importância da fé é evidente em todos os evangelhos, mas em João é claramente um tema dominante. Na verdade, às vezes, João é chamado de evangelho da fé porque usa a palavra "crer" mais de trinta vezes.[70] O que João quer dizer com crer? Ele se refere à fé em Jesus como condição para adquirir a vida eterna. "Contudo, aos que o receberam, aos que creram em seu nome, deu-lhes o direito de se tornarem filhos de Deus, os quais não nasceram por descendência natural, nem pela vontade da carne nem pela vontade de algum homem, mas nasceram de Deus" (João 1:12,13).

Em João 3:14-16, Jesus diz que qualquer pessoa que acredite nele receberá a vida eterna. É claro que o oposto também é verdade: "Quem não crê já está condenado, por não crer no nome do Filho Unigênito de Deus" (João 3:18). "Já quem rejeita o Filho não verá a vida, mas a ira de Deus permanece sobre ele" (João 3:36).

A falta de fé está ligada a uma falta de obediência. Poderíamos então dizer que crer é obedecer, e não crer é desobedecer. Mais uma vez, ao contrário dos nossos modernos pressupostos ocidentais, fé e descrença são mais do que simples estados mentais. A fé e a não fé têm comportamentos correspondentes e observáveis. A fé é evidenciada pela obediência da doação da própria vida a Cristo. Assim, ela não é apenas fé inicial, mas discipulado contínuo. O ensino de Jesus em João apoia essa afirmação. "Tendo dito essas coisas, muitos creram nele. Disse Jesus aos judeus que haviam crido nele: 'Se vocês permanecerem firmes na minha palavra, verdadeiramente serão meus discípulos. E conhecerão a verdade, e a verdade os libertará'" (João 8:30-32).

O que é a liberdade, segundo Jesus? As pessoas são livres quando são fiéis aos seus ensinamentos. Ser fiel é também necessário para conhecer a verdade. Um vislumbre de discernimento ou um momento *eureka* só é útil se nos colocar numa linha de ação. Recebemos plenamente a verdade de Jesus quando agimos de acordo com ela, quando todo o nosso ser interior a conhece e a vive.

Em João, Jesus emprega várias metáforas orgânicas para descrever o processo de discipulado. Ele fala de nascer de novo da água e do

---

70 A palavra grega traduzida como "crer" é *pisteuo* e refere-se especificamente à fé. Salvação é contexto de quase todos os usos do verbo em João.

espírito (3:5). Ele é o pão da vida que podemos comer e que nos permite nunca passar fome (6:35). Ele é a água viva que podemos beber e que flui de dentro de nós (7:38). Ele é a luz do mundo, e, quando caminhamos na sua luz, não tropeçamos (8:12). Jesus chama seus seguidores de suas ovelhas que ouvem sua voz, reconhecem-no e seguem-no (10:27). Ele também fala diretamente de cumprir suas ordens como prova de que o amamos (14:21; 15:10). Todas essas passagens ilustram a ideia central — essa fé envolve a pessoa inteira e não pode ser separada do comportamento. O que entendemos (mentalmente) está organicamente ligado à nossa resposta a esse entendimento, como uma videira ligada ao seu fruto. Na verdade, Jesus fala da nossa relação com ele usando essa mesma metáfora.

> Eu sou a videira verdadeira, e meu Pai é o agricultor. Todo ramo que, estando em mim, não dá fruto, ele corta; e todo que dá fruto ele poda, para que dê mais fruto ainda. Vocês já estão limpos, pela palavra que lhes tenho falado. Permaneçam em mim, e eu permanecerei em vocês. Nenhum ramo pode dar fruto por si mesmo, se não permanecer na videira. Vocês também não podem dar fruto, se não permanecerem em mim. Eu sou a videira; vocês são os ramos. Se alguém permanecer em mim e eu nele, esse dá muito fruto; pois sem mim vocês não podem fazer coisa alguma (João 15:1-5).

Fé leva à ação. A fé verdadeira descrita em João come, bebe, anda, ouve, segue, obedece e dá fruto. Se não estamos agindo em nossa fé, não temos fé verdadeira.

▶ CHAMADOS ESPECÍFICOS

Até agora, analisamos como o chamado de Jesus ao discipulado é para todos. De várias maneiras, Jesus convida todos os que o ouvem a segui-lo, e não dá prazos ou tarefas específicas com um chamado geral. O chamado era, muitas vezes, feito às multidões ou grupos de pessoas.[71]

---

[71] Veja Mateus 16:24-27; Lucas 14:25-35.

Mas há outra categoria de chamados para seguir Jesus que encontramos ao longo dos evangelhos; são chamados específicos a determinadas pessoas. Uma passagem clássica de uma chamada específica é Marcos 10:17-21. Jesus disse a um homem rico: "Vá, venda tudo o que você possui e dê o dinheiro aos pobres, e você terá um tesouro no céu. Depois, venha e siga-me" (Marcos 10:21).

Quando lemos chamados específicos como esse, podemos esquecer que Jesus estava falando a um indivíduo num contexto específico. Muitos leitores supõem que, através de sua ordem a esse homem, Jesus estava instruindo todos os discípulos a se livrar dos seus bens. Eu, porém, defendo que o propósito de Jesus não era convencer o homem a vender seus bens, mas fazê-lo pensar num nível de fé e confiança em Jesus que lhe permitisse deixar tudo para trás e tornar-se um discípulo.

Jesus conhece o coração das pessoas e seus ídolos e fortalezas particulares.[72] Nesse chamado específico, ele não estava estabelecendo uma regra ordenando que todos nós déssemos tudo. Ele estava falando àquele homem e à sua luta específica. Esse chamado era o que aquele homem precisava fazer para seguir Jesus de todo coração, mas não necessariamente o que todos os outros precisam fazer.

Contemple outro chamado específico em Lucas 9:59,60. Jesus convidou um homem a segui-lo, "Mas o homem respondeu: 'Senhor, deixa-me ir primeiro sepultar meu pai'" (Lucas 9:59). A resposta de Jesus parece dura: "Deixe que os mortos sepultem os seus próprios mortos!" (Lucas 9:60). Mas não ouvimos seu tom de voz nem sua inflexão, nem podemos ver sua postura corporal ou expressão facial. Se 90% da comunicação é não verbal como alguns afirmam, lemos essa história com uma desvantagem. No entanto, a resposta de Jesus aborda a questão do coração. Seja pela percepção cultural ou pelo conhecimento especial, ele sabia que a disposição do homem era uma desculpa que soava bem. Então Jesus disse ao homem que seu verdadeiro dever é segui-lo e pregar sobre o reino de Deus. Sim, um dia o homem precisaria enterrar seu pai, mas essa exigência cultural não era uma boa razão para deixar de seguir

---

72 Veja João 2:24.

Jesus. Se seu pai morresse enquanto o homem estivesse longe, outra pessoa poderia intervir e fazer o serviço. Jesus estava sondando o empenho desse homem e mostrou que sua decisão não era realmente séria.

Nesse momento, outra pessoa diz: "Vou seguir-te, Senhor, mas deixa-me primeiro voltar e me despedir da minha família" (Lucas 9:61). A resposta de Jesus ressoa ao longo dos tempos: "Ninguém que põe a mão no arado e olha para trás é apto para o Reino de Deus" (Lucas 9:62).

Essa é uma palavra que parece ser dirigida diretamente a mim. Nesse caso, Jesus ensina um princípio geral maravilhoso a partir da sua interação específica com esse homem. Olhar para trás e refletir sobre experiências negativas passadas pode destruir nossa capacidade de responder positivamente no presente e no futuro. O arrependimento pode atormentar nossa alma. O desejo de limpar o passado e fazer com que tudo fique bem antes de avançar pode ser um poderoso obstáculo ao discipulado. Jesus nos instrui a não olharmos para trás para as coisas que não podemos mudar, mas em vez disso olhar para o que está diante de nós e responder às oportunidades que Deus coloca à nossa frente.

Por mais semelhante que fosse a sua resposta ao homem rico (Marcos 10:17-21), Jesus não estava dizendo aqui que devemos abandonar nossa família para segui-lo. Em vez disso, ele estava revelando pontos de pressão específicos que podem ser barreiras para segui-lo com obediência. Nossa responsabilidade como leitores é aplicar as verdades gerais a nós mesmos. Em outras palavras, onde estão nossos pontos de pressão? Será que nosso amor pelo conforto, pelo dinheiro ou pela família nos impede de obedecer a Jesus? Alan Stanley resume as coisas desta forma: "Onde grandes multidões ou os doze estão presentes, Jesus estabelece condições gerais para se tornar um discípulo. No entanto, quando Jesus se dirige a um indivíduo, as condições são específicas e variadas. Em outras palavras, Jesus personalizou o custo do discipulado de acordo com o que ele sabia ser as prioridades do coração de uma pessoa".[73] Jesus vai na raiz da nossa descrença e desobediência. O que nos impede de segui-lo?

---

[73] STANLEY, 2006, p. 234.

Jesus nos pressiona a confrontar seu chamado radical e exclusivo, um chamado que conduz necessariamente à obediência. A etimologia da palavra "radical" significa "chegar à raiz". Para ser um radical, é preciso escolher o que é mais importante. Jesus adverte aqueles que afirmam ser discípulos, mas não lhe obedecem: "Nem todo aquele que me diz: 'Senhor, Senhor', entrará no Reino dos céus, mas apenas aquele que faz a vontade de meu Pai que está nos céus. Muitos me dirão naquele dia: 'Senhor, Senhor, não profetizamos nós em teu nome? Em teu nome não expulsamos demônios e não realizamos muitos milagres? 'Então eu lhes direi claramente: 'Nunca os conheci. Afastem-se de mim vocês, que praticam o mal!'" (Mateus 7:21-23).

Ao longo dos anos, as pessoas têm feito muitas tentativas de se afastar das implicações dessa passagem escandalosa. As obras desses exegetas do tipo Houdini são dolorosas de ler. Alguns reservam as duras palavras de Jesus para os fariseus. Afinal de contas, eles são os vilões, e Jesus os usa como contraste no Sermão da Montanha. Outros argumentam que a mensagem era realmente para os judeus que viviam na época, não para a igreja de agora, e que Jesus falava a uma congregação que vivia sob a lei, mas que nós vivemos sob a graça.

Uma interpretação semelhante é a mais absurda de todas. Jesus fala de pessoas que expulsam demônios e fazem milagres em seu nome, que são coisas maiores do que a maioria dos cristãos jamais fará. Mas o problema é que eles contavam com esses atos para salvá-los quando, na verdade, a salvação é pela fé. Em outras palavras, essas pessoas podem ter feito grandes coisas em nome de Jesus, mas estavam tentando ganhar sua salvação por meio dos seus atos. Eles não eram cristãos verdadeiros.

Mas qual é o significado claro dessa história? Penso que Jesus está dizendo algo que acaba com nossas categorias e nos deixa nervosos. Se olharmos para trás mais uma vez, veremos que ele nos diz quem vai entrar no reino dos céus e por quê: "Nem todo aquele que me diz [...] mas apenas aquele que faz a vontade de meu Pai que está nos céus" (Mateus 7:21).

Em outras palavras, nem aqueles que apenas professam todas as coisas certas, nem aqueles que parecem fazer muitas atividades religiosas dão provas de que Deus está operando através das suas vidas. Apenas aqueles que fizerem Sua vontade produzem esse fruto e entram no céu. O que é necessário para fazer a vontade de Deus? Submissão, humildade e aprendizagem de Jesus, que diz não nos conhecer quando não temos sido seu seguidor. Lembre-se de que, quando Jesus orou a seu Pai, ele disse: "Esta é a vida eterna: que te conheçam, o único Deus verdadeiro, e a Jesus Cristo, a quem enviaste" (João 17:3).

Conhecê-lo e ser conhecido por ele é o que mais importa. E, quando conhecemos Deus, fazemos Sua vontade. Mais uma vez, esse conhecimento é mais do que mero consentimento mental. É a crença manifestada na obediência e no comportamento real de seguir Jesus.

Hoje, barateamos o que significa conhecer Jesus ligando a crença a uma fórmula que nos transporta magicamente para uma relação com ele. Mas ele não está à procura de pessoas que acreditam em uma fórmula. Ele está à procura de pessoas que confiam nele e lhe obedecem. A oração que agrada a Jesus é o sacrifício vivo de uma vida submetida.

Passagens como Mateus 7:21-23 servem como um aviso definitivo aos cristãos nominais e nos lembram de que, em meio a toda a nossa participação na missão e atividade cristã, não devemos negligenciar o trabalho do coração e o processo transformador do discipulado. Essas palavras de Jesus também advertem aqueles de nós que tendem a ter o coração de um fariseu, um desejo de atuar na frente dos outros e impressioná-los, e que usam Jesus para seu próprio poder e prestígio pessoal. Se formos honestos, há muito de fariseu na maioria de nós.

Ao mesmo tempo, as palavras de Jesus são reconfortantes. Seu "nem todos" implica que muitos que clamam entrarão. Uma barriga nervosa diante de Deus não deve ser um problema que nos mantenha acordados durante a noite. Mas pode manter-nos alerta, o que não é uma coisa má. Mais tarde, no seu ministério, Jesus ensinou que nunca devemos supor que temos tudo resolvido. Haverá algumas surpresas quando chegarmos ao céu. "De fato, há últimos que serão primeiros, e primeiros que serão últimos" (Lucas 13:30).

▶ EXPECTATIVAS

Uma abordagem radical à leitura de passagens difíceis pode ser simplesmente compreender seu significado simples! Um significado claro das palavras de Jesus em Mateus 7:21-23 sobre entrar no céu é que não vale simplesmente afirmar ter feito a vontade de Deus — é realmente fazer a vontade de Deus que o leva a entrar. Fazer é a prova, a verificação visível, de que você realmente conhece Deus. Contemple outro exemplo. Depois de dizer aos seus discípulos que morreria em breve, Jesus lhes disse que eles também precisariam morrer (Marcos 8:35-37). Depois acrescentou: "Se alguém se envergonhar de mim e das minhas palavras nesta geração adúltera e pecadora, o Filho do homem se envergonhará dele quando vier na glória de seu Pai com os santos anjos [...]. Garanto-lhes que alguns dos que aqui estão de modo nenhum experimentarão a morte, antes de verem o Reino de Deus vindo com poder!" (Marcos 8:38-9:1).

O que Jesus quer dizer aqui? A boa notícia é que o reino de Deus chegou a Jesus. Está na vida dos seus discípulos, e Pedro, Tiago e João o vivenciarão pessoalmente no Monte da Transfiguração. Essa experiência da realidade eterna demonstrou que o reino não era deste mundo. Essencialmente, Jesus está dizendo a todos os seus discípulos: "Se viverem para o meu reino neste mundo maligno, por mais difícil que isso possa ser, terei orgulho de vocês quando eu voltar. Mas se me abandonarem em desobediência, terei vergonha de vocês". Alguns intérpretes têm negado que os cristãos terão qualquer vergonha, castigo ou julgamento significativo no além. Penso que se trata de um erro. Os verdadeiros cristãos não enfrentarão o castigo eterno, mas Jesus analisará nossas ações e avaliará nosso discipulado.[74] Todos nós desejamos que Jesus nos diga: "Muito bem, servo bom e fiel" (Mateus 25:21). Creio

---

74 Veja Romanos 2:12-16; 1Coríntios 3:12-15; 2Coríntios 5:10; Apocalipse 20:11-15.

que Jesus está dizendo que, se nos envergonharmos dele, poderemos não ouvir o "muito bem" pelo qual ansiamos.

Jesus está descrevendo um padrão de não se comportar como um discípulo — de não se manifestar e agir quando se deve. Como Dietrich Bonhoeffer escreveu: "Não falar é falar, não agir é agir". Paulo também proclamou que não deveria haver vergonha na nossa associação com Cristo, e deixou isso claro porque vergonha e embaraço são questões reais numa geração adúltera e má.[75]

Como tudo isso se conecta ao nosso discipulado? Podemos dizer que Jesus pregou um evangelho de expectativa. Ele espera que nos arrependamos e que acreditemos nas boas novas. Ele espera que sejamos discípulos e que façamos discípulos. Ele espera que o representemos orgulhosamente neste mundo, independentemente do custo. Ele espera que ponhamos de lado nossos caminhos egoístas através do poder do Espírito Santo e através da prática dos mesmos exercícios espirituais que ele fez. Ser salvo, converter-se, ter fé e acreditar é responder ao seu chamado e aprender com ele a viver nossa vida como se Jesus a estivesse vivendo. Essas são as expectativas de Jesus.

Ser um discípulo não significa que sejamos perfeitos na nossa obediência. Mas significa, sim, que levemos Jesus e suas expectativas a sério.

---

[75] Veja Romanos 1:16; 2Timóteo 1:8.

CAPÍTULO 3

SALVAÇÃO

"

Ponham em ação a salvação de vocês com temor e tremor.

— *Filipenses 2:12*

A consciência do pecado é a "conditio sine qua non" do cristianismo.
— *Søren Kierkegaard,* The Journals of Søren Kiekegaard

A única pessoa que pode ser justificada somente pela graça é o homem que abandonou tudo para seguir Cristo. Tal homem sabe que o chamado para o discipulado é um dom da graça e que o chamado é inseparável da graça.
— *Dietrich Bonhoeffer,* The Cost of Discipleship

"

"SALVAÇÃO" É UMA PALAVRA GRANDE que cobre uma grande parte do território. Falamos sobre a necessidade de ser salvo, ou perguntamos às pessoas: você está salvo? Mas o que isso significa?

Nós precisamos ser salvos de quê? Por que precisamos ser salvos? Embora saibamos inerentemente que a humanidade se encontra num enigma complexo de problemas, as grandes mentes do mundo têm sido incapazes de encontrar uma resposta. Deus tem nos dado uma resposta, mas nossas igrejas também lutam com algumas dessas questões básicas. Nós fomos salvos de quê? Para que fomos salvos? A compreensão popular da salvação que domina as igrejas evangélicas hoje em dia tem pouca ligação com o discipulado ou com a transformação da vida. Dallas Willard concluiu: "Em termos simples, como agora geralmente se entende, ser 'salvo' — e, portanto, ser cristão — não tem qualquer ligação conceitual ou prática com tal transformação".[76] Nossa compreensão da salvação foi dissociada de um compromisso de seguir Jesus. O discipulado é relegado a um *status* opcional, um acréscimo à vida cristã normal. Muitos cristãos de hoje acreditam que, se quisermos viver mais perto de Cristo, devemos ser pessoas mais piedosas e viver uma vida de paz, alegria e bondade. Isso é ótimo, mas, na realidade, as pessoas acreditam que é uma das várias opções para aqueles que estão seguros da salvação. Certamente não é algo para todos os cristãos.

---

[76] WILLARD, Dallas. *Spiritual Formation as a Natural Part of Salvation*. Transcrição de uma palestra feita no Wheaton College, 2008. p. 10.

Qual é a motivação para se tornar igual a Cristo quando fazê-lo já não é visto como um requisito para entrar no céu? As pessoas acreditam que entrar no céu é simplesmente uma transação baseada na aceitação de uma doutrina, independentemente de qualquer mudança de comportamento. Ser salvo está sendo libertado das consequências do pecado. No entanto, muitas vezes, ser salvo não leva um indivíduo a tornar-se o tipo de pessoa que realmente quer estar no céu, muito menos alguém que gostaria disso.[77]

A verdade é que, se somos salvos pelo reconhecimento da crença numa doutrina específica, e mesmo assim passamos a maior parte da nossa vida ignorando a vontade de Deus e usando-a para nossos próprios fins, é pouco provável que queiramos estar no céu. Se uma prova de Deus e uma vida centrada Nele for demais para você agora, o que você fará com uma dose completa de Deus na eternidade? Se não gosta de Deus nem concorda com Ele no aqui e agora, por que acha que seus desejos vão mudar com uma mudança de cenário? E se sua resposta é que Deus um dia mudará você para que goste dele e queira estar com ele, amá-lo agora não seria uma grande parte de ser um seguidor de Jesus? E por que fazer agora o que no final Deus fará por você num instante? Deus quer discípulos dispostos que o amem e que estejam ansiosos por segui-lo. A noção de que podemos ser salvos sem amá-lo é simplesmente uma falácia.[78]

No entanto, essa noção é o problema central que enfrentamos no cristianismo contemporâneo. Muitos cristãos alegam ser salvos, mas não têm nenhum interesse nos caminhos de Deus.

► A PRIMEIRA PALAVRA DO EVANGELHO

Como vimos anteriormente, o evangelho é a proclamação das boas novas de Deus. A primeira palavra do evangelho, que é frequentemente ignorada, é o arrependimento. Nos evangelhos do Novo Testamento, a

---

[77] Isso é outra maneira de concordar com o que Paulo via como sua tarefa: "Nós o proclamamos, advertindo e ensinando a cada um com toda a sabedoria, a fim de que apresentemos todo homem perfeito em Cristo. Para isso eu me esforço, lutando conforme a sua força, que atua poderosamente em mim" (Colossenses 1:28,29).

[78] Veja Efésios 2:10.

proclamação começa com João Batista "pregando um batismo de arrependimento para o perdão dos pecados" (Marcos 1:4).

Embora Jesus tivesse suas próprias nuances, os evangelhos indicam que ele continuou a tradição de pregação que João começou. "Jesus foi para a Galileia, proclamando as boas novas de Deus. 'O tempo é chegado', dizia ele. 'O Reino de Deus está próximo. Arrependam-se e creiam nas boas novas'" (Marcos 1:14,15). A primeira palavra de resposta às boas novas que saiu da boca de Jesus foi "arrependam-se".

Contudo, o evangelho começa com a história da relação de Deus com seu povo Israel e relata o cumprimento das suas promessas de enviar um Messias, um salvador que os libertaria e através deles traria sua bênção às nações. Em Atos, vemos esse contexto histórico na pregação dos apóstolos e ouvimos o destaque do apelo ao arrependimento no sermão de Pedro em Pentecostes.[79] Paulo resume sua mensagem no seu adeus aos anciãos efésios: "Testifiquei, tanto a judeus como a gregos, que eles precisam converter-se a Deus com arrependimento e fé em nosso Senhor Jesus" (Atos 20:21). O evangelho começa com um chamado a arrepender-se do pecado e a voltar-se para Deus.

Embora tenhamos discutido o arrependimento no capítulo anterior, falar mais sobre o tema aqui será útil. Wayne Grudem o define como uma "tristeza sincera pelo pecado, uma renúncia a ele e um compromisso sincero de abandoná-lo e caminhar em obediência a Cristo".[80] O arrependimento genuíno inclui tanto um componente emocional como uma decisão correspondente da vontade de fazer meia-volta e de mudar o comportamento. A segunda carta de Paulo aos Coríntios fala de uma necessidade que vá além da tristeza por um ato errado.

Ele diz que não se arrependeu da sua primeira carta dura porque ela criou neles uma tristeza produtiva:

> *A tristeza segundo Deus produz um arrependimento que leva à salvação* e não remorso, mas a tristeza segundo o mundo produz

---

79 Veja Atos 2:38; 3:19; 7:2-53; 8:22.
80 GRUDEM, Wayne. *Systematic Theology*. Grand Rapids: Zondervan, 1994. p. 713.

morte. Vejam o que esta tristeza segundo Deus produziu em vocês: que dedicação, que desculpas, que indignação, que temor, que saudade, que preocupação, *que desejo de ver a justiça feita!* Em tudo vocês se mostraram inocentes a esse respeito (2Coríntios 7:9-10, grifos meus).

Como Paulo indica claramente aqui, o arrependimento envolve tristeza que nos afasta do pecado, e o processo de deixar o pecado resulta na nossa salvação. Assim, um aspecto necessário da nossa salvação é o arrependimento real do pecado. Embora esse seja um processo contínuo, podemos afirmar com segurança que não há salvação quando o pecado não foi abandonado.

É isso que quero dizer quando digo que a primeira palavra do evangelho é arrependimento. Ninguém pode decidir seguir Jesus sem se arrepender. O consentimento com uma verdade doutrinal é uma coisa; outra é abandonar o pecado. Grudem escreve: "É claramente contrário às provas do Novo Testamento falar sobre a possibilidade de ter uma verdadeira fé salvadora sem ter qualquer arrependimento pelo pecado. É também contrário ao Novo Testamento falar sobre a possibilidade de alguém aceitar Cristo 'como Salvador', mas não 'como Senhor', se isso significa simplesmente depender dele para a salvação, mas não se comprometer a abandonar o pecado e ser obediente a Cristo a partir desse ponto".[81]

No entanto, alguns têm argumentado que o arrependimento não é necessário para a salvação. Sua objeção é que o arrependimento na conversão é uma forma de salvação pelas obras.[82] Se o trabalho de

---

81 Ibid., p. 714.

82 A controvérsia da salvação pelo senhorio na década de 1980 foi entre John MacArthur em seu livro homônimo e alguns professores proeminentes do Dallas Theological Seminary, incluindo Charles Ryrie e Zane Hodges. Ryrie e Hodges alegavam que exigir arrependimento acrescentava uma obra à fé, enquanto MacArthur defendia que a fé salvadora exigia o arrependimento, o compromisso com uma vida nova e o fruto para provar que a vida nova era realidade. Alguns também ensinam que o dom da fé inclui inerentemente o desejo de se arrepender. No entanto, se esse fosse o caso, por que João Batista, Jesus, Pedro e Paulo incluiriam arrependimento como exigência para a salvação?

mudança de comportamento real é necessário para a salvação, então, por meio desse esforço humano, nós contribuímos de alguma forma para nossa salvação. Além disso, é uma preocupação pastoral genuína o fato de estarmos acrescentando um obstáculo ou um requisito desnecessário ao evangelho. Embora possamos precisar abordar algumas dessas preocupações, devemos ter cuidado com a alternativa — um evangelho diluído que promete perdão, mas não exige nada de nós. Esse evangelho diluído prega a graça sem nos chamar a sair da nossa escravidão voluntária ao pecado. Fala de uma coisa — não sermos punidos pelo nosso pecado —, mas deixa de fora a obra de Deus com Israel, sua lei para viver na terra e seus maiores propósitos na história redentora. Também deixa de fora o chamado para o discipulado.

Estou convencido de que chegou o momento de teólogos, pastores e líderes da Igreja mudarem seu curso e pregarem um evangelho que chama as pessoas ao arrependimento. Mudar de curso começa com o trabalho de interpretação das Escrituras e da reformulação teológica que influencia a pregação nas nossas igrejas e a forma como apresentamos o evangelho tanto aos cristãos como aos incrédulos.

Não devemos continuar a oferecer convites para dar uma chance a Jesus ou fazer apelos para dizer uma oração com uma promessa de vida eterna. Seria música para meus ouvidos ouvir um evangelista dizer: "Se você não está preparado para se afastar dos seus pecados na sua vida atual, então não se aproxime; não faça essa oração. Em vez disso, ore para que Deus o leve a um ponto em que perceba que sua vida atual é um beco sem saída — então você estará pronto para se arrepender e seguir Jesus".

Por outro lado, ao pregar o evangelho, devemos evitar acrescentar condições adicionais ou exigir certos comportamentos como condições para sermos salvos. Assim que fizermos essas coisas, o evangelho deixa de ser um evangelho da graça. Devemos pregar o arrependimento não como algo que nos faz ganhar favor com Deus, mas como uma resposta às boas novas de que Deus nos reconciliará consigo mesmo através da fé em Jesus. Nesse sentido, o arrependimento não é obra, mas obediência que acompanha a fé. Como diz Karl Barth: "Obediência é simples quando fazemos apenas o que nos é dito — nada mais, nada menos, e nada além disso".[83]

Essa recuperação do evangelho remodelará nosso evangelismo. Muitos dos nossos esforços evangelísticos atuais deixam as pessoas numa névoa onírica da aceitação de Deus. Pensam que estão todos prontos para o céu e que, até morrerem ou até Jesus regressar, eles têm a liberdade de fazer o que quiserem — e que nada mais é necessário.

Em vez de apresentar a salvação como o fim do caminho, devemos comunicar que ela é apenas o começo. Quando Cristo nos chama, ele nos salva quando nós nos levantamos e o seguimos.

▶ ALÉM DA JUSTIFICAÇÃO

Um dos aspectos chave da nossa salvação é a justificação, o que significa simplesmente ser corrigido com Deus. É um *status* concedido a pessoas que se arrependeram dos seus pecados e acreditaram em Cristo para a salvação.[84] Há alguma discussão sobre o momento da justificação — ela ocorre antes do arrependimento ou depois do arrependimento, antes de exercermos nossa fé ou depois de exercermos nossa fé? Não vou tentar resolver essa discussão aqui. Independentemente do momento, quase todos concordam que aqueles que depositam sua fé na obra de Jesus e se afastam do seu pecado são declarados justos por Deus. Recebemos o *status* pleno de pecadores perdoados.

Além de ser uma discussão sobre o *timing*, é também um debate teológico contínuo sobre a profundidade e a extensão da justificação. Como é que ser corrigido com Deus se relaciona ao processo contínuo de santificação ou ao crescimento real em santidade? Alguns sustentam que somos salvos apenas pela obra de Cristo e que a salvação não tem qualquer ligação com nosso crescimento pessoal em santidade. Nossa justificação nos é imputada, ou creditada, para além das obras. Embora

---

83 BARTH, Karl. *The Call to Discipleship*. Minneapolis: Fortress, 2003. p. 14.
84 Veja Romanos 4:3-5:11; Gálatas 2:15-21.

isso possa ser verdade, o efeito prático é que vemos a santificação como uma adição separada da nossa justificação.

Por outro lado, alguns sentem que devemos recuperar um entendimento da conexão orgânica entre justificação e santificação, e tentaram fazê-lo enfatizando a doutrina da nossa união com Cristo. Argumentam que ser justificado apenas por Cristo muda nossa relação com ele de tal forma que inevitavelmente produzimos o fruto dessa mudança numa vida transformada. Outros sustentam que a justificação é tanto do passado como do futuro e tem menos a ver com a aceitação pessoal e mais com a aceitação da comunidade pactual. Nesse entendimento, o veredito final sobre nossa vida será determinado por toda a vida que temos vivido.

Concordo com o argumento de N. T. Wright sobre a justificação:

> Estou sugerindo que a teologia de Paulo, toda a teologia de Paulo, e não as interpretações truncadas e egocêntricas que se tornaram endêmicas no pensamento ocidental, a imponente e majestosa teologia de Paulo que, quando meramente vislumbrada, deixa-o deslumbrado como o sol da manhã que nasce sobre o mar é urgentemente necessária à medida que a Igreja enfrenta as tarefas da missão no perigoso mundo de amanhã, e as soteriologias viradas para dentro que se enredam numa teia de textos isolados e teorias secundárias não lhe prestam nenhum serviço.[85]

O desafio de Wright é que cometemos o erro de projetar a soteriologia paulina sobre os evangelhos de tal forma que ignoramos o ensinamento claro de que seremos julgados pela vida que vivemos. Isso não é negar a teologia da salvação apenas pela graça, mas sugere que devemos levar mais a sério a conexão entre nossa aceitação perante Deus e a necessidade de viver uma vida transformada.

Como estudante de Lutero e Barth, Dietrich Bonhoeffer tinha muito a dizer sobre a relação da justificação com a santificação no

---

85 WRIGHT, Nicholas Thomas. *Justification*: God's Plan & Paul's Vision. Downers Grove, IL: InterVarsity, 2009. p. 25-26.

seu famoso livro *The Cost of Discipleship*. O melhor amigo e biógrafo de Bonhoeffer, Eberhard Bethge, conta o que estava por trás das
suas palavras.

> Ele tentou então compreender esse artigo reformado de fé, justifi-
> cação e santificação dentro do conceito único do discipulado.
> Contudo, com sua fórmula chave, "só o cristão é obediente, e só
> aqueles que são obedientes acreditam", ele não pretendia questio-
> nar a completa validade do *sola fide* e *sola gratia* de Lutero, mas
> reafirmar sua validade, devolvendo-lhes sua concretude aqui na
> terra. Ele negou enfática e explicitamente que isso representava
> uma traição ou distorção de qualquer forma. A justificação é um
> pré-requisito incontestável que não necessita de amplificação.
> Pelo contrário, o objetivo era ir além das meras palavras e redes-
> cobrir e restaurar sua preciosidade. O discipulado é uma
> interpretação da justificação na qual a justificação se aplica ao
> pecador, e não ao pecado.[86]

Creio que o significado da justificação é mais amplo do que apenas
o perdão do pecado e um *status* especial junto a Deus. O estreitamento
da justificação apenas ao perdão e ao *status* serve para justificar o
pecado, e não o pecador. A justificação também deve afetar o comportamento e levar a uma mudança na pessoa, e é isso que estou tentando
dizer aqui.

Em vez de me aprofundar em questões teológicas complicadas,
quero simplesmente enfatizar que, aonde quer que cheguemos nessa
discussão, a Igreja será melhor servida quando nossa jornada em Cristo
for vista como uma conversão sem descontinuidades e orgânica. Tudo
que acontece na salvação — desde o arrependimento até a fé, desde o
renascimento até a justificação e o processo contínuo de santificação
— deve ser entendido como uma experiência única e unificada de
discipulado.

---

86 BETHGE, Eberhard. *Dietrich Bonhoeffer*: A Biography. Minneapolis: Fortress, 2000.
p. 454.

A justificação explica como somos aceitos por Deus e é uma parte fundamental desse processo, mas não é o fim. Quando falamos de conversão a Cristo, devemos mostrar que o chamado para seguir Jesus é um convite para uma nova realidade, para uma nova relação que pulsa de vida. Aprecio o equilíbrio nesta declaração de Donald Bloesch:

> Calvino e Lutero sustentavam que a justificação, embora essencialmente o veredito da absolvição divina, conduz à renovação interior do homem pelo Espírito de Deus. Para Calvino, a justificação e a santificação devem ser distinguidas, mas nunca separadas. A justificação como absolvição divina é extrínseca ao homem, mas os frutos dessa justificação são então aplicados ao homem pelo Espírito Santo.[87]

Embora muitos concordem com Bloesch, essa ligação orgânica entre justificação e santificação nem sempre é evidente nas nossas igrejas. A linguagem das apresentações do evangelho e a estrutura dos programas indicam frequentemente que nosso conceito de salvação se limita ao perdão dos pecados. Ser salvo significa que nossos pecados são perdoados e que iremos para o céu. Questão resolvida. Assim, a maioria das mensagens evangelísticas se concentra na solução do problema do pecado. Uma vez que a justificação resolve esse problema, muitos não veem a necessidade de Deus depois de seu pecado ter sido resolvido. Pensam que, ao acreditarem nos fatos certos e ao dizerem a oração certa, eles completaram a transação. O sucesso do trabalho missionário e do ministério evangelístico é medido pelo número de pessoas que tomam essa decisão. Uma vez que uma pessoa é salva, o trabalho mais importante está feito. Esse plano de salvação é efetivamente uma interpretação errada do chamado de Jesus para ser seu discípulo, reduzindo-o a um plano para resolver o problema do pecado.

Uma vez concluída esta transação com Deus, alguns cristãos avançam para o trabalho opcional de ser cristão, que inclui o voluntariado

---

87 BLOESCH, Donald. *The Crisis of Piety*. Grand Rapids: Eerdmans, 1968. p. 79.

na igreja, a gestão financeira e a participação em missões e em estudos bíblicos. Mas essa forma de ser cristão não está relacionada ao evangelho — é uma lista de "afazeres" que preenchem o tempo enquanto esperamos pelo céu. Se nossa paixão começa a diminuir, encontramos alguns versículos bíblicos que nos asseguram que não podemos perder o que acreditamos ter.

Como nosso entendimento do evangelho bíblico foi reduzido a um plano para fazer uma transação pessoal com Deus? Uma maneira é retirar nossa compreensão da graça do seu contexto relacional. Ensinam-nos com razão a verdade fundamental de que a salvação é pela graça, por meio da fé. Infelizmente, num esforço de enfatizar que a salvação é pela graça imerecida, descrevemos a fé em Cristo não como algo que fazemos — uma expressão da nossa dependência e confiança em Deus e nas suas promessas —, mas como algo que Deus faz por nós.

Isso, porém, vai além da compreensão da graça como favor não merecido, porque vê todo o processo de salvação como algo exterior — um acontecimento que envolve Deus no céu transferindo o mérito de Cristo para nossa conta.[88]

Essa visão conduz à passividade generalizada que vemos entre os cristãos de hoje.

Karl Barth, que acreditava que a justificação é realizada de forma objetiva e totalmente distinta dos humanos, tipifica essa visão. Barth ensinou que a conversão da humanidade já tinha ocorrido em Jesus na cruz. Jesus era o representante, e, na sua morte e ressurreição, a regeneração e conversão da humanidade foram realizadas. Esse entendimento levou Barth a acreditar que a tentativa de conversão das pessoas era supérflua, porque o trabalho da salvação já tinha sido feito. Não havia nada que uma pessoa precisasse fazer, e não era necessária qualquer resposta. Arrependimento? Fé? Nada disso era necessário. Jesus já tinha feito tudo que era necessário.

---

88 WILLARD, 2008, p. 5.

-------------------------------- Completo, só precisa de manutenção

Embora Barth represente a visão extrema de separar a conexão orgânica entre justificação e santificação, a ideia dessa divisão se manifesta de forma sutil. Muitas igrejas ensinam que, uma vez que estamos salvos, tudo que precisamos fazer nos restantes dias da nossa vida cristã é administrar nossa conta com Deus. Algumas tradições alimentam e atualizam esse relato através dos sacramentos.

Essas práticas proporcionam uma manutenção regular através da confissão do pecado e da ingestão da carne e do sangue de Cristo como alimento espiritual. Algumas igrejas exigem a participação nos sacramentos como parte de um discipulado contínuo, mas essa participação não costuma ser considerada uma questão de salvação. Em vez disso, insere-se naquele lugar místico e nebuloso de alimento espiritual.

Em contextos menos litúrgicos, os sacramentos são vistos como um memorial ou uma lembrança de Cristo. A participação neles não é essencial para um discipulado continuado e acontece tipicamente com menos frequência. Os sacramentos são substituídos por outras práticas concebidas para administrar a conta, incluindo retiros ou épocas de dedicação a exercícios espirituais. Outras tradições enfatizam a leitura da Bíblia, a oração e a participação regular num pequeno grupo.

Algumas tradições ensinam que a gratidão pelo perdão conduz à obediência e à transformação, o que é, pelo menos, uma tentativa de estabelecer uma ligação entre justificação e santificação. A ideia é que, já que fomos infundidos de nova vida, nosso coração responderá naturalmente à vontade de Deus de uma forma nova. Embora isso possa acontecer às vezes, a transformação real não parece ser mais frequente nesses grupos.

Não estou querendo apontar aqui as falhas de uma tradição específica. Todos os campos teológicos, desde os reformados até os wesleyanos e desde os cessacionistas até os carismáticos, podem cair no erro de separar justificação e santificação. Todos nós temos sido culpados de várias formas de estreitar nossa compreensão do evangelho, da salvação e da justificação a uma visão limitada.

Enfatizamos corretamente o perdão dos pecados, mas divorciamos a conversão a Cristo do chamado bíblico para o discipulado. Por essa razão, as pessoas não veem o discipulado como uma parte natural da salvação. Mais uma vez, Dallas Willard resume bem o problema: "A adesão a essa visão de salvação explica a transformação do cristianismo evangélico em uma versão do cristianismo nominal ao longo do século 20, ainda que, historicamente, o evangelicalismo se tenha oposto fortemente ao cristianismo nominal".[89]

Em outras palavras, o evangelho que temos pregado está tendo um efeito autodestrutivo sobre a Igreja. Então, qual é a alternativa? Vamos olhar para vários textos que falam de salvação e ver como a Bíblia mantém a ligação orgânica entre conversão e discipulado.

▶ O QUE SIGNIFICA SER SALVO?

A palavra grega σωζω, traduzida como "salvo", e seus sinônimos significam principalmente ser libertado de algo ou alguém. Mas a salvação não é apenas uma experiência passada. A Bíblia fala da salvação como uma realidade presente e futura. Enquanto a Igreja moderna e ocidental vê a salvação principalmente como um evento passado que dá início a uma vida cristã, o Novo Testamento fala da salvação tanto como um evento quanto como um processo — é uma jornada. Essa jornada começa com o arrependimento e a fé, seguidos por uma vida inteira de discipulado. A jornada contínua de discipulado leva a uma santificação maior, e, no final, experimentamos uma transformação completa no estado eterno. A salvação, portanto, está muito mais próxima do processo de discipulado do que nossas típicas representações evangélicas costumam descrever. A seção seguinte identifica vários elementos da salvação e insere-os no estilo de vida do discipulado.

Em Efésios 2:1-5, Paulo fala da nossa salvação:

> Vocês estavam mortos em suas transgressões e pecados, nos quais costumavam viver, *quando seguiam a presente ordem deste mundo*

---

89 Ibid., p. 6.

e o príncipe do poder do ar, o espírito que agora está atuando nos que vivem na desobediência. Anteriormente, *todos nós também vivíamos entre eles*, satisfazendo as vontades da nossa carne, seguindo os seus desejos e pensamentos. *Como os outros*, éramos por natureza merecedores da ira" (Efésios 2:1-3, grifos meus).

Destaquei três expressões nessa passagem que mostram que o pecado é um problema que afeta cada um de nós. Cada pessoa começa a vida sob o domínio do pecado e sob o controle do comandante do mundo invisível, o diabo. Estamos mortos por causa do nosso pecado e, na nossa morte espiritual, seguimos os desejos da nossa natureza pecaminosa. Para que Deus livre o mundo do pecado, ele deve abordar sua presença em cada um de nós. Uma forma de destruir o pecado é destruindo o mundo, o que Deus fez nos dias de Noé. Mas isso não resolveu o problema porque ele salvou os seres humanos pecadores. Ainda estamos na linha de fogo, ou, como escreve Paulo: "éramos por natureza merecedores da ira". Não só precisamos ser perdoados pelas nossas ações malignas e ser purificados do nosso desejo de cometer o mal, como também devemos enfrentar as consequências do nosso pecado. Atualmente, a humanidade está destinada para a destruição, juntamente com tudo que é maligno. No meio dessa situação deprimente, Paulo explica como Deus nos salva. "Todavia, Deus, que é rico em misericórdia, pelo grande amor com que nos amou, deu-nos vida juntamente com Cristo, quando ainda estávamos mortos em transgressões — pela graça vocês são salvos" (Efésios 2:4,5). Paulo introduz alternativas à morte, ao ódio, à ira e ao pecado — uma vida de misericórdia, amor, graça e salvação. O fato de Deus demonstrar misericórdia significa que salvar-nos e perdoar nosso pecado não é algo que devamos esperar e certamente não é o que merecemos. Segundo a lei, Deus deve punir-nos por violarmos as regras da sua casa. Em vez disso, ele demonstra misericórdia para conosco.

Embora todas as pessoas sejam pecadoras e mereçam punição, Deus ofereceu uma alternativa ao castigo — um ato de misericórdia pelo qual o pecado é pago por outro. Cristo pagou o preço, e Deus o ressuscitou dos mortos como Prova A, evidência da sua capacidade de resolver o problema da morte. E ele estende sua oferta de perdão e salvação a todos.

Além disso, Paulo explica: "pela graça vocês são salvos (Efésios 2:5). O fato de a nossa salvação ser pela graça significa que somos incapazes de nos salvarmos a nós mesmos. O que precisamos para remediar nosso problema do pecado é mais do que uma conduta melhor ou um esforço maior. Contanto que tenham a motivação certa, sabemos que as pessoas podem melhorar seu comportamento. As clínicas de reabilitação e a pressão dos colegas nos dizem que a modificação do comportamento está dentro do alcance das capacidades humanas. No entanto, uma coisa é mudar o comportamento externo, outra é transformar os motivos para que deixemos de ser egoístas e egocêntricos.

A Bíblia diz claramente que não temos os recursos para nos mudarmos dessa forma e que precisamos de alguém maior do que nós para fazer isso. Nesse momento, alguns protestarão e dirão que nenhum de nós escolheu viver, e que ser pecador não é uma escolha que tenhamos feito de bom grado. É o resultado dos nossos antepassados, Adão e Eva. Alguns dizem: "Eu nunca pedi isso! E agora me dizem que eu deveria ser grato por me salvarem de um destino pelo qual sou responsável, mas que nunca escolhi livremente"... mas essa resposta revela nossa tendência de pensarmos em nós mesmos como indivíduos, fora da relação com os outros. A realidade é que nossa responsabilidade pelo pecado é como nascer numa família.

Podemos não gostar da nossa família, mas é nossa família. Não conseguimos escolher o contexto em que entramos neste mundo. Isso não é algo que possamos controlar ou decidir. Podemos protestar. Mas, no final, devemos admitir que a descrição que Paulo faz do problema é um reflexo exato da experiência humana. Embora possamos não entender o porquê nem o como, somos responsáveis pelas ações da nossa natureza pecaminosa e precisamos da misericórdia e graça de Deus. Precisamos ser salvos tanto da nossa natureza pecaminosa como das consequências dos pecados que cometemos e tanto do mundo pecaminoso em que vivemos como da nossa escravidão pessoal ao diabo. É disso que devemos ser salvos. Mas como somos salvos?

▶ Como somos salvos?

Em Efésios 2:8,9, Paulo continua sua discussão sobre a salvação. "Pois vocês são salvos pela graça, por meio da fé, e isto não vem de vocês, é dom de Deus; não por obras, para que ninguém se glorie". Em grego, Efésios 2:8 diz: *Τη γαρ χαριτι εστε σεσωσμενοι δια πιστεως*. Uma tradução próxima é: "Porque pela graça sois salvos através da fé". Nesse versículo, três palavras-chave se destacam: graça, salvo e fé. A graça, como vimos anteriormente, fala do motivo por trás da obra da salvação de Deus. Alguns chamam isso seu favor imerecido. Nesse contexto, a palavra grega significa *dom*. Onde a misericórdia não nos está dando aquilo que merecemos — castigo pelo nosso pecado —, a graça está nos concedendo algo que não merecemos e que não pode ser merecido.

Assim, encontramo-nos numa situação verdadeiramente difícil, num lugar de morte, merecedores da ira e da condenação de Deus. Só podemos ser salvos dessa situação pela misericórdia Dele. Mas não temos nada a oferecer a Ele em troca. Então como é que Deus responde? Ele nos oferece um presente — sua graça, que nos considera justos aos olhos dele; ele nos adotou como membros da sua família e nos concedeu promessas para o futuro com base na obra de Cristo. Graça é Deus fazer por nós aquilo que não podemos fazer por nós mesmos.[90] Todas as bênçãos de Deus são nossas, gratuitamente dadas a nós através de Cristo. Elas não podem ser merecidas. Só podem ser recebidas pela fé. A graça é mais do que uma simples transação com Deus; não é igual a sacar dinheiro num caixa eletrônico. É uma mudança no *status* da nossa relação com ele. Quando limitamos a graça ao ato de salvação, a um momento único em que uma pessoa "toma uma decisão", limitamos nossa compreensão da graça. Por que fazemos isto?

Uma razão é nossa reação aos ensinamentos liberais que desvalorizam a salvação como um dom da graça de Deus. Quando esquecemos que a salvação não é algo que merecemos, podemos facilmente cair na armadilha de tentar justificar-nos através de boas obras ou esforços pela

---

90 Ouvi isso pela primeira vez numa mensagem de Dallas.

justiça social. No século 20, os teólogos liberais esvaziaram o evangelho negando a divindade de Cristo e questionando a validade dos evangelhos. Depois curvaram-se perante a deusa da relevância e redefiniram a Grande Comissão como um apelo à justiça social. Em sua reação, os fundamentalistas e eventualmente também os evangélicos tentaram minimizar qualquer esforço humano na salvação. Igrejas e pregadores começaram a enfatizar a tomada de uma decisão. Mas essa reação baseou-se numa visão estreita da justificação e foi muitas vezes separada de qualquer discipulado em curso.

Outra razão pela qual limitamos a graça é nossa tendência de sermos pragmáticos no ministério. A cultura evangélica queria uma bitola para medir os esforços evangelísticos e validar a eficácia dos métodos. Quando buscamos números altos, queremos naturalmente fechar a porta para um processo e contar as cabeças, porque é mais fácil contar decisões do que provas de transformação de caráter. Assim, as igrejas tenderam a dar prioridade a respostas mensuráveis a questões de caráter confusas. Além disso, as pessoas querem ter a certeza de que estão no rebanho. Assim, os pastores têm a tendência de minimizar os chamados ao discipulado em favor de uma garantia fácil.

Também acredito que alguns dos tempos verbais e a sintaxe grega em passagens do Novo Testamento, como Efésios 2, foram supervalorizados. Em vários contextos, a palavra grega traduzida como "salvo" é um particípio passivo perfeito, o que significa que a salvação é uma ação completada no passado com resultados que continuam indefinidamente no futuro. Embora esses resultados contínuos devam ser realçados, o impacto prático dessa compreensão da salvação como um evento passado tem sido o de esquecer que é uma realidade contínua nas nossas vidas. Em suma, o pensamento geralmente é este: se graça é Deus fazendo por nós aquilo que não podemos fazer por nós próprios, o que mais nos resta fazer?

▶ FÉ: O INSTRUMENTO DA SALVAÇÃO

Se a graça é o motivo de Deus para nos salvar, a fé é o instrumento pelo qual somos salvos. Os secularistas veem a fé em oposição à razão, por isso a consideram uma alternativa irracional para as mentes fracas. Os cristãos rejeitam com razão essa visão simplista e antibíblica e descrevem a fé como racional, relacional e ativa. Fé é confiar numa pessoa. O fato de basear-se em alguém que é invisível não a torna irracional. Na realidade, a fé está relacionada à esperança e pode ser bastante racional.[91]

Também longe de ser passiva, a fé requer uma escolha ativa para assumir um compromisso e ações contínuas. Fé que não conduz a atividades, decisões e comportamentos baseados no nosso compromisso não é uma fé viva.

Tiago se refere a esse tipo de fé como "morta" — mero consentimento intelectual (Tiago 2:14-24). A capacidade de ter fé é um dom, mas um que deve ser utilizado. Devemos exercer esse dom agindo sobre ele e com ele, e não o deixar passivamente na prateleira.

Considere o chamado de Mateus por Jesus.[92] Foi um dom ser chamado por Jesus — Mateus não tinha feito nada para merecê-lo. No entanto, ele devia confiar em Jesus e responder, levantando-se e deixando sua cabine de impostos. Mateus mostrou que seu compromisso com Jesus era real, convidando Jesus para sua casa e apresentando-o aos seus amigos. Podemos dizer que Mateus tinha fé em Jesus *porque* vimos Mateus fazer algo em reação a ele. Sua reação foi mais do que um gesto simbólico; ele alimentou os seguidores de Jesus e reuniu outros que precisavam dele.

Contudo, devemos nos lembrar de que, sem esse dom de fé de Deus, os seres humanos não têm a capacidade de acreditar em Deus nem de agir na fé.[93] Todo o Novo Testamento deixa isso claro, especialmente na

91 Veja Hebreus 11:1.
92 Veja Marcos 2:13-17.
93 Isso não é uma questão de teologia reformada *versus* teologia arminiana. Ambas acreditam que o Espírito Santo leva as pessoas ao ponto em que podem acreditar. A diferença é que a maioria dos teólogos reformados acredita que o número é limitado, enquanto os teólogos arminianos defendem que a capacidade de crer se estende a todas as pessoas. A discussão começa quando alguém tenta explicar por que a pessoa A crê, e a pessoa B, não.

carta de Paulo aos Romanos.[94] Fé é a capacidade e o desejo de acreditar no que Deus disse. É a capacidade de ver o mundo à maneira de Deus e de agir de acordo com essa nova perspectiva.

Portanto, a fé não pode ser reduzida a um consentimento intelectual, como é comum hoje em dia. Uma pessoa pode dizer: "Sim, acredito em Cristo e nos seus ensinamentos. Simplesmente não os pratico". Mas tal afirmação revela que essa pessoa não entende ou não tem fé. Hebreus 11 destrói essa falsa interpretação. Começa com uma definição: "Ora, a fé é a certeza daquilo que esperamos e a prova das coisas que não vemos" (Hebreus 11:1). Embora esse versículo costume ser citado e referenciado, é a declaração seguinte que me parece mais interessante. "Pois foi por meio dela que os antigos receberam bom testemunho" (Hebreus 11:2).

O escritor se dedica então a um longo relato de atos heroicos que demonstram a natureza viva e ativa da fé. Ele começa com Abel e inclui Noé, Abraão e outros personagens luminosos, e até mesmo várias pessoas anônimas de Israel. Descreve o sofrimento, a humilhação e as mortes daqueles que acreditavam com tanta força que estavam dispostos a morrer pela sua fé. O escritor diz sobre eles: "O mundo não era digno deles" (Hebreus 11:38). Observe que nenhum fiel não praticante está entre as pessoas citadas, porque simplesmente não existe fé inativa. A fé sempre leva à ação.

Escondida nesse capítulo está uma declaração sucinta, mas penetrante. Falando de Enoque, o escritor diz: "Pois antes de ser arrebatado recebeu testemunho de que tinha agradado a Deus. *Sem fé é impossível agradar a Deus*, pois quem dele se aproxima precisa crer que ele existe e que recompensa aqueles que o buscam" (Hebreus 11:5-6, grifo meu). Como Dietrich Bonhoeffer disse: "A fé só é real na obediência".[95] Ela é uma força viva e vibrante que se revela na ação.

Tudo isso nos leva a uma pergunta assustadora: o que as pessoas têm que acreditam ser fé, se não é? Para explorar essa pergunta, devemos

---

94 Veja Romanos 3:9-18.
95 BONHOEFFER, Dietrich. *The Cost of Discipleship*. Minneapolis: Fortress Press, 1996. (Dietrich Bonhoeffer's Works, v. 4). p. 64.

contemplar um texto na epístola que Martinho Lutero menos apreciava, a epístola de Tiago.

▶ TER UMA FÉ QUE SALVA

Na sua carta sucinta, Tiago aborda o tema da fé e sua relação com as obras. A certa altura, ele faz uma pergunta que é bastante relevante para nossa discussão: "De que adianta, meus irmãos, alguém dizer que tem fé, se não tem obras? *Acaso a fé pode salvá-lo?*" (Tiago 2:14, grifo meu). A resposta óbvia à sua pergunta é não. A fé que nunca faz nada não é uma fé salvadora. Tiago continua a ilustrar seu ponto de vista empregando o exemplo de ajudar aqueles que têm frio, fome e necessidades. Uma fé que não ajuda os necessitados é morta e inútil (Tiago 2:15-17). A verdadeira fé se torna visível pelas obras que faz. "Eu lhe mostrarei a minha fé pelas obras" (Tiago 2:18). A fé só é real quando se manifesta na obediência a Deus e no amor aos outros.

Tiago até ridiculariza uma fé inativa e morta, comparando-a ao que os demônios acreditam. "Você crê que existe um só Deus? Muito bem! Até mesmo os demônios creem — e tremem! Insensato! Quer certificar-se de que a fé sem obras é inútil?" (Tiago 2:19,20).

Martinho Lutero disse uma vez: "Os cristãos são salvos apenas pela fé, mas não pela fé que está sozinha". Ele quis dizer que a fé verdadeira produz necessariamente obras e brincou que, enquanto as pessoas discutiam se isso era verdade, aqueles com fé verdadeira estavam nas ruas fazendo boas obras. Nesse ponto, Lutero seguiu o consenso dos Pais da Igreja.[96] Agostinho vinculou a fé às obras no seu comentário sobre as palavras de Jesus em João 15:5: "Sem mim vocês não podem fazer coisa alguma".[97] O argumento de Agostinho era que

---

[96] A maioria dos Pais da Igreja defendia que a salvação não era por obras, mas que ninguém pode ser salvo sem elas. Veja a excelente obra de Alan Stanley, *Did Jesus Teach Salvation by Works? The Role of Works in Salvation in the Synoptic Gospels* (Eugene, OR: Pickwick, 2006), p. 20-60.

[97] Agostinho citado por Stanley, 2006, p. 25.

a fé verdadeira não é passiva, mas ativa. Fé verdadeira move as pessoas; a ação é a propriedade primária da fé.

Em sua carta, Tiago conclui explicando como funciona a fé, usando Abraão como seu exemplo. Abraão confirmou que tinha fé quando se dispôs a sacrificar Isaque no altar. Tiago escreve: "Você pode ver que tanto a fé como as suas obras estavam atuando juntas, e a fé foi aperfeiçoada pelas obras" (Tiago 2:22).

Assim, podemos concluir com Tiago e com os fundadores da Igreja que uma fé que salva é uma fé que age. No entanto, devemos entender essa verdade à luz das palavras de Paulo: " Pois vocês são salvos [...] não por obras, para que ninguém se glorie" (Efésios 2:9). Lembremos que a essência das boas novas da salvação é que se trata de um presente. A graça não pode ser conquistada; a salvação não pode ser alcançada sem a misericórdia de Deus. "Pois o salário do pecado é a morte, mas o *dom gratuito* de Deus é a vida eterna em Cristo Jesus, nosso Senhor" (Romanos 6:23, grifo meu).

Assim, qualquer que seja nossa conclusão sobre a relação entre fé e obras, sabemos que as obras, mesmo praticadas com fé, não conquistarão nossa salvação nem nos darão mérito diante de Deus. Creio que a melhor forma de conciliar fé e obras é dizer que somos salvos pela fé, mas que ela deve ser uma fé que age — uma fé viva, ativa, que se expressa no amor. Se assim não for, não seremos salvos. Como lembra Tiago, não podemos ser salvos por uma fé morta.

É aqui que nos deparamos com problemas nas nossas igrejas. Visto que foi ensinado que fé é consentir a um conjunto de crenças ou fazer uma oração específica em vez de obedecer a Jesus, nossas igrejas estão lotadas de pessoas confusas. Muitas pensam que são cristãs e perguntam-se por que têm pouco interesse no que seu pastor lhes está dizendo. Para esses indivíduos, a conversão nunca incluiu o chamado de Jesus para segui-lo, e nunca lhes foi ensinado o que significa ser um discípulo. Se o discipulado não é ensinado como chamado normal de cada seguidor de Cristo, então temos um caos de pessoas que acreditam ter uma passagem para o céu, mas que veem a vida cristã como um conjunto de atividades opcionais. Sua fé é fraca ou até mesmo completamente morta. Se acreditamos que faremos discípulos semelhantes a Cristo a partir de um evangelho falho, estamos enganados.

▶ NÓS SOMOS SALVOS PARA QUÊ?

O dom da salvação não é apenas algo agradável que Deus faz por nós, uma boa ação para nos ajudar. Deus não quer ganhar uma medalha de mérito. Não, ele tem um propósito para aquilo que faz. As palavras de Paulo são tanto descritivas como prescritivas: "Porque somos criação de Deus realizada em Cristo Jesus para fazermos boas obras, as quais Deus preparou de antemão para que nós as praticássemos" (Efésios 2:10).

As pessoas perguntam frequentemente: Qual é o plano de Deus para minha vida? Ou para ir um pouco mais longe: Qual é o propósito de Deus ao criar-nos, e por que existimos? Na maioria das vezes, não fazemos essa pergunta num nível profundo e existencial. Queremos simplesmente saber onde vamos viver, que tipo de trabalho vamos fazer, talvez até com quem nos casaremos. Mas, para Paulo, esses são detalhes secundários. O que mais importa é conhecer nosso propósito central e a razão pela qual Deus nos salvou; todo o resto vem mais tarde.

Somos salvos para participar do plano de Deus para o mundo. Através desse plano, Deus abençoará sua criação, e, na medida em que nos juntamos a esse plano, experimentamos essa bênção. Deus não revela os detalhes específicos da vida de cada um de nós, mas revela que todos nós podemos estar envolvidos nas suas atividades. Podemos fazer as coisas que ele planeou antes da criação do mundo e através das quais ele nos guiará.

Uma vez que tomamos a decisão de acreditar em Cristo e de segui-lo, devemos caminhar, fazer, aprender e tornar-nos algo novo, pois o propósito da nossa salvação inclui nos tornarmos algo que não éramos antes. Essa jornada ou processo é aquilo a que normalmente chamamos de conversão. É mais do que um acontecimento. Somos salvos e estamos sendo salvos, e isso deve envolver algumas mudanças significativas na forma como vivemos.

Contemplemos alguns exemplos. Uma máquina ou um computador que está sendo submetido a uma "conversão" é geralmente desconectado da internet e colocado em algum lugar onde ficará fora de serviço por algum tempo. Prédios que estão sendo convertidos são cobertos com lonas, automóveis são colocados em garagens, e sistemas de informática ficam *off-line*. Em outras palavras, o processo de conversão é um projeto de grande envergadura que leva tempo. Da mesma forma, a Bíblia usa a ideia de conversão para descrever uma grande mudança, mas com uma diferença fundamental. Quando os humanos são submetidos a uma conversão bíblica, eles não são retirados de serviço. Eles ainda estão na estrada ou *on-line*, disponíveis para serem utilizados.

Donald Bloesch ajuda a definir a conversão através da análise das palavras no Antigo e no Novo Testamento: a palavra inglesa *conversion* está associada à palavra hebraica *shuv*, que significa voltar atrás ou regressar, e as palavras gregas *epistrepho* e *metanoeo* indicam ambas voltar-se para Deus. O termo-chave no Novo Testamento é este último, juntamente com seu substantivo *metanoia*. Esse termo significa não simplesmente uma mudança de mentalidade [como no grego clássico], mas uma mudança de coração. *Metanoia* também pode ser traduzido como "arrependimento". John Wesley foi certamente fiel ao testemunho básico das Escrituras quando definiu conversão no seu dicionário como "uma mudança profunda do coração e da vida do pecado para a santidade, uma virada".[98]

Mais uma vez, a conversão é um acontecimento, mas é também um processo. João Calvino acreditava que devíamos distinguir justificação e santificação, mas nunca as separar. Segundo Calvino, a justificação como absolvição divina é extrínseca aos humanos, mas os frutos dessa justificação são então aplicados aos humanos pelo Espírito Santo.[99] Já que o conceito bíblico de conversão capta o sentido de um processo, penso que é uma correção útil para nossas noções de salvação

---

[98] BLOESCH, 1968, p. 77.
[99] Pensamentos gerais emprestados de Bloesch, 1968, p. 79, mas não citados.

orientadas para o evento. Mais uma vez, Donald Bloesch é útil ao resumir o processo de conversão:

> Podemos dizer que o drama da conversão se desdobra em várias fases. [...] A conversão continua ao longo da vida à medida que nosso relacionamento com Deus é aprofundado pelo poder purificador do Seu Espírito. A conversão é, portanto, tanto evento como processo, no sentido de que inclui uma entrega inicial a Jesus Cristo e a fidelidade constante a Ele ao longo da vida. Significa tomar a cruz na decisão da fé e carregar a cruz numa vida de obediência.[100]

▶ Salvação por meio da conversão

Mas onde encontramos evidências bíblicas de que a conversão é um processo? A descrição mais completa se encontra na carta de Paulo a Tito:

> Porque a graça de Deus se manifestou salvadora a todos os homens. Ela nos ensina a renunciar à impiedade e às paixões mundanas e a viver de maneira sensata, justa e piedosa nesta era presente, enquanto aguardamos a bendita esperança: a gloriosa manifestação de nosso grande Deus e Salvador, Jesus Cristo. Ele se entregou por nós a fim de nos remir de toda a maldade e purificar para si mesmo um povo particularmente seu, dedicado à prática de boas obras (Tito 2:11-14 NLT).

Mais uma vez, Paulo ressalta que somos salvos pela graça que Deus revelou em Jesus Cristo. No entanto, observe como essa graça opera em nossa vida: ela instrui-nos a como viver. A graça de Deus nos ensina a nos arrepender, a abandonar o pecado e uma vida sem Deus e a seguir seu propósito para nossa vida. Onde está essa instrução, e como é que a recebemos? Está nos ensinamentos de Jesus e é aprendida seguindo-o

---

[100] Ibid., p. 82-83.

como seu discípulo ao longo da vida. Em Efésios 2:20, Paulo afirma que o resultado desse modo de vida é fazer "para si mesmo um povo particularmente seu, dedicado à prática de boas obras".

Essa passagem também vincula o discipulado à conversão, mostrando-nos que a conversão depende do ensinamento de Jesus e está ligada à salvação como fruto da graça de Deus. Em outras palavras, não podemos ter conversão sem a prática do discipulado. Nossa conversão está enraizada em aprender a arrepender-nos e a mudar nossa maneira de viver. O objetivo do processo de discipulado é criar pessoas amorosas, semelhantes a Cristo, que vivem para os outros. Discípulos não são troféus a serem admirados; somos servos que devem amar as pessoas como Cristo ama.

Na faculdade, li um livro intitulado *Grace Is Not a Blue-Eyed Blonde,* de R. Lofton Hudson. O livro foi um lembrete útil de que nossas suposições sobre a graça podem não estar corretas. Aqui Paulo ensina que "a graça de Deus se manifestou salvadora a todos os homens" (Tito 2:11 NLT).

A graça sempre foi um atributo de Deus, mas, até ele revelá-la a nós de uma forma que pudéssemos compreender e experimentar, não sabíamos nada sobre ela. Uma das principais razões pelas quais somos salvos é para sermos mensageiros das boas novas da graça de Deus. Somos convertidos e tornamo-nos discípulos para fazer outros discípulos. Quando ensinamos uma forma de discipulado que não resulta em reprodução, erramos o alvo. Aqui está um exemplo do que eu quero dizer: em alguns pequenos grupos, é comum fazerem a pergunta "Como você está?". Essa é uma pergunta perfeitamente razoável. Mas o tipo de discipulado que Deus deseja não termina na vida dos discípulos. Estende-se à forma como eles estão vivendo para os outros. Por isso, deveríamos perguntar: "Como você está amando as pessoas que Deus colocou na sua vida?". Não precisamos ir à procura de novas pessoas para amar. Basta começarmos a amar aqueles que Deus já nos deu. Se começarmos por eles, em breve seremos inundados por pessoas que Deus atrairá para a nossa vida.

Paul continua: "Ela nos ensina a renunciar à impiedade e às paixões mundanas e a viver de maneira sensata, justa e piedosa nesta era presente" (Tito 2:12). Como mencionei anteriormente, a gênese da conversão é a virada, o arrependimento, que é básico para o dia a dia em Cristo. Contudo, a palavra usada aqui para virar não é a palavra familiar μετανοια, mas sim αρνησαμενοι, que significa "dizer não". Isso é um lembrete útil de que a graça não é simplesmente uma questão de Deus ignorar nosso pecado e aceitar-nos como somos. Não, ela implica necessariamente negar a nós mesmos e entregar nossa vida a Cristo. Significa que agora respondemos a uma autoridade superior, renunciamos a todos os nossos direitos de autopromoção e autodireção e estamos prontos para nos apresentarmos ao serviço.

Nessa passagem encontramos também a palavra "ensina". A palavra (em grego: παιδευουσα) significa alguém com autoridade que treina outra pessoa através da disciplina. Como sugere Walter Lock: "O pensamento é semelhante ao conceito grego de libertação da ignorância",[101] e o objetivo dessa formação é ensinar-nos a dizer não.

Isso é semelhante ao que Paulo modelou para os coríntios selvagens e confusos: "Todos os que competem nos jogos se submetem a um treinamento rigoroso [...]. Mas [eu] esmurro o meu corpo e faço dele meu escravo" (1Coríntios 9:25,27).

Esse tipo de disciplina nos leva a pensar num professor ou num guia que nos ensina a passar de um modo de vida para outro. Enquanto a graça nos dá a oportunidade de aprender, os meios são a submissão ao ensino de Jesus através dos outros. Mas trocar um prazer por outro não é fácil, pois exige uma nova forma de pensar. Por exemplo, trocar o prazer das drogas pelo prazer de servir requer uma mudança completa de gosto, desejo e propósito, tal como viver com um cônjuge e não com um conjunto de outros. Mais tarde abordaremos os detalhes do processo de transformação, mas, por ora, a questão é que *conversão é discipulado, e discipulado é conversão*. São dois lados da mesma moeda.

---

101 LOCK, Walter. *The Pastoral Epistles*: A Critical and Exegetical Commentary. Edimburgo: T&T Clark, 1924. p. 144.

Como vimos anteriormente, graça é Deus fazer por nós aquilo que não podemos fazer por nós mesmos. Podemos pensar na graça como uma força, o poder de Deus que faz as coisas e nos muda. A graça é a obra do Espírito de Deus em nós, transformando-nos à semelhança de Jesus. Mas não ignore este ponto-chave: *o desejo de ser disciplinado é um dos maiores dons da graça*. A menos que desejemos ser disciplinados, o processo de conversão não avançará. Paulo tem isso em mente quando diz a Timóteo: "fortifique-se na graça que há em Cristo Jesus" (2Timóteo 2:1). Paulo então instrui Timóteo sobre os rigores do ensino, do treino e da multiplicação. Ele o instrui a ensinar apenas pessoas fiéis e que fazer isso exigirá a dedicação de um soldado, a disciplina de um atleta e a paciência de um agricultor (2Timóteo 2:2-7).

É difícil ignorar aqui a necessidade óbvia de disciplina ou formação. Paulo exorta a todos quando diz: "Exercite-se na piedade" (1Timóteo 4:7). O treino para ser piedoso tem benefícios nesta vida e na próxima, e Paulo acrescenta uma declaração típica: "Ordene e ensine estas coisas" (1Timóteo 4:11).

Voltando ao texto de Tito, vemos que a instrução da graça não é apenas acadêmica. Ela conduz a um destino que é ideia de Deus. "Ela nos ensina a renunciar à impiedade e às paixões mundanas e a viver de maneira sensata, justa e piedosa nesta era presente" (Tito 2:12). Isso não é um monaquismo isolado; é viver plenamente no mundo.

Numa carta escrita na prisão, Bonhoeffer fala sobre esse tema de forma bastante poderosa: "Descobri mais tarde, e ainda estou descobrindo até este momento, que só vivendo completamente neste mundo é que se aprende a ter fé".[102] Muitos cristãos ainda não aprenderam o que Bonhoeffer compreendeu, como exercer uma vida e um pensamento corretos no meio da cultura que nos envolve. Embora reconheçamos que o mundo é mau, como cristãos, devemos aprender a amar o mundo completamente e a sacrificar-nos, tal como Jesus fez. O mundo rejeitou Jesus e o crucificou. No entanto, ele também é atraído

---

102 METAXAS, Eric. *Bonhoeffer*: Pastor, Martyr, Prophet, Spy. Nashville: Thomas Nelson, 2010. p. 246.

por ele, pelos seus ensinamentos e pelo seu modo de vida, e muitos o amam e seguem sua filosofia.

Como Jesus, não devemos fugir do mundo — devemos viver plenamente nele, mergulhando de cabeça no que Deus está fazendo. E o que é que Deus está fazendo? Ele está nos convertendo para que possamos ajudar a converter outros. Ele nos colocou estrategicamente em todos os domínios da sociedade como pequenos cristos. "Enquanto aguardamos a bendita esperança: a gloriosa manifestação de nosso grande Deus e Salvador, Jesus Cristo" (Tito 2:13), estamos integrados em todos os recantos da sociedade onde iluminamos, preservamos e falamos das boas novas.

Como Paulo deixa claro, nossa salvação tem uma dimensão futura bem como uma dimensão passada e presente. Quando pensamos em "ser salvos", devemos pensar em todas as dimensões envolvidas. A graça de Deus foi revelada; vivemos agora neste mundo como seguidores arrependidos de Jesus; e no futuro Cristo voltará. Essa esperança futura é o que nos empurra adiante. A salvação vista como um processo de conversão é uma jornada, e cada jornada tem um destino.

Parte da nossa jornada já está atrás de nós, e olhamos com expectativa e anseio para o dia em que estaremos completamente unidos com nosso Deus no estado eterno.

Por que, então, tantos dos que se chamam cristãos não pensam no futuro? Lembro-me aqui das palavras de Dallas Willard: "Não seria o céu um inferno para uma pessoa presa para sempre na companhia de alguém tão magnífico como Jesus e a Trindade que ela não admirasse nem prezasse o suficiente para ficar o mais próximo possível deles?".[103] Talvez uma razão pela qual alguns não anseiam pelo céu seja porque não conhecem de verdade aquele que está no centro de tudo isso.

Mas aqueles que buscam Deus receberão uma recompensa. Isso começa a sério quando experimentamos a graça de Deus, continua com alegria e propósito nas nossas vidas neste momento, e será incrível no próximo reino. Paulo lembra a Tito e a nós que nossa esperança

---

103 WILLARD, 2008, p. 11.

futura deve levar-nos a viver corretamente agora. "Ele se entregou por nós a fim de nos remir de toda a maldade e purificar para si mesmo um povo particularmente seu, dedicado à prática de boas obras" (Tito 2:14). Libertos da escravidão do pecado, somos livres através do discipulado disciplinado para vivermos o tipo de vida para a qual Cristo nos criou.

▶ REGENERAÇÃO

Até aqui, analisamos os conceitos bíblicos e teológicos de salvação e conversão. Agora passamos para a pergunta: O que realmente acontece conosco quando decidimos seguir Jesus? A resposta é resumida em duas palavras: vida nova. Deus nos dá uma vida nova, e essa realidade leva à nossa transformação. No evangelho de João, lemos: "Contudo, aos que o receberam, aos que creram em seu nome, deu-lhes o direito de se tornarem filhos de Deus, os quais não nasceram por descendência natural, nem pela vontade da carne nem pela vontade de algum homem, mas nasceram de Deus" (João 1:12,13).

O conceito de renascer ou nascer de novo é resumido em regeneração, uma palavra que descreve as mudanças dentro das pessoas que optam por seguir Cristo. Regenerar algo ou alguém significa dar-lhe uma nova vida. Regeneração espiritual significa colocar uma nova capacidade na natureza imaterial de uma pessoa. Era disso que Jesus estava falando quando disse a Nicodemos que ele precisava nascer de cima, do Espírito. "O que nasce da carne é carne, mas o que nasce do Espírito é espírito. Não se surpreenda pelo fato de eu ter dito: É necessário que vocês nasçam de novo" (João 3:6,7).

Na cultura cristã contemporânea, a frase "nascer de novo" foi reduzida a um *slogan*, e a incrível realidade por trás dessas palavras se perdeu. Nascer de novo envolve mais do que apenas dizer a fórmula mágica que os evangelistas fazem as pessoas proferirem. Como Jesus deixa claro, não podemos manipular a obra do Espírito de Deus dessa forma. Nascer de novo significa infundir uma pessoa com uma vida nova. Não significa uma transformação automática, mas uma vida nova e cheia de potencial que deve ser desenvolvida através de um discipulado obediente.

Regeneração é ser despertado da morte espiritual para a vida espiritual.[104] Assim, embora a peregrinação espiritual exija morrer para si mesmo, ela envolve muito mais viver do que morrer. A regeneração é uma transferência do reino da morte e das trevas para o reino da vida e da luz governado pelo Filho de Deus, Jesus. Paulo descreve bem essa transferência: "Pois ele nos resgatou do domínio das trevas e nos transportou para o Reino do seu Filho amado, em quem temos a redenção, a saber, o perdão dos pecados" (Colossenses 1:13,14).

Esta nova vida é "um dom de Deus" (Efésios 2:8). É uma nova realidade psicológica que inclui um novo conhecimento de Deus, a capacidade de conhecer o caráter daquele que agora nos habita e de experimentá-lo agindo em nós e através de nós. Jesus disse: "Esta é a vida eterna: que te conheçam, o único Deus verdadeiro, e a Jesus Cristo, a quem enviaste" (João 17:3).

Conhecer Deus e Jesus é a vida eterna. Portanto, é errado pensarmos na vida eterna como algo que começará quando morrermos fisicamente. A vida eterna começa quando decidimos seguir Jesus, quando nascemos de novo, e Deus nos dá a capacidade de conhecê-lo verdadeiramente. Considere as palavras cuidadosas de Paulo aos coríntios que lutavam para conhecer Deus:

> Pois, quem dentre os homens conhece as coisas do homem, a não ser o espírito do homem que nele está? Da mesma forma, ninguém conhece as coisas de Deus, a não ser o Espírito de Deus. Nós, porém, não recebemos o espírito do mundo, mas o Espírito procedente de Deus, para que entendamos as coisas que Deus nos tem dado gratuitamente (1Coríntios 2:11,12).

O conhecimento de Deus está reservado para aqueles em quem seu Espírito reside. O Deus vivo transmite seus próprios pensamentos

---

104   Veja 2Coríntios 5:17; Efésios 2:1-6.

àqueles que vivem em obediência a ele e através de quem ele vive nesta terra. Essa vida nova tem uma mente própria, o que as Escrituras chamam de a mente de Cristo. É "autoiniciadora, autodirigente e autossustentada".[105] Paulo explica: "Pois é Deus quem efetua em vocês tanto o querer quanto o realizar, de acordo com a boa vontade dele" (Filipenses 2:13). A razão pela qual temos pensamentos novos e estranhos sobre nossas atitudes e condutas é porque Deus nos dá novos desejos e novos pensamentos. Essa vida nova dentro de nós transforma a forma como percebemos nosso ambiente.

Um amigo advogado que começou a acreditar em Cristo descreveu como ele passou a interagir com o trabalho de forma bastante diferente. Ele entrou na sala do tribunal onde trabalhava e analisou-o como tinha feito tantas vezes antes. Mas quando viu o juiz, pela primeira vez, ele pensou: "Eu podia orar pelo juiz". Ele teve o mesmo pensamento quando viu o procurador, o réu, o júri e as famílias envolvidas. Como cristão, esse advogado tinha nele uma vida nova que colocava novos pensamentos na sua mente e mudava a forma como ele via a realidade.

Não vivemos na cruz; morremos nela. Paulo deixa claro que precisamos de mais do que da morte de Cristo; devemos ser salvos pela sua vida de ressurreição.

> Mas Deus demonstra seu amor por nós: Cristo morreu em nosso favor quando ainda éramos pecadores. Como agora fomos justificados por seu sangue, muito mais ainda seremos salvos da ira de Deus por meio dele! Se quando éramos inimigos de Deus fomos reconciliados com ele mediante a morte de seu Filho, quanto mais agora, tendo sido reconciliados, *seremos salvos por sua vida!* Não apenas isso, mas também nos gloriamos em Deus, por meio de nosso Senhor Jesus Cristo, mediante quem recebemos agora a reconciliação (Romanos 5:8-11, grifo meu).

A cruz de Cristo é justamente enfatizada como o meio do nosso perdão e da restauração do nosso relacionamento com Deus. Mas não

---

[105] WILLARD, 2008, p. 7.

devemos pregar o perdão sem falar também da nova vida que Deus oferece através da ressurreição. Paulo é claro aqui: somos salvos pela vida de Cristo. Em outras palavras, nossa salvação pode ser descrita como "estar envolvido na vida que Jesus está vivendo na terra agora".[106]

A nova vida torna atraente ser salvo. As pessoas são atraídas pela beleza. Mesmo quando Paulo estava preso numa prisão feia, ele encorajou outros a se concentrarem na beleza: "Finalmente, irmãos, tudo o que for verdadeiro, tudo o que for nobre, tudo o que for correto, tudo o que for puro, tudo o que for amável, tudo o que for de boa fama, se houver algo de excelente ou digno de louvor, pensem nessas coisas" (Filipenses 4:8). Mas o que lhe vem à mente quando pensa no que é verdadeiro e correto, ou puro e admirável? Essas coisas são mais do que simples conceitos abstratos. São também atitudes e ações concretas como "amor, alegria, paz, paciência, amabilidade, bondade, fidelidade, mansidão e domínio próprio" (Gálatas 5:22,23). Quando as pessoas renascidas encontram longas filas no supermercado ou engarrafamentos, a paciência se manifesta nas suas atitudes, expressões faciais e palavras. Outros são atraídos por essas expressões de beleza e outras manifestações concretas da graça de Deus que transformam a nossa vida.

▶ PERDÃO

"Arrependam-se, e cada um de vocês seja batizado em nome de Jesus Cristo, para perdão dos seus pecados, e receberão o dom do Espírito Santo" (Atos 2:38). E voltamos a falar do grande item da nossa salvação — o perdão dos pecados.

Todos se apressam a falar quando o tema é perdão e agradecem a Deus por ele. Mas ver-nos como perdoados implica vermos a necessidade do perdão de Deus. Infelizmente, a verdade de que o pecado é

---

106 WILLARD, Dallas. *How to Save Your Life*. Transcrição de uma palestra feita no Westmont College, 12 set. 2011.

uma ofensa contra Deus pela qual somos responsáveis não costuma ser aceita hoje em dia. Mark Johnson descreve as ideias atuais sobre o pecado dizendo que "alguns têm uma necessidade primitiva de algum tipo de ordem no nosso mundo, a fim de dar sentido a tudo isto".[107]

A maioria das pessoas entende que o conceito do perdão implica que algo foi quebrado numa relação. Alguns argumentam que Deus deve à humanidade uma explicação e um pedido de desculpas pelo terrível trabalho que realizou, e é ele quem precisa de perdão. O célebre ateu Christopher Hitchens costumava dizer que Deus tinha todos sob vigilância constante e nunca permitia que suas criaturas crescessem. Ele achava que o Deus tribal de Israel era culpado de genocídios e massacres e que era um FDP imoral. Mas mesmo em seu bravejo, Hitchens pressupunha uma relação entre Deus e os humanos que tinha sido quebrada.

A Bíblia nos oferece uma razão clara para os problemas do mundo: o pecado humano, que é uma realidade que não podemos negar. A boa notícia é que Deus está disposto a perdoar todo o nosso pecado que nos separa dele e a libertar-nos da culpa do nosso estado pecaminoso. Paulo diz claramente: "Portanto, agora já não há condenação para os que estão em Cristo Jesus" (Romanos 8:1). Paulo também nos fornece a razão: "Deus tornou pecado por nós aquele que não tinha pecado, para que nele nos tornássemos justiça de Deus" (2Coríntios 5:21). Todos os que dizem sim a Cristo e o seguem são restituídos a uma relação com ele. Estamos, como diz Paulo, reconciliados com Deus.[108] Contudo, apesar de sermos perdoados, o pecado continua presente em nossa vida. Esse pecado contínuo é motivado por aquilo a que a Bíblia chama de carne. Paulo gasta muito tempo falando sobre essa batalha nas suas epístolas.[109] Mesmo como discípulos, nossa necessidade de perdão é contínua, porque continuamos a pecar.

---

[107] JOHNSON, Mark. *Morality for Humans*: Ethical Understanding from the Perspective of Cognitive Science. Chicago: University of Chicago Press, 2014. p. 161.
[108] Veja 2Coríntios 5:17-20.
[109] Veja Romanos 7:14-25; 1Coríntios 3:1-5; Gálatas 5:16-23.

O apóstolo João escreveu três pequenas cartas que são duras e prag- máticas, e ele foi bastante honesto sobre a realidade do pecado e a necessidade contínua de perdão. Seus ensinamentos nos ajudam a entender os benefícios práticos de viver uma vida perdoada. "Se, porém, andamos na luz, como ele está na luz, temos comunhão uns com os outros, e o sangue de Jesus, seu Filho, nos purifica de todo pecado" (1João 1:7). O que João quer dizer com isso? Ele está falando de não escondermos nosso pecado, mas de sermos abertos e honestos. Essa honestidade exige uma consciência de pecado que é mais do que um vago e geral sentimento de injustiça. Já conheci muitas pessoas da igreja que estão dispostas a admitir que são pecadoras, mas, se pressionadas, não conseguem nomear um pecado sequer que tenham cometido.

Essa situação ilustra que o pecado pode ser uma grande teoria, mas, quando devemos admiti-lo, ele se torna uma ameaça. A descrição de João poderia ser fielmente traduzida como: "o sangue de Jesus continua a nos purificar do pecado". Em outras palavras, esse perdão é contínuo. Quando vivemos na luz, abertos e honestos sobre nosso pecado, nós nos arrependemos constantemente e recebemos perdão. Dietrich Bonhoeffer tem muito a dizer sobre o valor de viver na luz: "O seu pecado quer estar sozinho com você. Aqueles que permanecem sozi- nhos com seu mal ficam totalmente sós".[110] O inimigo quer fortalecer nosso pecado, mantendo-o escondido dos outros. Como seres humanos caídos, estamos programados para esconder nossos defeitos e nos pro- teger. Mas, assim que a luz da graça de Deus brilha sobre ele, nosso pecado é despojado. João continua explicando os benefícios de uma vida aberta e purificada: "Se afirmarmos que estamos sem pecado, enganamo-nos a nós mesmos, e a verdade não está em nós. Se confes- sarmos os nossos pecados, ele é fiel e justo para perdoar os nossos pecados e nos purificar de toda injustiça" (1João 1:8,9).

Perdão é o benefício que recebemos se confessarmos nosso pecado, se reconhecermos nossa culpa, e então recebemos essa bênção de

---

110 BONHOEFFER, Dietrich. *Life Together*. Minneapolis: Fortress Press, 2005. (Dietrich Bonhoeffer's Works, v. 5). p. 32.

Deus. Pessoas que vivem uma vida perdoada experimentam todos os dias o favor ou a graça de Deus. O perdão coloca alegria no coração, ânimo no espírito e saúde nos ossos, e nos dá uma perspectiva positiva sobre o futuro. Mas receber esse dom requer honestidade, humildade e submissão. Uma vida secreta cheia de pecado oculto é uma vida horrível, mas uma vida perdoada é cheia de alegria.[111]

Não há muitas orações que tenham sempre um resultado previsível. Mas uma oração será sempre respondida como prometido — quando admitimos diante de Deus que pecamos e buscamos a presença dele num espírito de arrependimento, ele promete nos perdoar. Se confessarmos continuamente nosso pecado à medida que o Espírito Santo o traz à nossa atenção, continuaremos estando em comunhão com Deus e com os outros. A alegria continuará; as linhas de comunicação permanecerão abertas; e o Espírito continuará fluindo livremente pelas nossas veias espirituais.

João diz que devemos viver vidas perdoadas para não continuarmos em pecado. Algum grau de pecado é inevitável, porque somos imperfeitos. Mas não somos impotentes diante dele. Estamos empenhados na batalha, mas, assim como os grandes soldados não podem ser heroicos se estiverem paralisados de medo, os soldados de Cristo não podem ter medo do pecado. João nos assegura que nosso Salvador nos ajuda nesta batalha. "Se, porém, alguém pecar, temos um intercessor junto ao Pai, Jesus Cristo, o Justo. Ele é a propiciação pelos nossos pecados, e não somente pelos nossos, mas também pelos pecados de todo o mundo" (1João 2:1,2).

O próprio Jesus é o fundamento da vida perdoada. Ele não só fornece os meios para nosso perdão — sua morte na cruz —, mas continua sendo nosso advogado no tribunal celestial. Esse conhecimento está longe de ser uma licença para continuar em pecado. Em vez disso, ele nos dá a liberdade de superar os pecados debilitantes do dia a dia, dando-nos a esperança de que podemos completar a obra que Deus nos chama a fazer.

---

111 Veja Salmos 32:1-5; Tiago 5:16.

Infelizmente, muitos na Igreja de hoje não veem o pecado como algo contra o qual devemos lutar numa batalha contínua. Divorciar o processo de discipulado da salvação tem exigido que as pessoas criem outras soluções para o problema do pecado na vida cristã. Uma dessas criações é uma categoria secundária a que alguns chamam de cristãos carnais.

▶ TRÊS TIPOS DE PESSOAS

O fundador do *Dallas Theological Seminary*, Lewis Sperry Chafer, escreveu um livro influente no qual apresentou a teoria, baseada em 1Coríntios 2,3, de que existem três tipos de pessoas: pessoas naturais, pessoas carnais e pessoas espirituais.[112]

As pessoas naturais são incrédulos incapazes de sentir ou discernir as coisas de Deus. "Quem não tem o Espírito não aceita as coisas que vêm do Espírito de Deus, pois lhe são loucura; e não é capaz de entendê-las, porque elas são discernidas espiritualmente" (1Coríntios 2:14 ESV). Diferentemente das pessoas naturais, as pessoas espirituais são aquelas que consideraríamos crentes em Cristo. "Mas quem é espiritual discerne todas as coisas, e ele mesmo por ninguém é discernido; pois 'quem conheceu a mente do Senhor para que possa instruí-lo?' Nós, porém, temos a mente de Cristo" (1Coríntios 2:15,16).

O terceiro tipo de pessoa é aquele que Chafer chama de carnal:

> Irmãos, não lhes pude falar como a espirituais, mas como a carnais, como a crianças em Cristo. Dei-lhes leite, e não alimento sólido, pois vocês não estavam em condições de recebê-lo. De fato, vocês ainda não estão em condições, porque ainda são carnais. Porque, visto que há inveja e divisão entre vocês, não estão sendo carnais e agindo como mundanos? (1Coríntios 3:1-3).

Para ser bem claro, Paulo se refere a essas pessoas como "crianças em Cristo". No entanto, ele também diz que não consegue

---

112 CHAFER, Lewis Sperry. *He That Is Spiritual*: A Classic Study of the Biblical Doctrine of Spirituality. Grand Rapids: Zondervan, 1967. p. 15-22.

distingui-los dos não cristãos. Paulo estaria criando aqui uma classe secundária de cristãos, ou será que eles são apenas cristãos malcomportados? Ou será que são cristãos professos que não nasceram de novo e estão simplesmente agindo conforme aquilo que realmente são, ou seja, não cristãos?

É possível que Paulo estivesse dando a esses cristãos o benefício da dúvida. Mas externamente parece não haver distinção entre o comportamento dos cristãos carnais e das pessoas naturais. Ambos parecem ser surdos para as coisas de Deus.

Ao defender a existência dessa classe secundária de cristãos, Chafer apresentou o seguinte argumento:

> A diferença entre o homem espiritual e o homem carnal é esta: ao homem espiritual "nenhuma limitação é imposta no reino das coisas de Deus. Ele pode receber a revelação divina 'livremente' e nela se gloriar [...]. O homem 'espiritual' é o ideal divino de vida e ministério no poder com Deus e com o homem, em comunhão e bênção ininterruptas". O cristão carnal, por outro lado, "nasce de novo e possui o Espírito que habita nele; mas sua carnalidade dificulta o ministério pleno do Espírito". Ele se caracteriza por caminhar no mesmo nível como o homem "natural". Em suma, o cristão carnal é controlado pela carne, enquanto aquele que é espiritual é controlado pelo Espírito. Disso segue que existem "duas grandes mudanças espirituais que são possíveis na experiência humana. O homem natural deve tornar-se salvo, e o homem salvo — se for carnal — deve tornar-se espiritual".[113]

O problema com o argumento de Chafer é que ele ignora a realidade de que cada cristão verdadeiro tem dentro de si uma carnalidade potencialmente debilitante. Todos os crentes lutam com a carne, mas todos têm a capacidade de superá-la. Na verdade, os crentes verdadeiros superam seu pecado e produzem frutos de uma forma consistente. A classificação de Chafer do cristão carnal como aquele que tem uma

---

113 CHAFER apud STANLEY, 2006, p. 63.

passagem para o céu, mas que ainda assim não produz frutos e se sente confortável com o pecado, abre a porta para a confusão, porque, dito de uma forma simples, tal pessoa não existe.

O que é que Paulo diz em 1Coríntios 3:1-3? Ele está instruindo os cristãos coríntios a deixar de agir como descrentes. Essa é uma resposta pastoral ao comportamento pecaminoso que é semelhante à repreensão que encontramos em Hebreus 5:11-13, onde o autor chama esses cristãos de "lentos para aprender". Ele diz que eles "estão precisando de leite, e não de alimento sólido" (Hebreus 5:12). Essa imaturidade é um problema muito real nas nossas igrejas. A questão não é se tais pessoas existem, mas se devemos estabelecer uma categoria separada para elas e fazer concessões aos crentes que já não se arrependem dos seus pecados. Se aceitarmos que a categoria de cristãos carnais existe, degolamos o evangelho, e, ao acomodarmos seu comportamento pecaminoso, enfiamos uma estaca no chamado para o discipulado.

O cristianismo carnal se encaixa bem na visão alternativa da vida cristã. Os cristãos carnais podem assumir que estão perdoados e que o discipulado é opcional. Essa é uma forma de graça barata, ou, como Bonhoeffer disse, a morte do discipulado.

Os cristãos carnais dão muita importância ao perdão dos pecados. Na verdade, eles adoram ouvir que seus pecados são perdoados e veem isso como a realidade que define a existência cristã. Mas o perdão desvinculado do arrependimento e do chamado para seguir Cristo não é o evangelho. Um verdadeiro cristão responde à disciplina e às mudanças para viver e comportar-se de forma diferente, de acordo com um padrão diferente. É por isso que devemos incluir o chamado para o discipulado na nossa proclamação do evangelho.

Nem todos concordam com essa ideia. Por exemplo, Joseph Dillow escreve:

> Quando Jesus chama um homem para se tornar discípulo, ele não está, de forma alguma, pedindo que ele aceite o dom gratuito da vida eterna. Em vez disso, ele está pedindo àqueles que já

acreditaram que aceitem as ordens rigorosas do discipulado e encontrem a vida verdadeira.[114]

Dillow sustenta que o chamado para o discipulado não é o mesmo que o chamado para a conversão. Em outras palavras, o evangelho não trata de seguir Jesus. Trata do dom gratuito de ter seus pecados perdoados e de obter entrada ao céu. Todo o resto é opcional. No final, não importa se a vida e a conduta de um cristão são agradáveis a Deus e a de outro não. Dillow prossegue: "Só quando se confunde as exigências do discipulado com as exigências da simples salvação é que se distorce e se introduz heresia na soteriologia de Jesus".[115]

Outro escritor argumenta de forma ainda mais clara:

> Quem uma vez acreditar verdadeiramente que Jesus ressuscitou dos mortos e confessar que Jesus é o Senhor, irá para o céu quando ele morrer. [...] *Tal pessoa irá para o céu quando morrer, independentemente da obra (ou falta de obra) que possa acompanhar tal fé.*[116]

Essa escola não espera nem exige qualquer fruto ou mudança como prova da nova vida em Cristo. Eles se sentem bastante confortáveis em permitir que os cristãos carnais, que acreditam que Jesus morreu pelos seus pecados, mas nada fazem para mudar ou se arrepender, sejam legitimamente cristãos.

Em resposta a isso, voltemos às palavras de Tiago: "Assim também a fé, por si só, se não for acompanhada de obras, está morta" (Tiago 2:17). Biblicamente, não existe um crente que não dê frutos. Todos os que são salvos serão discípulos de Cristo e pelas suas obras demonstrarão que são realmente salvos.

---

114 DILLOW, Joseph. *The Reign of the Servant Kings*: A Study of Eternal Security and the Final Significance of Man. Miami: Schoettle, 1992. p. 151.

115 Ibid., p. 154.

116 KENDALL, R. T. *Once Saved, Always Saved*. Waynesboro, GA: Authentic Media, 2005. (New Westminister Pulpit Series). p. 1.

Ao contrário daqueles que argumentam que as exigências do discipulado contradizem a mensagem do evangelho,[117] Alan Stanley argumenta que não há distinção entre o chamado para ser discípulo e o chamado para acreditar no evangelho, e dá cinco razões para isso.

1. Jesus declara que, para nos tornarmos discípulos, devemos renunciar a todos os nossos bens (Lucas 14:33). Zaqueu é exemplo de alguém que estava disposto a renunciar a todos os seus bens e que também recebeu a salvação no mesmo ato e momento (Lucas 19:9).

2. A resposta de Jesus ao aspirante a discípulo que queria enterrar seu pai — "que os mortos enterrem os seus próprios mortos" (Mateus 8:21,22; Lucas 9:59,60) — indica que o homem tinha uma escolha. A escolha era entre a vida eterna ou a morte eterna, e não entre ser discípulo ou simplesmente contentar-se em ser cristão.

3. Jesus chama seus discípulos de "pequeninos" (Mateus 10:42) e disse que devemos tornar-nos iguais a crianças para entrar no reino dos céus (Mateus 18:6). Em outras palavras, é preciso tornar-se um discípulo.

4. Em João 12:4, Jesus afirma: "Todo aquele que acredita em mim não permanece na escuridão". João 8:12 é muito semelhante, exceto que, em vez de "crer", João usa o verbo ακολουθω. Daí "seguir" e "crer" significam a mesma coisa — pelo menos para João.

5. Os discípulos entendem que, quando o jovem rico se recusa a vender tudo o que tinha para seguir Jesus, ele não foi salvo. Isso é confirmado pelo fato de os discípulos terem feito o que o homem rico não conseguiu fazer. Eles seguiram Jesus (Mateus 19:27) e assim lhes é prometida a vida eterna (Mateus 19:29). Essas passagens deixam claro que tornar-se um seguidor ou discípulo de Jesus é, ao mesmo tempo, tornar-se um crente em Jesus.[118]

---

[117] DILLOW, 1992, p. 154.
[118] STANLEY, 2006, p. 316-317.

► O QUE ENTÃO PODEMOS DIZER QUE SEJA RAZOAVELMENTE VERDADEIRO SOBRE SER UMA PESSOA "SALVA"?

Então, o que significa ser salvo? Até agora, examinamos o vocabulário rico e amplo da salvação: arrependimento, graça, regeneração, fé e perdão. Em capítulos posteriores, também estudaremos conceitos como reconciliação e redenção. O que vimos é que existe uma ligação essencial entre salvação e conversão, entre o chamado para seguir Jesus e a resposta ao evangelho. O evangelho não é apenas uma promessa de perdão dos pecados, mas inclui um chamado para o arrependimento. Além disso, promete a graça da mudança. Mas, no final, ninguém é salvo sem se arrepender.

Aqueles que são salvos devem saber que estão numa jornada que durará a vida inteira. Salvação não é algo que se faz numa reunião de sábado à noite com uma pequena oração. Não há nenhuma oração mágica ou fórmula secreta, como defendem algumas igrejas. Devemos entender que a obra da salvação realmente começou muito antes de termos nascido, quando Deus planejou o processo. Ele continua à medida que o Espírito Santo nos torna conscientes da nossa necessidade e nós optamos por seguir Jesus. A nova vida que Deus implanta em nós cresce, e nós renascemos como pessoas de fé perdoadas. Devemos agora responder à graça da disciplina de Deus e aprender a viver nossas vidas como se Jesus a estivesse vivendo através de nós.

Essa é nossa salvação. Somos salvos das consequências do nosso pecado, estando separados de Deus e dos outros, e de uma vida de vaidade e trivialidade. Entramos nos prazeres e alegrias do relacionamento com Deus, que continuará crescendo, à medida que nos convertemos, dia após dia, até estarmos prontos para a presença pura de Deus.

Quando penso nesse final alegre, lembro-me do grande poeta romântico William Blake. Segundo Malcolm Muggeridge, no seu leito de morte, Blake cantava tão bem que sua esposa se aproximou para ouvir suas palavras, e ele então voltou-se para ela e disse: "Não são minhas, sabe" e repetiu de forma mais enfática: "Não são minhas". Depois continuou a dizer-lhe que eles nunca se separariam, e que, depois de morto, ele continuaria a cuidar dela como fizera durante os anos de seu longo companheirismo. Blake tinha dito antes que a morte não seria mais do que o deslocamento de uma sala para outra. Continuou a cantar na sua cama da mesma forma divina até mais ou menos as seis da noite, e depois — como disse num dos seus poemas — silenciosamente, invisivelmente, o espírito humano o deixou, tornando-se parte da eternidade na qual seus olhos estiveram tão fielmente fixados durante seus anos mortais.[119]

Como escreveu num dos seus poemas:

Aquele que se amarra a uma alegria
Destrói a vida alada;
Mas aquele que beija a alegria enquanto voa
Vive no nascer do sol da Eternidade.[120]

---

119 MUGGERIDGE, Malcolm. *A Third Testament*: A Modern Pilgrim Explores the Spiritual Wanderings of Augustine, Blake, Pascal, Tolstoy, Bonhoeffer, Kierkegaard, and Dostoevsky. Maryknoll, NY: Orbis Press, 1976. p. 69.
120 Ibid., p. 51.

CAPÍTULO 4

O ESPÍRITO SANTO E COMO AS PESSOAS MUDAM

PARTE 1

No final das contas, só discípulos são convertidos.
— *Gordon Fee*, Paul, the Spirit and the People of God

QUANDO PERGUNTARAM A GEORGE WHITEFIELD quantas pessoas foram salvas numa reunião em que ele tinha pregado, ele respondeu: "Não sei. Saberemos mais em seis meses". Sempre que o evangelho é pregado, sabemos que Deus opera para converter as pessoas. Mas o próprio Jesus indicou, na parábola do semeador, que não podemos julgar se uma pessoa é convertida com base numa resposta imediata.[121] As aparências exteriores podem ser enganadoras. Como acontece com a semente da parábola, algumas pessoas crescem no início, mas no final não dão frutos. Jesus ensina que saberemos se as pessoas são discípulos verdadeiros se elas produzirem frutos com o tempo.

No capítulo anterior, analisamos como a salvação é simultaneamente um acontecimento e um processo. Estamos salvos, mas também estamos sendo salvos. Mas o que acontece realmente dentro das pessoas para efetuar a transformação? Como é que mudamos? Como é que a transformação interior que vivemos se manifesta em nossas decisões e em nossa conduta? A resposta a todas essas perguntas é o Espírito Santo. Esse processo de mudança não pode acontecer sem a presença e a obra do Espírito Santo.

O trabalho do Espírito Santo é fazer de nós pessoas novas, transformando nossa mente e mudando nosso caráter. A mente transformada informa a vontade, e é a partir da vontade que nós agimos. Todos sabemos disso por experiência.

---

121 Marcos 4:1-20.

Contudo, para mudarmos, não basta desejar isso ou orar por isso. Uma simples exortação para parar de fazer algo raramente terá qualquer efeito na superação do pecado habitual. Alguns desculpam sua falta de progresso, afirmando que precisam de mais tempo para apresentar uma visão ou plano mais profundo, mas a verdade brutal é que eles utilizam esse tempo das mesmas maneiras improdutivas. Precisamos da obra do Espírito Santo para mudar.

▶ A necessidade do Espírito

Tomás de Aquino descreveu a obra do Espírito Santo desta forma: "Deus causa e move a nossa vontade, mas sem que a vontade deixe de ser livre".[122]

O que poderia ser pior do que sermos instruídos a amar a Deus quando não tínhamos a inclinação nem a capacidade de amá-lo? No entanto, é exatamente nesse ponto que nos encontramos. A situação é ainda pior quando consideramos que Deus nos ordenou que devemos nos tornar igual a ele. É aqui que entra o Espírito Santo. Jesus prometeu enviar a todos os seus discípulos um ajudante. "E eu pedirei ao Pai, e ele lhes dará outro Conselheiro para estar com vocês para sempre, o Espírito da verdade. O mundo não pode recebê-lo, porque não o vê nem o conhece. Mas vocês o conhecem, pois ele vive com vocês e estará em vocês. Não os deixarei órfãos; voltarei para vocês" (João 14:16-18).

Logo após Jesus ter dito essas palavras, seus onze discípulos restantes fugiram em todas as direções. Mas eles ainda tinham a promessa de Jesus de que Deus estaria com cada um deles. Ele estava com eles enquanto se escondiam atrás de portas trancadas. Ele estava com Pedro enquanto este corria pelas ruas de Jerusalém e até o pátio do sumo sacerdote. Embora os primeiros discípulos não compreendessem o poder espantoso daquela promessa, em apenas três dias, tudo mudaria, e com o tempo as promessas se tornariam mais claras. A ressurreição tem um jeito de elevar o

---

122 DAVIES, Brian. *The Thoughts of Thomas Aquinas*. Oxford: Clarendon, 1992. p. 267.

espírito! O encontro com o Jesus ressuscitado levou até um Tomé cético a confessar: "Meu Senhor e meu Deus" (João 20:28).

O Espírito Santo foi apresentado aos primeiros seguidores de Jesus em várias fases ao longo do tempo. Jesus falou pela primeira vez do Espírito como conselheiro, guia, mestre e consolador. Disse aos seus discípulos que era bom que ele fosse embora para que o conselheiro pudesse vir (João 16:7-10). É claro que eles não entenderam o que ele queria dizer. Eles tinham experimentado a deliciosa presença de Deus em Jesus e não queriam desistir dele. Jesus prometeu que ele voltaria e que, entrementes, eles não estariam sozinhos, mas que experimentariam sua presença no Espírito Santo.

Lembre-se de que Jesus não estava realizando um seminário acadêmico sobre o Espírito Santo; isso era a vida real. Suas palavras aqui têm o propósito de confortar e convencer seus discípulos de que eles estarão bem sem sua presença física. Ele também deixou claro que eles precisavam do Espírito Santo e que não podiam continuar sozinhos. Na verdade, o Espírito Santo teria a tarefa mais ampla de convencer todas as pessoas do pecado, da justiça e do juízo (João 16:8).

Após sua morte e ressurreição, Jesus passou quarenta dias com seus seguidores. Depois voltou a falar da necessidade do Espírito Santo.

> Então os que estavam reunidos lhe perguntaram: 'Senhor, é neste tempo que vais restaurar o reino a Israel?' Ele lhes respondeu: 'Não lhes compete saber os tempos ou as datas que o Pai estabeleceu pela sua própria autoridade. Mas receberão poder quando o Espírito Santo descer sobre vocês, e serão minhas testemunhas em Jerusalém, em toda a Judeia e Samaria, e até os confins da terra' (Atos 1:6-8).

Depois de prometer que o Espírito Santo viria, Jesus subiu ao céu. Os discípulos esperaram, como Jesus tinha ordenado, e, dez dias mais tarde, o Espírito Santo veio sobre eles. Os discípulos se tornaram suas testemunhas, invadindo as ruas, pregando o evangelho, e a igreja nasceu.[123]

---

123 Veja Atos 2:1-41.

Embora Jesus tivesse partido, eles tinham um novo ajudante e guia na pessoa do Espírito Santo, que lhes deu a capacidade de fazer com os outros o que Jesus tinha feito com eles. Esses primeiros seguidores de Jesus continuaram a experimentar a obra e o poder do Espírito Santo de muitas maneiras diferentes. Neste capítulo, analisaremos algumas dessas formas em que o Espírito Santo opera, a começar pela categoria mais ampla — a santificação.

► Santificação

Uma variedade de palavras tem sido usada para descrever como uma pessoa se torna mais parecida com Cristo, mas todas se inserem na ampla categoria teológica da santificação.

Essa palavra deriva da palavra grega αγιαζω, que significa *santo* ou *separado*. Na Bíblia, a ideia central da santidade é que Deus é separado, diferente de qualquer outra coisa, e é isso que significa a expressão "Deus é santo". Porque Deus é santo, os cristãos devem ser santos, o que significa que devemos aprender a ser diferentes, separados dos caminhos deste mundo e do pecado. A Bíblia chama cada cristão a ser um santo, o que significa que cada seguidor de Jesus é separado por Deus para uma vida especial de serviço. Os cristãos passam sua vida crescendo nesse modo de vida diferente e adotando os hábitos do caráter piedoso.[124]

Nas Escrituras, tornar-se santo ou santificado está vinculado a ser lavado e justificado, e todas essas atividades estão associadas ao Espírito Santo. Por exemplo: "Mas vocês foram lavados, foram santificados, foram justificados no nome do Senhor Jesus Cristo e no Espírito de nosso Deus" (1Coríntios 6:11). Paulo descreve a santificação como sendo comum a todos os crentes: "Agora, eu os entrego a Deus e à palavra da sua graça, que pode edificá-los e dar-lhes herança entre todos os que são santificados" (Atos 20:32).

Geralmente, santificação é entendida como um processo progressivo que não termina até alcançarmos o estado eterno. Mais de cinquenta

---

[124] Veja 1Pedro 2:9.

vezes só na obra de Paulo, os cristãos são descritos como sendo santificados de várias maneiras.[125] Robert Picirilli apresenta um bom resumo dessas formas:

1. A santificação inicial, descrita no "pretérito", é a separação do crente na conversão. Esse é o uso mais comum e claramente estabelecido, tanto como substantivo quanto como verbo.

2. Menos claro, mas provável, é o uso da palavra para descrever aquilo a que se chama de santificação progressiva. Esse é o tempo verbal do "presente" da santificação. Mas esse uso é tão raro que precisamos construir um entendimento do que isso envolve a partir de outras passagens da Escritura. Devemos considerar outras frases-chave, tais como crescer na graça, a busca de Deus e referências à disciplina.

3. Também são raras as referências à santificação final, nossa santificação no "tempo futuro".

4. A Bíblia não fala de santificação como uma experiência de segundo nível ou como um objetivo a que aspiramos. As Escrituras não ensinam que devemos viver vidas sem pecado; pelo contrário, reconhecemos a realidade do conflito espiritual contínuo e a existência do pecado e o confessamos. Vemos isso em passagens como Gálatas 5:16-24 e 1João 1:7-2:2.[126]

Santificação e discipulado

Então, como o crescimento em santidade, a santificação, está relacionado ao discipulado? Dallas Willard oferece uma descrição útil e orgânica da santificação que é semelhante à definição bíblica de discipulado que temos discutido: "É uma relação conscientemente escolhida e sustentada de interação entre o Senhor e seu aprendiz, na qual o aprendiz é capaz de fazer o que sabe ser justo perante Deus".[127]

---

125 PICIRILLI, 2013, p. 144.
126 Ibid., p. 149-150.
127 WILLARD, Dallas. *Renovation of the Heart.* Colorado Springs: NavPress, 2002. p. 226.

O discipulado ocorre quando respondemos ao chamado de Jesus para aprender a viver segundo sua perspectiva e seus padrões e a tornar-nos o povo que naturalmente age como ele. O discipulado descreve nosso estatuto existencial diário como aprendizes e se refere à nossa identidade. Como discutido no último capítulo, Dietrich Bonhoeffer defendeu que unifiquemos as categorias teológicas de justificação e santificação no conceito de discipulado, pois ele acreditava que este era um conceito mais concreto de vida em Cristo. O melhor amigo e biógrafo de Bonhoeffer, Eberhard Bethge, ao falar dos esforços de Bonhoeffer ao fazer isso, escreve:

> [Bonhoeffer] tentou entender os artigos reformados de fé, justificação e santificação dentro do conceito único de discipulado. No entanto, com sua fórmula chave, "apenas o crente é obediente, e apenas aqueles que são obedientes são crentes", ele não pretendia questionar a validade completa do *sola fide* e do *sola gratia* de Lutero, mas reafirmar sua validade, devolvendo-lhes sua concretude aqui na terra.

Bonhoeffer declarou mais tarde: "A justificação é a nova criação da nova pessoa, e a santificação é a preservação e proteção dessa pessoa até o dia de Jesus Cristo".[128]

Juntamente com Bonhoeffer, defendo que recuperemos uma forma funcional de descrever a salvação que incorpora a Grande Comissão e o chamado do evangelho para seguir Jesus. Se começarmos com uma compreensão adequada do discipulado, podemos então explicar a santificação como um discipulado vivo.

Santificação e formação espiritual

Intimamente vinculada ao discipulado está a formação espiritual, a atuação direta do Espírito Santo sobre a natureza imaterial de uma pessoa que eventualmente resulta na adoração de Deus por todo o ser,

---

128 BETHGE, 2000, p. 454.

como exorta Paulo quando diz que devemos apresentar todo o nosso ser, incluindo nosso corpo, como um sacrifício vivo (Romanos 12:1,2).

Outra passagem-chave sobre formação espiritual é 2Coríntios 3:17,18: "Ora, o Senhor é o Espírito e, onde está o Espírito do Senhor, ali há liberdade. E todos nós, que com a face descoberta contemplamos a glória do Senhor, segundo a sua imagem estamos sendo transformados com glória cada vez maior, a qual vem do Senhor, que é o Espírito".

Gálatas 4:19 também deve ser considerado: "Meus filhos, novamente estou sofrendo dores de parto por sua causa, até que Cristo *seja formado em vocês*" (grifo meu). A palavra "formado" é a tradução da palavra grega μορφωθη (*morphothe*). Talvez você conheça o radical "*morph*," que significa mudar ou transformar. Esses três conceitos — santificação, discipulado e formação espiritual — estão intimamente vinculados e descrevem essencialmente o processo de crescimento espiritual. Gosto da tentativa de Michael Wilkins de relacioná-los: "A formação espiritual e o discipulado são lados diferentes da mesma moeda, e essa moeda é a santificação".

▶ CRESCIMENTO E REPRODUÇÃO

O discipulado e a formação espiritual expressam aspectos ligeiramente diferentes do processo de santificação, mas também refletem as expectativas comuns de que cada cristão cresça e se reproduza. No início deste capítulo, citei Gordon Fee: "No final das contas, só discípulos são convertidos".[129] O que Fee quer dizer é que os seguidores de Cristo provam pelas suas ações que foram convertidos num novo modo de vida. A prova de fé autêntica não é simplesmente fazer uma afirmação de credo, mas sim viver a vida. Como Jesus disse: " Nem todo aquele que me diz: 'Senhor, Senhor', entrará no Reino dos céus, mas apenas aquele que faz a vontade de meu Pai que está nos céus" (Mateus 7:21).[130]

---

129 FEE, Gordon. *Paul, the Spirit, and the People of God*. Peabody, MA: Hendrickson, 1996. p. 75.
130 Veja também Mateus 5:15-20; 1Coríntios 13:1-3.

Contudo, hoje em dia, é raro encontrar pastores ou igrejas que esperem muito dos seus membros. Ainda mais raras são as pessoas que falam de um Deus que nos avalia com base no que temos feito. Em vez disso, nos nossos esforços para enfatizar a graça, falhamos em falar de padrões e expectativas. Alguns acham que essas coisas são rígidas ou legalistas, ou acham-nas pouco amigáveis para os buscadores ou desconfortáveis para os convertidos. Não são muitas as igrejas que presumem que seus membros conheçam as Escrituras, nem esperam honestamente que eles testemunhem, conduzam outros à fé cristã e instruam também os novos convertidos a reproduzirem-se. Mais uma vez, estabelecemos padrões muito baixos. Não esperamos crescimento, e certamente não esperamos reprodução.

Esses dois aspectos da santificação não são os únicos assuntos importantes na vida cristã, mas eu os menciono porque costumam ser negligenciados. Mais uma vez, grande parte dessa negligência se deve ao esforço de estender a graça sob o pretexto do amor e da aceitação. *No entanto, não é amor esperar menos das pessoas porque não queremos pressioná-las a agir*. Não é graça estabelecer um padrão baixo que qualquer pessoa possa cumprir se ele deixar as pessoas presas no seu pecado e elas permanecerem incapazes de crescer. O verdadeiro amor age em benefício de outro, e não é amar esperar menos das pessoas do que Deus espera delas.

Já discutimos a expectativa básica de Jesus de que seus discípulos façam "discípulos de todas as nações, ensinando-os a obedecer a tudo o que eu lhes ordenei" (Mateus 28:19,20). O problema não é necessariamente que os pastores não pregam sobre isso. O problema são nossas expectativas. Não desenvolvemos expectativas de crescimento e reprodução sérias na nossa igreja, e nenhuma responsabilidade acompanha nosso ensino. Essa negligência viola o propósito claro que se encontra no cerne do trabalho pastoral. Contemple como Paulo resumiu seu próprio ministério de ensino: "Nós o proclamamos, advertindo e ensinando a cada um com toda a sabedoria, a fim de que apresentemos todo homem perfeito em Cristo. Para isso eu me esforço, lutando conforme a sua força, que atua poderosamente em mim" (Colossenses 1:28,29).

O notável é o objetivo de Paulo de, um dia, apresentar a Deus pessoas espiritualmente maduras na sua relação com Cristo. Paulo trabalhou muito para isso — como se diz em alemão, foi seu *Kirchenkampf*.[131] Paulo também viu esse trabalho duro e confuso como guerra espiritual que requer que o Espírito Santo a trave. Ao contrário da nossa preocupação contemporânea com todas as coisas convenientes, rápidas e populares, Dallas Willard nos desafiou a concentrarmo-nos no trabalho difícil e demorado de disciplinar nossos membros regulares em vez de tentar atrair uma multidão:

> Os ministros dão atenção excessiva às pessoas que não vêm aos cultos. Essas pessoas deveriam, em geral, receber exatamente o mesmo desrespeito do pastor com que elas tratam Cristo. O líder cristão tem algo muito mais importante a fazer do que correr atrás dos ímpios. A tarefa do líder é equipar os santos até se tornarem iguais a Cristo, e a história e o Deus da história esperam que ele faça esse trabalho.[132]

De certa forma, o argumento de Willard é contraintuitivo. Ele sugere que nossa melhor esperança de alcançar aqueles que não conhecem Jesus não os está atraindo para nossos cultos. Ela consiste em ensinar àqueles que já conhecem Jesus como segui-lo como discípulos maduros. Reconheço a tensão aqui e que o pêndulo do discipulado e do evangelismo oscila entre os dois extremos. Mas, à luz da história recente, defendo que nossas igrejas norte-americanas precisam recuperar o trabalho de discipulado antes de podermos ser eficazes no trabalho de evangelismo. Em outras palavras, devemos começar cultivando as pessoas que já temos.

Independentemente disso, a expectativa bíblica é clara: os discípulos devem fazer outros discípulos.[133] Essa expectativa de Cristo se aplica a todos os seus seguidores. Paulo trabalhou para levar cada um dos seus

---

131 Que significa "luta da igreja".
132 WILLARD, Dallas. *The Spirit of the Disciplines*. San Francisco: Harper and Row, 1988. p. 246.
133 Veja Mateus 28:19.

discípulos à maturidade.[134] Além disso, Paulo esperava que Timóteo transmitisse o que ele lhe tinha ensinado a outras pessoas de confiança, e esperava delas "que sejam também capazes de ensinar a outros" (2Timóteo 2:2). Um discípulo maduro faz discípulos e ensina seus alunos a ensinar os outros.

Mas como é que fazemos isso? Devemos primeiro reconhecer que essa é a obra do Espírito Santo. Contudo, antes de mergulharmos nas especificidades de como o Espírito Santo nos transforma, penso que é necessário navegar as águas traiçoeiras de como diferentes tradições e escolas de pensamento entenderam a obra do Espírito Santo. Começo esclarecendo que quase todos concordam com o fato básico de que, tal como Paulo, precisamos do poderoso Cristo "que atua poderosamente em mim" (Colossenses 1:29) para trazer os outros à maturidade. Não podemos fazer isso sem ele. Mas há diferenças de opinião sobre como o poder, os dons, o ensino, a intercessão, a força e o conselho do Espírito Santo operam na vida dos crentes.

CAVANDO MAIS FUNDO

▶ ESPIRITUALIDADE MÍSTICA E EVANGÉLICA

Embora existam muitas formas diferentes de olhar para os meios de transformação, as formas de espiritualidade podem ser divididas em dois campos: o místico e o evangélico.[a] Em geral, a espiritualidade mística tem raízes no catolicismo e na ortodoxia oriental e, às vezes, incorpora o misticismo oriental e o neoplatonismo.[b]

As obras de Thomas Merton e Richard Rohr conferem um sabor contemporâneo a essa forma de pensar. A espiritualidade evangélica, em termos gerais, desenvolveu-se a partir de raízes na Reforma Protestante e pode ser encontrada nas obras de Rick Warren, John Ortberg e outros, que enfatizam a leitura das Escrituras, a oração e outras práticas da experiência mística.

---

134 Colossenses 1:28,29.

Podemos comparar e contrastar as diferentes maneiras com que essas duas formas de espiritualidade abordam o processo de santificação olhando para várias formas de entender Deus e nossa relação com ele. Começamos com a ideia de que Deus é separado e distinto de nós, sua criação. Qual é o objetivo de buscar Deus? E como sabemos se o alcançamos? Será que um místico cristão que canta ou medita tem um objetivo diferente de um metodista que lê a Bíblia durante o almoço? A resposta é sim. Esses dois indivíduos falam de coisas diferentes quando falam da experiência de Deus. Na espiritualidade mística, o buscador e Deus se fundem num só. Mas a espiritualidade evangélica mantém uma distância adequada entre Deus como um santo diferente e o buscador como sujeito de Deus. Enquanto o misticismo enfatiza a imanência de Deus (presença na criação), o evangelismo enfatiza a transcendência de Deus (separação da criação).

Essa diferença no entendimento explica por que alguns do movimento monástico acabam adotando o pensamento e as práticas do misticismo oriental. Por exemplo: quando morreu, o monge trapista católico Thomas Merton era considerado o principal especialista ocidental no pensamento budista. Muitas vezes, aqueles que buscam uma experiência de Deus acabam deixando para trás uma visão transcendente de Deus. Catarina de Génova, uma mística notável, chegou a dizer: "O meu ser é Deus, não através de uma simples participação, mas através de uma verdadeira transformação do meu ser".[c]

Podemos ver diferenças práticas nos métodos de oração. A tradição mística aponta para Jesus como um exemplo de oração meditativa e contemplativa. Seu objetivo é estar em união com Deus, não mover ou mudar sua mente, mas fundir sua identidade com a dele e se alinhar com sua pessoa. Os místicos cristãos tendem a evitar as orações de petição em favor de orações simples que expressam entrega à vontade de Deus. A tradição evangélica de oração é descrita por Karl Barth: "A oração é lutar com Deus, não meditar sobre Deus. É uma tentativa de mudar a vontade de Deus e não simplesmente uma resignação passiva à vontade de Deus".[d] Os evangélicos buscam envolver-se com Deus como um objeto ao qual sua oração é dirigida.

Contudo, tanto as correntes místicas de espiritualidade como as evangélicas capturam elementos do testemunho bíblico. Por exemplo, considere a angústia da petição do Getsêmani de Jesus. Jesus alterna entre petições, mas sua oração também se mistura com resignação. É uma luta imensa entre submissão e petição.

Essa oração nos ajuda a compreender por que ambas as escolas de pensamento existem. No entanto, no final, creio que a espiritualidade evangélica capta melhor as prioridades do testemunho bíblico. Na oração de Jesus em João 17, nós o vemos falando com Deus sobre seu trabalho e fazendo muitos pedidos em nome dos seus discípulos. Embora as orações de Jesus contenham elementos de meditação e entrega à vontade de Deus, elas enfatizam consistentemente a importância de fazer pedidos e expressar nossos próprios desejos ao Senhor. Na verdade, se observarmos de perto a vida de oração de Jesus, verificamos que a maioria das suas orações eram peticionárias e intercessoras. Tanto em Marcos como em Lucas, ele ora sobre estratégia e seleção dos doze discípulos. Jesus orou sobre seu trabalho, pediu as coisas que precisava e certificou-se de que seu Pai sabia o que ele estava fazendo.

Gosto daquilo que Nathan Soderbloom diz a esse respeito:

> O que sabemos com absoluta certeza a partir de todo o evangelho de Jesus é que sua oração nunca se reduziu a um estado de alma alcançado por algum método seguro, ou a um *oratio mentalis,* uma Oração de Silêncio, ou a uma mediação, mas sempre era uma interação e conversa com o Pai celestial, uma válvula de escape para a angústia e incerteza e para perguntas que precisavam de respostas; a explosão de um tom de júbilo, uma intimidade trêmula, mas confiante, que anseia por uma interação sem perturbações com o Pai celestial, embora o sentimento de proximidade e companheirismo com ele nunca fosse interrompido durante os deveres e ocupação do dia.[e]

Em outras palavras, Jesus não era um místico. Ele era claro e direto na sua comunicação na oração e com os outros.

a Agradeço a Donald Bloesch por identificar esses dois tipos de espiritualidade. Grande parte do meu pensamento foi influenciado pelo capítulo 7, "Two Kinds of Spirituality," em *Crisis of Piety* (Grand Rapids: Eerdmans, 1968).

b O neoplatonismo vincula o pensamento de Platão à religião ou à vida espiritual. Essa escola filosófica começou pouco tempo após a morte de Platão e dominou o mundo greco-romano. Seu produto mais importante foi a tradução grega das escrituras hebraicas, a chamada *Septuaginta*, segundo os setenta eruditos que as traduziram. Mais sobre o neoplatonismo pode ser encontrado em *http://www.iep.utm.edu/neoplato/*.

c Citado em UNDERHILL, Evelyn. *The Mystics of the Church*. Nova York: Schocken, 1964. p. 165 apud BLOESCH, 1968, p. 100.

d Citado em BLOESCH, 1968, p. 109.

e SODERBLOOM, Nathan. *The Living God*. Boston: Beacon, 1962. p. 59.

▶ ABORDAGENS EVANGÉLICAS

Entre aqueles que defendem uma abordagem evangélica à espiritualidade, há várias abordagens ao entendimento da obra do Espírito Santo. Aqui estão quatro das mais comuns.

O movimento Keswick

A primeira maneira de entender a obra do Espírito Santo em nossa santificação é a visão de Keswick ou *Deeper Life*.[135] Ela foi desenvolvida numa pequena cidade no norte da Inglaterra em 1875. A abordagem de Keswick ao crescimento espiritual baseia-se na ideia de que a maioria dos cristãos está vivendo vidas derrotadas porque anda em carne e osso, mas nós podemos conquistar uma vida vitoriosa e uma caminhada mais profunda com Jesus através de uma crise de fé.

Ao mesmo tempo, não devemos descartar completamente o elemento místico na nossa fé. Algumas coisas que Jesus ensinou usando metáforas não são fáceis de entender. Há algum mistério que as envolve. Por exemplo, Jesus usa a imagem de uma videira e ramos para explicar sua relação contínua com seus discípulos (João 15:1-16). Ele nos instruiu a comer da sua carne e beber do seu sangue na Comunhão (Lucas

---

135 Pronunciado como *kess-ick*.

22:19,20; João 6:53-58). A doutrina da identidade na Escritura fala de ser crucificado, sepultado e ressuscitado com Cristo e que nós, que seguimos a ele, já não vivemos, mas que Cristo vive em nós (Romanos 6:6-10; Gálatas 2:20). Há um grande mistério nessas coisas. Porém, quando nos aproximamos de Deus, devemos manter a diferença subjetiva e lembrar que Deus é diferente de nós. O misticismo radical procura dissolver essa relação. Mas Deus continua sendo o santo diferente e separado da sua criação.

Semelhante à ideia de cristãos carnais discutida no capítulo anterior, a teologia de Keswick afirma que uma categoria distinta de cristãos é salva, mas vive uma vida derrotada na escravidão de comportamentos e desejos pecaminosos.[136] Em vez de acomodar o ensino das Escrituras à nossa experiência, é melhor admitir simplesmente que as pessoas que vivem como não cristãos são, provavelmente, não cristãos.

Na teologia de Keswick, os contrastes esboçados entre andar de acordo com a carne *versus* com o Espírito não estão entre dois tipos de cristãos, mas entre o não regenerado e o regenerado.[137] Contudo, em vez de falarmos de cristãos derrotados ou carnais, devemos entender nossa relação com o pecado em termos de luta e de guerra, como Paulo descreve em Romanos 7:14-25. O impulso para dividir os cristãos em dois campos — o carnal e o espiritual — deriva de um desejo de agradar a Deus e viver para ele. Essa distinção, porém, entende errado a mecânica básica de como as pessoas mudam.

---

[136] 1Coríntios 3:1-3.

[137] Características das pessoas que andam de acordo com a carne: 1. Andam de acordo com a carne (Romanos 8:1,4); 2. Vivem sob o pecado e a morte (8:2); 3. Vivem de acordo com a carne (8:5); 4. Voltam sua mente para a carne (8:5); 5. Sua mentalidade é carnal (8:6); 6. Vivem em estado de inimizade contra Deus (8:7); 7. Na carne (8:8); 8. Não podem agradar a Deus (8:8); 9. Não têm o Espírito de Cristo (8:9).
Características daqueles que andam de acordo com o Espírito: 1. Andam de acordo com o Espírito (Romanos 8:1,4); 2. Vivem sob o governo da lei do Espírito da vida (8:2); 3. Vivem de acordo com o Espírito (8:5); 4. Voltam sua mente para as coisas do Espírito (8:5); 5. Sua mentalidade é espiritual (8:6); 6. Estão sujeitos ao Espírito (8:7); 7. No Espírito (8:9); 8. Habitado pelo Espírito de Cristo ou de Deus (8:9).
Veja PICIRILLI, 2013, p. 132-133.

Qual é a solução para a vida derrotada? Embora o movimento *Deeper Life* não ensine oficialmente que uma segunda grande obra de graça seja necessária, tais experiências são uma prática comum. Os professores do movimento falam de "dar força" a uma vida mais profunda, mas eu não acho que sejam suficientemente claros. Não basta "agarrá-la"; devemos aprendê-la. Não basta orar passivamente ou meditar sobre ela. Buscamos ativamente uma vida mais profunda e aprendemos a vivê-la através da obediência fiel, o caminho no qual o Espírito Santo nos encontra. Como escreveu Paulo:

> Não estou dizendo isso porque esteja necessitado, pois *aprendi* a adaptar-me a toda e qualquer circunstância. Sei o que é passar necessidade e sei o que é ter fartura. *Aprendi* o segredo de viver contente em toda e qualquer situação, seja bem alimentado, seja com fome, tendo muito, ou passando necessidade. Tudo posso naquele que me fortalece (Filipenses 4:11-13, grifos meus).[138]

O Holiness Movement

O Holiness Movement se formou durante a expansão do metodismo do século 19 e está enraizado nos ensinamentos de John Wesley, o fundador do metodismo. Participantes incluem a Igreja nazarena, a Pilgrim Holiness, os metodistas wesleyanos e os metodistas afro-americanos. Alguns grupos carismáticos também se consideram membros desse movimento, mas trataremos do movimento carismático na próxima seção.

De acordo com o Holiness Movement, qual é o papel do Espírito Santo na salvação e santificação? Ser salvo é um acontecimento que ocorre quando uma pessoa decide seguir Cristo, arrepende-se, acredita

---

138 Esses versículos contêm a forma verbal εμαθον de μαθητευω, "fazer um discípulo." A NLT traduz isso como "aprendi". Mais tarde, ela usa "eu sei como", depois de novo "aprendi" e, finalmente, "Pois eu posso". Só o primeiro caso é a forma verbal do substantivo discípulo, mas estão intimamente vinculados e denotam processo. O último versículo indica que é preciso poder espiritual para aprender e compreender, o que reúne evento, poder e processo.

e é acolhida na família de Deus. Em algum momento depois vem a santificação, à qual o movimento se refere como a segunda grande obra da graça.

Eu estava pessoalmente envolvido nesse movimento aos nove anos de idade, quando participei de um reavivamento na Pilgrim Holiness de Northside. Houve muita alegria na nossa casa quando eu fiz isso, especialmente por parte da minha avó materna. Era ela que garantia que todos nós fossemos à igreja, incluindo sua filha desobediente, minha mãe. Como minha mãe não estava presente na reunião de reavivamento, minha avó se encarregou de instruir-me e de certificar-se de que eu contaria à minha mãe o que tinha acontecido naquela noite.

Infelizmente, alguns dias depois, minha salvação começou a desmoronar. Voltei a falar palavrões no intervalo da igreja e a rir de algumas piadas sujas. O pecado continuava tendo controle sobre mim, e eu não soube manter as aparências por muito tempo. Todos os dias, minha avó me perguntava como eu estava. Ela me dizia que eu lutaria por algum tempo, mas que deveria ir à igreja, fazer minha lição de catequese e manter-me puro. Ela me garantiu que, em breve, eu seria santificado e que, quando isso acontecesse, eu poderia viver num plano novo e mais elevado. Ela me disse que, desde que tinha sido santificada, não pecava mais. Como rapaz de nove anos, isso me pareceu inteiramente plausível, uma vez que minha avó nunca fazia nada que parecesse ser pecado.

No entanto, até hoje, pelo que sei, não fui santificado da forma como minha avó prometeu. Sei muito bem que ainda peco. Os movimentos Holiness e Keswick têm muito em comum. Ambos ensinam que quantidades extras do Espírito Santo, recebidas através de uma experiência especial, conduzirão a uma vida mais profunda ou superior. Mas, tal como o movimento de Keswick, o Holiness Movement tende a ignorar a natureza sutil do pecado. Na verdade, ele minimiza-o de tal forma que já não falamos dele como pecado, mas como erro. Reconheço que, nos últimos anos, foram feitas mudanças em relação à abordagem mais antiga que afirmava que os crentes poderiam alcançar a perfeição sem pecado. Wesley chamou esse estado de "amor perfeito", uma entrega total ao Espírito Santo.[139] Ele acreditava que Deus prometeu libertar seu povo de todo o pecado voluntário, e Wesley chamou esse estado de santificação. Ele acreditava que, à medida que os cristãos amadureciam, eles poderiam eventualmente regressar ao estado de Adão e Eva antes da queda.[140]

No entanto, a ideia de que um evento ou experiência pode nos libertar decisivamente da necessidade de lutar diariamente com o pecado é difícil de sustentar com base nas Escrituras. Além disso, podemos apontar pelo menos duas diferenças óbvias entre a vida de Adão e Eva antes da queda e a vida dos crentes de hoje. Vivemos num mundo caído sob uma maldição e nascemos com uma natureza pecaminosa que teremos até a morte. Assim, qualquer abordagem para entender como o Espírito Santo nos muda deve olhar para além dos acontecimentos e das experiências, para um processo de mudança que se alinha com o testemunho das Escrituras e que reflete nossa experiência de luta diária.

O movimento pentecostal-carismático

Semelhante à segunda experiência da graça ou da vida mais profunda, um terceiro movimento, surgido no início do século 20, ensinou que os seguidores de Jesus devem experimentar uma obra adicional do Espírito de Deus conhecida como batismo no Espírito. Enquanto a maioria dos evangélicos ensina que todos os crentes são batizados no Espírito no nascimento espiritual,[141] os cristãos do movimento pentecostal (assim como muitos carismáticos) acreditam que o batismo do Espírito é um segundo acontecimento separado e subsequente à conversão. É essa experiência que transforma uma pessoa em um cristão com poder.

Os membros do movimento pentecostal, em particular, acreditam que essa nova experiência do Espírito Santo é necessariamente

---

139 PICIRILLI, 2013, p. 142.
140 Ibid., p. 142.
141 Veja 1Coríntios 12:13.

acompanhada pela glossolalia.[142] Outros sinais e dons, como ouvir revelações proféticas de Deus, são marcas dessa corrente de espiritualidade evangélica.[143]

Todos esses três movimentos — Keswick, Holiness e pentecostal-carismático — acreditam que é necessária uma segunda obra do Espírito Santo para que uma pessoa que é salva se torne um seguidor mais profundo, mais empenhado e com mais poder de Cristo. Embora a busca da vida mais profunda seja encorajada nos três movimentos, o discipulado não é visto como necessário para a salvação. Assim, essas perspectivas teológicas tendem a minar a ideia de que nossa conversão a Jesus Cristo implica necessariamente uma vida de discipulado.

Espiritualidade reformada

Uma quarta abordagem à espiritualidade evangélica tem suas raízes nos puritanos e cresceu a partir da sua influência no crescimento e desenvolvimento espiritual norte-americano. Embora, às vezes, essa corrente tenha sido generalizada, o movimento reformado perdeu influência à medida que o movimento pentecostal-carismático se tornou mais popular. Ao contrário dos três movimentos anteriores, a espiritualidade reformada não ensina a necessidade de uma segunda experiência do Espírito Santo. Em vez disso, ensina que todos os cristãos nascem de novo ou são batizados no Espírito Santo após a conversão, e que a santificação é tanto um acontecimento como um processo.

A teologia reformada ensina que somos transformados unicamente pela graça de Deus quando exercemos a fé em Jesus Cristo. Mas a transformação contínua é um processo de renovar a mente na verdade, de identificar ídolos e hábitos pecaminosos, de arrepender-nos deles e de seguir a Cristo em confiança e obediência. Assim, a santificação

---

[142] Veja Atos 2:1-38.
[143] Para uma discussão completa sobre esse tema, veja o livro de Bill Hull, *Straight Talk on Spiritual Power: Experiencing the Fullness of God in the Church* (Grand Rapids: Baker, 2002).

é contínua, progressiva e vitalícia. O Espírito Santo guia os cristãos ativamente a fazer escolhas em obediência a Deus e à sua vontade, não principalmente através de uma voz audível ou de palavras proféticas, mas da verdade da Palavra de Deus, que muda nossa perspectiva e nosso pensamento.[144] A relação dos cristãos com o Espírito Santo é dar e receber, gradualmente progressiva e enraizada no realismo da vida. A evidência da obra de transformação do Espírito Santo é a presença do fruto do Espírito.[145]

As igrejas do movimento de espiritualidade reformada incluem puritanos, denominações reformadas e muitas igrejas batistas e congregações não denominacionais. Contudo, em muitos casos, a espiritualidade reformada tem sido simplificada e reduzida às práticas de oração e leitura diária da Bíblia. Esse movimento também se inspira em alguns dos outros movimentos, incluindo os carismáticos e os de espiritualidade mística.

▶ O PROCESSO DE MUDANÇA

Agora que analisamos algumas das vertentes evangélicas históricas de espiritualidade, devemos examinar mais de perto o que a Bíblia ensina sobre como uma pessoa é mudada e transformada.

Passo 1: transformando nossos desejos

O trabalho do Espírito Santo é mudar as pessoas. Ele faz isso principalmente afetando as intenções do coração e implantando um desejo de servir e agradar a Deus. O Espírito opera através de eventos para preparar as pessoas para o processo de mudança contínua. Mas os acontecimentos terminam e eventualmente são relegados a meras lembranças. Portanto, devemos entender que a obra do Espírito é mais do que acontecimentos dramáticos ou experiências únicas. Sua obra mais importante é mudar nosso caráter, o que é um processo contínuo.

---

144 Veja Romanos 12:2; Efésios 5:15-20.
145 Gálatas 5:22,23.

O Espírito efetua a mudança ao abordar nossas motivações e ao transformar nossos desejos. A motivação precisa tanto de um porquê quanto de um como. Devemos ver o objetivo e ser cativados pela visão. Mas a visão por si só não é suficiente. A mudança também requer nosso empenho na formação e disciplina. Por exemplo, Paulo disse ao jovem pastor Timóteo: "Exercite-se na piedade" (1 Timóteo 4:7). Timóteo precisava de uma visão daquilo que significa ser piedoso, mas também precisava de um processo de treino que exigisse disciplina e perseverança. Nossa determinação enfraquecerá e falhará; portanto, devemos ter uma visão para nos tornarmos semelhantes a Cristo. Essa visão dará poder ao treinamento necessário.

■ A importância do corpo

Ao falar do processo de mudança, devemos observar como Paulo enfatiza a importância do corpo, particularmente em Romanos 12:1, quando ele passa da teologia para a prática: "Portanto, irmãos, rogo-lhes pelas misericórdias de Deus que se ofereçam em sacrifício vivo, santo e agradável a Deus; este é o culto racional de vocês".

Nada é mais pessoal do que nosso corpo. Ele afeta tudo o que fazemos e está profundamente relacionado com quem somos. Vivemos a vida e nos relacionamos com os outros através dele. As pessoas podem saber quem somos por dentro, mas elas nos identificam pela nossa aparência e voz. Os cristãos têm a esperança de um dia receber um novo corpo que será perfeito e não se desgastará. Mas, até a ressurreição, devemos nos dedicar a cuidar do corpo que nos foi dado. Se não lavarmos, nutrirmos, descansarmos e curarmos nosso corpo, isso nos tornará infelizes.

Nosso corpo é essencial à nossa identidade. Quando as pessoas pensam em mim, pensam primeiro na minha aparência — altura, peso e comportamento — e no som da minha voz ou do meu riso. E o corpo tem sua própria forma de conhecimento.

Por exemplo, não temos que decidir respirar, tremer ou suar. Fazemos essas coisas automaticamente. O corpo também tem um grande poder que pode ser usado para o bem ou para o mal; ele pode ser nosso servo ou nosso mestre. Paulo escolheu usar a disciplina para fazer do seu corpo seu servo (1Coríntios 9:26,27). O corpo não é moralmente neutro. Por causa do pecado, ele requer transformação. Tudo, desde nossa postura até nossas expressões faciais e tom de voz, pode tornar-se nosso aliado ou nosso inimigo.

Deus sabe como nosso corpo é precioso para nós, e é por isso que é importante notar que ele nos pede que o sacrifiquemos, que o coloquemos no altar (Romanos 12:1). Se essa imagem parece desagradável ou estranha, é porque é justamente isso que ela deve fazer. Os altares com que os leitores originais de Paulo estavam familiarizados eram normalmente utilizados para sacrificar animais, um processo que envolvia o abate e a queima e resultava na morte ou no consumo do corpo, uma dolorosa experiência de morte. No entanto, essa é a imagem que Paulo usa para falar do processo de mudança. Somos chamados a tornar-nos um "sacrifício vivo".

E devemos estar preparados: não será uma experiência confortável. Então, por que alguém quereria oferecer seu corpo como um sacrifício vivo? Entregamo-nos a Deus por causa de tudo o que ele fez por nós.[146] Retribuímos seu amor com ações concretas, não apenas com uma emoção. Colocamo-nos no altar e morremos para nós mesmos, e isso nos leva à nossa transformação em santidade e a viver de uma forma que agrada a Deus. Ao contrário de outros sacrifícios que terminam em morte, este, embora doloroso, resultará em vida e eventualmente em ressurreição. Paulo sabe que, apesar da dor envolvida, faremos isso se tivermos a motivação certa e se a intenção do nosso coração for boa e verdadeira. Não há nada mais adorável do que a vontade de dar a Deus o que é mais precioso para nós e de permitir que seu Espírito nos conduza a uma vida santa. Essa é a adoração que Deus procura.

---

146 O argumento irrefutável que Paulo apresenta nos capítulos 1-11 obriga o leitor a admitir que a única ação lógica e racional é entregar-se a Deus. Se Deus passou por tantas dificuldades para salvar-nos, empoderar-nos e adotar-nos, então ele é o melhor para dizer-nos o que devemos fazer agora. Se essa não for sua conclusão, você deve reler os primeiros onze capítulos de Romanos.

Uma das minhas razões favoritas para me reunir com o culto cristão uma vez por semana é nossa necessidade de rever o que temos em comum. A adoração é onde nos lembramos e aprendemos a manter nossa história coletiva em ordem. Adoro o conhecido *Livro de Oração Comum*. O título implica que, quando adoramos, temos uma linguagem e um objetivo comuns. Compartilhamos nossa necessidade comum de Deus e de perdão, graça, poder e conforto. Renovamos nossa motivação e lembramo-nos de quem somos e do que devemos fazer. Recordamos que somos servos, peregrinos, discípulos e membros do corpo de Cristo e que estamos numa missão com Deus. Ao longo de cada semana, todos nós temos momentos em que somos tentados a fugir do altar. Mas, quando nos reunimos, somos lembrados de que nosso lugar é ali.

Neste momento, a história dos movimentos de conversão em massa é bastante interessante. No seu estudo do cristianismo primitivo, o sociólogo Rodney Stark descobriu que a doutrina não era o fator principal nas conversões em massa e no rápido crescimento do cristianismo. Embora seja verdade que as pessoas ouviram a mensagem e acharam-na atraente antes de abraçarem a fé, sua visão do mundo só mudava após a conversão.[147] Ao estudar as conversões modernas a várias religiões, Stark descobriu que "a conversão a novos grupos religiosos desviantes ocorre quando, sendo as outras coisas iguais, as pessoas têm ou desenvolvem apegos mais fortes aos membros do grupo do que têm com os não membros".[148]

---

[147] STARK, Rodney. *The Rise of Christianity*. San Francisco: Harper and Row, 1997. p. 13-21. Stark também conduziu uma pesquisa entre grupos modernos para determinar por que eles se convertiam a uma religião. Ele percebeu que era um assunto separado de por que eles se apegavam seriamente à doutrina e à visão do mundo, e descobriu que relacionamentos e custo social eram os principais fatores da conversão. Em outras palavras, a crença de que "Eu posso me tornar um deles, igual a eles" era o fator principal. O segundo fator mais importante era que, quando havia mais recompensas do que penalidades para a conversão, o convertido faria essa decisão. Isso é típico da conversão moderna em sociedades abertas a religiões, não da conversão no primeiro século ou onde ela lhe custaria muito daquilo que você preza. Quando essas questões são resolvidas, o ensinamento e a doutrina se tornam importantes.
[148] Ibid., p. 18.

O que isso significa é que, provavelmente, as pessoas não se con-verterão a um cristianismo enquanto não se conectaram estreitamente aos outros, e é por isso que é tão importante fazer discípulos nas nossas comunidades eclesiásticas. O processo de mudança continua à medida que permitimos que o Espírito Santo opere em nós no contexto de uma comunidade de adoração, porque precisamos que outros nos ajudem a aprender a enfrentar nosso pecado e a viver os frutos do Espírito.

■ *Como funciona o processo?*

Em toda a gama das nossas igrejas existe o consenso de que todos queremos tornar-nos mais semelhantes a Cristo e cumprir sua Grande Comissão. Mas como é que nos tornamos iguais a Cristo? Paulo nos dá uma dica em Romanos 12:2: "Não se amoldem ao padrão deste mundo, mas transformem-se pela renovação da sua mente, para que sejam capa-zes de experimentar e comprovar a boa, agradável e perfeita vontade de Deus".

Transformar o comportamento requer transformar a mente porque a mente é a sede da vontade e dos desejos e dirige a ação. Em nossa mente, ordenamos nossos desejos, que são mais do que simples pensa-mentos — são uma força que deve ser controlada. Mais uma vez, Paulo é útil para compreender como Deus transforma nossa mente: "Pois é Deus quem efetua em vocês tanto o querer quanto o realizar, de acordo com a boa vontade dele" (Filipenses 2:13).

No início da nossa jornada de discipulado com Cristo, tornamo-nos uma nova criação com uma nova natureza, e o Espírito de Deus passa a viver em nós.[149] Contudo, muitos dos desejos pecaminosos que tínha-mos antes permanecem e não se calam. C. S. Lewis descreve bem esses desejos não desejados:

> Durante minhas "meditações" da tarde — que, pelo menos agora,
> tento praticar com bastante regularidade — descobri coisas ridícu-
> las e terríveis sobre o meu próprio caráter. Sentado, observando os

---

149 Veja 1Coríntios 2:1-16; 2Coríntios 5:17; Colossenses 1:26.

pensamentos que mostram seu rosto quando aparecem, aprendo a conhecer o tipo de pensamentos que surgem. E, acreditem, um em cada três é um pensamento de autoadmiração: quando tudo o resto falha, após ter seu pescoço quebrado, surge o pensamento: "Que sujeito admirável sou eu para lhes ter partido o pescoço!" Pego-me posando na frente do espelho, por assim dizer, durante o dia todo. Finjo que estou pensando cuidadosamente no que dizer ao próximo aluno (para o seu bem, claro) e depois, de repente, me dou conta de como serei assustadoramente inteligente e como ele me admirará. [...] E depois, quando você se força a parar com isso, você se admira por fazer isso. É como lutar contra a hidra. [...] Parece que não há fim para isso. Profundeza sob profundeza do amor-próprio e da autoadmiração.[150]

Lewis tem razão; não há fim para essa batalha. E quanto mais sofisticado um discípulo se torna na compreensão da dinâmica do conflito espiritual, mais sofisticado se torna o inimigo na sua enganação. Mas não devemos desenvolver uma preocupação pouco saudável com o inimigo nem com a análise introspectiva dos nossos desejos básicos. A chave para vencer é cultivar os desejos piedosos e concentrar-se naquele que nos dá esses desejos.

Essa é a boa notícia. Paulo nos diz que, através do Espírito Santo, Deus está operando em nós para nos dar seus desejos (Filipenses 2:13). A palavra grega traduzida como "operar" é ενεργειν, da qual deriva a palavra "energia". A palavra grega traduzida como "dar-lhes o desejo" é θελειν, que significa "vontade". Portanto, em outras palavras, Deus é uma força que move nossas vontades. Ele faz mais do que encher nossas cabeças com novas ideias. Ele muda nossos gostos e desejos de tal forma que eles nos energizam e nos alinham com seu plano e propósito para nós.

Quando alguém pergunta: "Como é que Deus opera, por onde é que Ele começa em nós?", essa é a resposta. Em Romanos, Paulo nos diz que devemos permitir que Deus nos transforme numa nova pessoa, mudando

---

150 C. S. Lewis no livro de Alan Jacobs, *The Narnian: The Life and Imagination of C. S. Lewis* (San Francisco: Harper One, 2005), p. 133.

a forma como pensamos. Então aprenderemos a conhecer a vontade de Deus para nós, que é boa, agradável e perfeita (Romanos 12:2). Depois de Deus mudar nossos desejos para o que ele deseja, Ele nos dá a capacidade ou o poder para fazer o que agora queremos fazer. Considere como Paulo descreve essa obra de Deus em Gálatas 5: "Por isso digo: vivam pelo Espírito, e de modo nenhum satisfarão os desejos da carne. Pois a carne deseja o que é contrário ao Espírito; e o Espírito, o que é contrário à carne. Eles estão em conflito um com o outro, de modo que vocês não fazem o que desejam" (Gálatas 5:16,17).

As "boas intenções" de que Paulo fala aqui são coisas que queremos fazer. No entanto, como essa passagem deixa claro, não somos inteiramente livres para simplesmente fazer o que é agradável a Deus, devido à nossa natureza pecaminosa. Estamos empenhados numa batalha espiritual interna de desejos e vontades. Além disso, nosso coração ainda pode ser confundido e enganado.[151]

Ao longo das Escrituras, aprendemos sobre os dois tipos de desejos: os da natureza pecaminosa e os do Espírito Santo. Podemos determinar se um desejo está enraizado na natureza pecaminosa ou se é a honra de Deus olhando para o fruto que o desejo produz. Por exemplo, seguir os desejos da nossa natureza pecaminosa resulta em atitudes e práticas que não são agradáveis a Deus: "imoralidade sexual, impureza e libertinagem; idolatria e feitiçaria; ódio, discórdia, ciúmes, ira, egoísmo, dissensões, facções e inveja; embriaguez, orgias e coisas semelhantes" (Gálatas 5:19-21a). Claramente, esse tipo de fruto não é consistente com o Espírito ativo num discípulo de Jesus. Na verdade, Paulo diz francamente que as pessoas que seguem sua natureza pecaminosa "não herdarão o Reino de Deus" (Gálatas 5:21b).

Em contraste, seguir os desejos do Espírito Santo produz qualidades de caráter tais como "amor, alegria, paz, paciência, amabilidade, bondade, fidelidade, mansidão e domínio próprio" (Gálatas 5:22,23). Essas qualidades são expressas através das nossas ações e são o que Deus quer e o que lhe traz prazer.

---

151 Veja Jeremias 17:9.

Como Paulo explica, parte do discipulado consiste em aprender a matar nossos desejos pecaminosos e cultivar desejos que se alinham com o Espírito de Deus: "Os que pertencem a Cristo Jesus crucificaram a carne, com as suas paixões e os seus desejos" (Gálatas 5:24). Note-se que os discípulos são obrigados a agir aqui — destruir nossos desejos não é algo que nos seja feito. Devemos participar ativamente no processo.

Um desejo é um pensamento, uma tentação ou um impulso. Para participar no processo de mudança dos nossos desejos, devemos entender o que está por trás deles e compreender melhor o papel da nossa vontade no processo de mudança.

■ *O que é a vontade?*

"Se alguém decidir fazer a vontade de Deus, descobrirá se o meu ensino vem de Deus ou se falo por mim mesmo" (João 7:17). Jesus diz que a compreensão da vontade de Deus é interativa e convida qualquer pessoa disposta a entrar na sua escola e a aprender a vontade de Deus através da obediência. Em outras palavras, aprendemos a vontade de Deus não através de um processo de discernimento místico, mas simplesmente obedecendo ao que sabemos de Deus e dos seus caminhos. Quando obedecemos, Deus ensina e revela mais de si mesmo.

Mas não seremos capazes de compreender a vontade de Deus se não tivermos um verdadeiro desejo de mudar. O dia a dia envolverá luta e tensão enquanto tentamos tomar decisões a partir dos milhares de pensamentos que atravessam ou que se espalham no nosso cérebro. Esses pensamentos são geralmente uma combinação de percepções, emoções e imagens mentais de sucesso ou fracasso. Nosso corpo também contribui para o conflito com suas necessidades, seus prazeres e suas emergências. Devemos usar nossa vontade para decidir o que fazer com essa mistura de pensamentos, emoções e desejos.

Devemos organizá-los todos com discernimento, separando o bem do mal e o certo do errado, e gerir as forças das nossas emoções. Discípulos de Jesus fazem essa organização sob a direção do Espírito Santo, que reforma e fortalece nossa vontade.

Lidar com desejos pecaminosos em particular não é apenas uma questão de força de vontade — ou de tentar com mais esforço. É uma questão de treinar a vontade em discernimento através da obediência a novos desejos. Dallas Willard diz: "A condição da nossa mente é muito mais uma questão da direção em que nossa vontade está estabelecida".[152] Ele continua a explicar como lidamos com um desejo pecaminoso:

> Se eu não quiser que minha vontade corresponda à vontade de Deus, será necessário mudar meus pensamentos e sentimentos. A resolução de não o voltar a fazer será de pouca utilidade. A vontade por si só não nos pode levar a mudar. Mas a vontade implementada através da mudança dos meus pensamentos e sentimentos pode resultar na minha transformação no tipo de pessoa que simplesmente já não faz esse tipo de coisas.[153]

Duas passagens nos ajudam a ver como nossos pensamentos e ações moldam nossa vontade. Compreensivelmente, ambas falam também de conflito. O primeiro texto nos dá uma estrutura mental, e o segundo nos ajuda a ver a ligação entre pensamento, tentação e pecado.

■ Aprendendo a batalhar

Em 2Coríntios 10:3-5 lemos:

> Pois, embora vivamos como homens, não lutamos segundo os padrões humanos. As armas com as quais lutamos não são humanas; pelo contrário, são poderosas em Deus para destruir fortalezas. Destruímos argumentos e toda pretensão que se levanta contra o conhecimento de Deus, e levamos cativo todo pensamento, para torná-lo obediente a Cristo.

Se o discipulado é aprender de Jesus a viver nossas vidas como se ele as estivesse vivendo, é preciso aprender a ser pessoas que

---

152 WILLARD, 1988, p. 142.
153 Ibid., p. 143.

naturalmente querem o que Jesus quer. Contudo, essa transformação não pode ser realizada com os instrumentos disponíveis aos seres humanos caídos e pecadores. Seu fracasso é garantido. Em vez disso, precisamos das ferramentas ou armas de Deus que têm o poder de derrubar as fortalezas do raciocínio humano e de destruir falsos argumentos. A batalha é contra essas construções mentais que o inimigo criou para nos iludir e nos impedir de discernir e obedecer à verdade. Esses bastiões ou fortalezas do pensamento podem controlar a mente, o coração e o espírito e, visto que alimentam os desejos, podem controlar a vontade.

Como desconstruímos uma falsa ideologia ou uma estrutura mental? Paulo descreve o processo. "Levamos cativo todo pensamento, para torná-lo obediente a Cristo" (2Coríntios 10:5). Podemos ser tentados a pensar nesse processo como exclusivamente intelectual ou como o trabalho da apologética. Certamente o intelecto desempenha um papel fundamental. Mas o raciocínio humano não é suficiente. As armas divinas de Deus também mudam nossos desejos e reformam nossa vontade.

A linguagem em 2Coríntios 10:3-5 usa a imagem de invadir uma prisão e libertar os presos. Nesse caso, as pessoas são aprisionadas por ideias humanas. Essa prisão deve ser derrubada com as armas especiais de Deus; e os prisioneiros, libertados para optarem por obedecer a Cristo.

Quando Deus muda o desejo, ele conquista o coração. Deus não violará a vontade, mas informará a mente, energizará o espírito e apelará ao coração, e estes, por sua vez, influenciarão a vontade de escolher seu caminho. No final, devemos decidir como escolheremos e quais medidas tomaremos. Deus não escolherá por nós, mas ele possibilitará querermos o que ele quer.

■ Encarando a tentação

Analisemos o papel dos nossos desejos e da nossa vontade quando enfrentamos a tentação. Tiago diz:

> Quando alguém for tentado, jamais deverá dizer: "Estou sendo tentado por Deus". Pois Deus não pode ser tentado pelo mal, e a ninguém tenta. Cada um, porém, é tentado *pela própria cobiça*, sendo por esta arrastado e seduzido. Então a cobiça, tendo engravidado, dá à luz o pecado; e o pecado, após ter-se consumado, gera a morte (Tiago 1:13-15, grifo meu).

Tiago deixa claro que o pecado envolve um processo ou uma jornada que começa com nossos desejos errados e eventualmente leva ao ato em si. Tiago entende que todos temos padrões de pecado estabelecidos há muito tempo na nossa vida e desejos indesejáveis que afetam nossas escolhas. Esses desejos existem porque vivemos num mundo pecaminoso e estamos sujeitos às fraquezas da nossa própria carne e à influência de principados e poderes demoníacos.[154] Essas são as razões pelas quais nossa vontade precisa ser requalificada através da renovação da nossa mente.[155] Note que Tiago isenta Deus de qualquer responsabilidade pela tentação. Deus não é a fonte das nossas tentações, nem conduz ninguém ao pecado.[156]

Tiago é claro ao dizer que Deus não nos tenta a pecar, nem o próprio Deus é tentado pelo pecado. E quanto a Jesus? Sabemos que ele foi tentado em todos os pontos como nós, mas ele não pecou.[157] Como ele não tinha uma natureza pecaminosa, Jesus não podia pecar; contudo, podemos dizer que ele foi tentado mais intensamente do que qualquer outra pessoa. O que quero dizer? Simplesmente que o poder da tentação é sentido com mais intensidade na resistência, e aqueles que cedem à tentação não compreendem verdadeiramente o poder do pecado. Só aqueles que lhe resistem até a exaustão é que conhecem toda a extensão do seu poder.

---

154 Veja Gálatas 5:16,17; Efésios 6:10-18; 1João 2:15-17.

155 Veja Romanos 12:2, 1Coríntios 2:10-16.

156 Apesar de essa declaração poder ser suficiente para um cristão, a mente secular não aceita isso de cara. Alguns argumentam que Deus é o homem por trás da cortina, que dirige tudo desde o início, o que significa que ele criou este mundo e esta humanidade e deu-lhes o livre-arbítrio, mas então os pune quando fazem a escolha errada.

157 Veja Mateus 4:1-11; Hebreus 4:14-16.

Assim, embora possamos dizer que Deus não tenta ninguém, ele nos leva a situações em que estaremos expostos à tentação. Isso aconteceu a Jesus no deserto, para onde foi conduzido pelo Espírito Santo.[158] Aconteceu novamente no Jardim do Getsêmani, onde Jesus enfrentou uma crise da sua vontade, mas acabou resistindo à tentação e se submeteu ao Pai (Lucas 22:39-46).

Nessas situações, o inimigo Lúcifer e seus servos, os principados e os poderes, são os tentadores. Eles tentam diretamente, mas também usam o sistema mundial e a cultura para influenciar nossos pensamentos e desejos. Nosso inimigo mente e engana para alcançar seu objetivo, roubando-nos de Deus e destruindo-nos.[159] Tiago é claro — devemos resistir ao diabo e aos nossos próprios desejos errados que também funcionam contra nosso objetivo de crescer à semelhança de Jesus.

Ser tentado ou pensar num pecado não é pecar. Adoro jogar golfe, e muitas vezes considerei dar a mim mesmo um cinco num buraco, quando na realidade consegui um seis. Normalmente rejeito essa tentação, porque o prazer temporário de ter uma pontuação mais baixa não vale o custo de comprometer minha integridade como discípulo de Jesus. Portanto, continua sendo um pensamento, nem sequer uma tentação real. Mas se eu me fixar nessa ideia e permitir que ela se torne um desejo de ser um golfista melhor do que sou, torna-se uma tentação que tem o potencial de superar meu desejo de ser um homem de integridade.

A essa altura, começo a racionalizar. Digo a mim mesmo as coisas como se fosse apenas uma tentativa. Ninguém se importa, certo? Eu me sentirei melhor se o fizer. Os desejos alimentam meus pensamentos, e eu justifico a mim mesmo. A essa altura, rendo-me ao pecado. Em outras palavras, peco não no momento em que anoto a pontuação mais baixa no meu cartão, mas quando dou meu consentimento interior a esses pensamentos e desejos, porque já não resisto. Eu cedi, e a ação é inevitável.

158　Mateus 4:1.
159　João 10:10a.

Como diz Tiago: "Cada um, porém, é tentado pela própria cobiça, sendo por esta arrastado e seduzido" (Tiago 1:14). A imagem de sermos arrastados pode ter como objetivo lembrar-nos da pesca; o peixe é apanhado com o anzol e arrastado para a terra. Outros dizem que ele imagina um predador arrastando a presa para consumi-la. Ambas as imagens transmitem a mesma ideia básica — uma vez que fomos fisgados por um desejo errado, o pecado nos destruirá. Visto que os desejos levam a ações, o trabalho de renovação deve ser feito no nível dos desejos. Esse trabalho requer mais do que um desejo. Mudá-los é um processo que leva tempo e intervenção divina em níveis profundos. É um trabalho da graça, mas requer nosso envolvimento e esforço.

Na sua graça, Deus põe em nós seus bons desejos e opera para seu bom prazer. Ao mesmo tempo, o inimigo trabalha para explorar os desejos pecaminosos que também estão presentes em nós. O resultado é uma guerra interna, e é por isso que Deus nos diz que devemos usar suas armas para travar a guerra. Serão necessárias armas divinamente poderosas para destruir as falsas ideias, imagens e desejos nas nossas mentes e ganhar a batalha. O que são essas armas? São o tema do capítulo seguinte, onde analisamos o segundo aspecto da mudança, aquilo a que nos referimos como exercícios espirituais.

CAPÍTULO 5

O ESPÍRITO SANTO E COMO AS PESSOAS MUDAM

PARTE 2

A transformação generalizada do caráter através de um discipulado sabiamente disciplinado a Cristo pode transformar nosso mundo. Pode desarmar os males estruturais que sempre dominaram a humanidade e que agora ameaçam destruir o mundo.

— *Dallas Willard,* The Spirit of the Disciplines

Não há necessidade de desespero. Centenas desses adultos convertidos foram recuperados após uma breve estadia no campo do Inimigo e estão agora conosco. Todos os hábitos do doente, tanto mentais como corporais, ainda estão a nosso favor.

— *C. S. Lewis,* The Screwtape Letters

NO ÚLTIMO CAPÍTULO, ANALISAMOS COMO o Espírito Santo deve iniciar nossa transformação no nível do desejo. Mas ler e entender isso não basta. Devemos colocar nosso entendimento em ação. Do mesmo modo, se um treinador atlético explicasse a dinâmica da anatomia humana e como funcionam todos os aparelhos de treino, e então desenvolvesse um regime de treino só para você, você teria conhecimentos úteis para melhorar sua saúde. Mas esse conhecimento, por si só, não mudaria você. É preciso usar esse conhecimento para fazer os exercícios que o treinador lhe prescreveu.

Tal como devemos exercitar nosso corpo físico para desenvolver força e manter a saúde, devemos fazer exercícios específicos destinados a reformar, informar e treinar nossa mente, desejos e vontade. Esses são os exercícios "obrigatórios", sem exceções, de crescimento espiritual. Capacitados pelo poder divino, eles transformam nossa mente e vontade nas armas que Paulo diz precisarmos para travar a guerra contra os bastiões do pensamento que controlam a nós e nossos desejos pecaminosos, tentações e inimigos espirituais.[160] Quais são esses exercícios?

- Adorar regularmente com os santos de uma comunidade pactual.
- Servir a outros através da fala e do trabalho no nome de Cristo.
- Ouvir, ler e estudar as Escrituras.

---

160 Veja a discussão de 2Coríntios 10:3-5 no Passo 1, na página 157.

- Confessar o pecado e conversar em oração com Deus.
- Submeter-se à autoridade.
- Praticar silêncio e solidão.
- Viver uma missão intencionalmente, que inclui ajudar outros a se tornarem discípulos.

A maioria desses exercícios não é natural para nós. Leva tempo para nos acostumarmos a eles e transformá-los em hábitos.

--------------------------------------- Passo 2: exercícios espirituais

Paulo instruiu seu discípulo Timóteo: "Exercite-se na piedade" (1 Timóteo 4:7b). Ao longo dos anos, descobri que as pessoas abordam a prática desses exercícios ou disciplinas espirituais de duas maneiras: a abordagem proativa e a abordagem reativa. A primeira envolve o desenvolvimento intencional de uma estrutura de disciplina e de responsabilização. Um discípulo proativo tem um plano particular de crescimento que inclui exercícios específicos. Por exemplo, uma pessoa pode decidir ler, estudar e escrever um diário sobre os evangelhos ao longo de um ano. Outra pode decidir fazer um pacto com três outras pessoas para se reunirem em determinado horário uma vez por semana para discutir perguntas, orar e prestar contas uns aos outros.

A abordagem reativa não é planejada ou programada, mas exerce disciplinas espirituais em resposta a circunstâncias ou acontecimentos positivos ou negativos na vida, que conduzem a mudanças significativas. Se você for diagnosticado com uma doença grave ou se seu cônjuge foi embora, então você reage. Os discípulos reativos que não têm um plano proativo de crescimento espiritual precisam de uma rede de segurança, que, para a maioria, é sua comunidade eclesiástica. Eles precisam pertencer a um grupo de cristãos numa igreja local que pensem da mesma forma e que se comprometam a viver uma vida agradável a Deus. A igreja precisa ser real, de carne e sangue, não basta ser membro da igreja universal. Quando surgem verdadeiros problemas e dificuldades, os discípulos precisam estar rodeados de pessoas reais que possam oferecer uma ajuda real.

A abordagem reativa é o mínimo necessário ou o modo de sobrevivência para o discípulo de Jesus. Às vezes, podemos encontrar-nos nesse modo, apenas sobrevivendo e confiando na graça de Deus através da sua igreja. Mas só cresceremos na maturidade como seguidores de Cristo se desenvolvermos e seguirmos um plano proativo que promova o crescimento. Por que isso é tão difícil para muitas pessoas?

Descobri que a ideia de ter um plano de treinamento e de exercer a autodisciplina desanima as pessoas. Embora possam concordar que uma vida de autodisciplina é boa, elas podem ter tentado e fracassado, ou se assustado diante do trabalho que isso significa. Outras acreditam que a vida disciplinada é para cristãos de elite, mas não para seguidores comuns de Cristo. No entanto, como já vimos, Deus espera que cada um dos seus seguidores cresça na maturidade em Cristo. E não só isso: ele espera que cada um seja um portador contagioso da sua mensagem.

Acredito que o portador, por assim dizer, é o desejo. Podemos desenvolver planos e pôr estruturas em prática, mas, se não quisermos mudar de verdade — se nos faltar o desejo —, falharemos inevitavelmente. De certa forma, a própria coisa que deve ser transformada é a chave para a transformação. Embora o desejo inicial de ser disciplinado venha de Deus, ele não fortalece magicamente nossa mudança para além do nosso envolvimento. Devemos estar ativamente envolvidos na formação dos nossos desejos. A disciplina de grupo costuma ser necessária para ajudar os discípulos a desenvolver a disciplina pessoal.

Devemos também permitir que nossos desejos sejam mudados em resposta à graça da disciplina de Deus. Paulo, que pregava poderosamente a graça de Deus, era um campeão da disciplina. Nas suas cartas a Timóteo, especificamente em 2 Timóteo, e aos Coríntios, ele falou do poder da disciplina, da sua necessidade para o crescimento na vida cristã, e que esse poder é uma obra da graça.[161]

Com base no conteúdo das cartas de Paulo, Timóteo parecia ser um homem tímido, intimidado pela sua juventude, que tendia a ficar nervoso e a perder seu caminho. Paulo lembrou Timóteo do trabalho

---

[161] Veja 1Coríntios 9:24-27; 1Timóteo 4:7-9.

que devia fazer para não se desviar (1Timóteo 4:11-16), disse especificamente que ele não devia ter medo e lembrou-o da sua vocação e dos seus dons (2Timóteo 1:5-11).

Paulo sabia que Timóteo precisaria da graça para realizar sua obra, pois escreveu: "Você, meu filho, fortifique-se na graça que há em Cristo Jesus" (2Timóteo 2:1). Anteriormente, definimos graça como um dom de Deus que faz por nós aquilo que não podemos fazer por nós mesmos. Quando Deus nos dá o que precisamos quando o precisamos, podemos dizer que recebemos sua graça "em Cristo Jesus", porque a graça nos é dada através da nossa união com Cristo e sua Igreja.

Esse trabalho de multiplicação que Deus deu a Timóteo é um dos ministérios mais difíceis na Igreja. Paulo resumiu esse ministério: "E as coisas que me ouviu dizer na presença de muitas testemunhas, confie a homens fiéis que sejam também capazes de ensinar a outros" (2Timóteo 2:2). Para fazer esse trabalho, Timóteo precisava de qualidades que não eram inatas à sua alma. Ele precisava da dedicação de um soldado, da disciplina de um atleta e da paciência de um agricultor.

Então, como Timóteo recebeu a graça de empenhar-se com sucesso nessa obra difícil de ensinar aos outros a verdade de Deus? Ele aprendeu a fazer o trabalho em comunidade, vendo Paulo ensinar aos outros, sendo um exemplo de como aceitar e transmitir a graça àqueles que a desejavam receber. A graça de Deus era algo que Timóteo precisava receber, e ele o fez usando suas capacidades mentais para obter conhecimento e, depois, usando seu corpo para realmente ensinar esse conhecimento e aplicá-lo aos outros. Se Timóteo não tivesse nenhum papel a desempenhar no acesso à graça de Deus, então não haveria razão para Paulo exortá-lo a ser forte nela.

Em suma, Timóteo devia fazer pelo menos duas coisas. Ele devia orar e pedir a Deus que lhe desse o desejo e os recursos necessários para fazer seu trabalho. Em seguida, precisava fazer o trabalho com a expectativa de que Deus lhe forneceria as pessoas de confiança que o treinassem no evangelho. Acrescento ainda mais uma coisa: Timóteo devia ter um plano ou estrutura para seu próprio aprendizado e para ensinar os outros. Podemos supor que ele foi guiado no seu próprio crescimento espiritual pelo seu mentor Paulo e que, pelo menos no início, baseou seu ensinamento no exemplo que Paulo lhe deu durante seus anos de pastoreio em Éfeso. Na verdade, Paulo escreveu a Timóteo enquanto este ministrava na mesma igreja em Éfeso. O conhecimento de Timóteo de como fazer esse ministério não provinha de uma revelação divina de algo oculto e desconhecido. Ele aprendeu a fazê-lo com Paulo, e a graça de Deus veio a ele através de Paulo enquanto exercia disciplina no aprendizado, estabelecendo uma estrutura e um plano e depois fazendo o trabalho de treinar outros.

Em outras palavras, a disciplina é uma graça que requer estrutura, planejamento e esforço para que possa ser recebida plenamente. Requer encontrar pessoas que desejem as mesmas coisas, além do uso do raciocínio e do senso comum para determinar o que precisa ser feito, de agendas para definir horários, e dos conhecimentos e das habilidades que nos foram dados para realizar o trabalho. Também precisamos do apoio de outros no corpo de Cristo, porque, normalmente, é mais fácil exercer disciplina dentro de um grupo. Mesmo aqueles que não são muito disciplinados podem sê-lo num contexto de grupo. Assim, embora a autodisciplina seja boa, os discípulos podem crescer ainda mais se estiverem simplesmente numa comunidade de outros seguidores de Jesus que estão crescendo juntos.

■ A disciplina da mente

Assim, estabelecemos que graça é mais do que uma simples transformação passiva que Deus opera em nós. A disciplina também é a graça que nos permite aprender com os outros, utilizar nosso conhecimento e entendimento, planejar e definir horários e exercer esforços no sentido de crescer em piedade. Mas como é que tudo isto se relaciona com os desejos que analisamos no Passo 1?

Devemos lembrar que todo pecado é resultado dos bons desejos que nos foram dados por Deus e que foram corrompidos. Em outras palavras, o pecado é uma corrupção de desejos bons. Assim, por exemplo, um desejo de poder, de sexo ou de sucesso pode ser bom nos contextos certos, mas devastador em outros. Quando exercitamos desejos que estão de acordo com os propósitos de Deus, eles podem honrá-lo. No entanto, quando realizamos desejos para nossos propósitos egoístas, eles são destrutivos.

Além disso, devemos reconhecer que muitos dos nossos desejos estão profundamente inseridos nos nossos corpos e, como resultado, têm um poder visceral sobre nós que pode vencer nossa mente e as melhores intenções da nossa vontade. Por exemplo, um homem pode determinar em sua mente e vontade que não quer desejar luxúria, nem jogo, nem mentira, mas seus desejos primordiais de sexo, dinheiro e estima podem anular sua determinação. É por isso que é preciso tempo, esforço e disciplina para superar nossos desejos pecaminosos, e por isso devemos treinar nossos corpos, vontades e mentes na piedade. Mesmo quando amadurecemos em Cristo, esses impulsos viscerais podem continuar a ser imprevisíveis e perigosos. Paulo fala deles como o "pecado que atua em meus membros" (Romanos 7:23), e não devemos subestimar o poder que eles têm sobre nós.

Como vimos no Passo 1, a vontade depende da mente para que ela lhe forneça informações. Portanto, o que colocamos na nossa mente é importante. Ela está cheia de pensamentos e sentimentos, muitos deles subconscientes, e eles informam e afetam nossa vontade de obedecer à vontade de Deus.

Quero dar-lhe exemplos do que estou querendo dizer. Mas primeiro trarei definições do que quero dizer com os seguintes termos, para que falemos a mesma língua.

Ideias: crenças baseadas na nossa experiência de vida e visão do mundo.
Imagens: imagens ou memórias concretas e específicas.
Sentimentos: paixões e desejos.[162]

---

[162] Esse construto de ideias, imagens e sentimentos provém de Dallas Willard, em *Renovation of the Heart* (Colorado Springs: NavPress, 2003), p. 95-140. Veja também minha exegese em *Choose the Life: Exploring a Faith that Embraces Discipleship* (Grand Rapids: Baker, 2004), p. 107-126.

O objetivo de disciplinar nossa mente é que nossas ideias, imagens e sentimentos correspondam à vontade de Deus, porque estamos procurando conformar nossa vontade à vontade dele. Em seu maravilhoso livro, *Renovation of the Heart*, Dallas Willard descreve isso da seguinte forma:

> A transformação espiritual só acontece quando cada dimensão essencial do ser humano é transformada à semelhança de Cristo sob a direção de uma vontade regenerativa que interage com constantes aberturas da graça de Deus. Tal transformação não é o resultado de mero esforço humano e não pode ser realizada apenas por meio da pressão da vontade.[163]

■ Adão, Eva e a progressão do pecado

O primeiro exemplo prático que analisaremos é a primeira tentação e pecado de Adão e Eva. Seu pecado começou com uma simples ideia apresentada pela serpente, segundo a qual, mesmo que façamos o que Deus nos proibiu, não morreremos (Gênesis 3:4). Todo pecado começa com uma mentira. Christopher Hitchens afirmou que Deus é um assassino misógino e genocida que planejou manter toda a sua criação sob controle constante durante toda a eternidade. Hitchens acreditava que Deus não nos ama, não confia em nós, nem quer o melhor para nós e que provavelmente nos esmagará como formigas quando tiver terminado sua grande experiência global. Visto à luz das Escrituras, isso é uma mentira, porque Deus realmente se preocupa com as pessoas que ele fez. Podemos confiar em Deus porque ele quer o melhor para nós.

Mentiras como essa são derivadas daquela primeira mentira. A serpente continua e desdobra sua mentira na mente de Eva: "Deus sabe que, no dia em que dele comerem, seus olhos se abrirão, e vocês serão como Deus, conhecedores do bem e do mal" (Gênesis 3:5). Como Eva respondeu? Ela acreditou na serpente, provavelmente porque queria muito experimentar o que Deus experimentou.

---

163 WILLARD, 2003, p. 41.

Ela acreditava que Deus estava retendo algo bom dela, um conhecimento maior. A mentira de Satanás é igual a de Hitchens, segundo a qual não podemos confiar em Deus porque ele não é bom. Eva permite que a mentira se apodere dos seus pensamentos e influencie seu entendimento de Deus, do seu caráter e dos seus motivos. Mas isso não é tudo. O pensamento tem impacto sobre um desejo por algo que, muitas vezes, pode ser retratado como uma imagem de uma pessoa ou coisa. A imagem que tentou Eva era uma fruta atraente. "A mulher viu que a árvore parecia agradável ao paladar, era atraente aos olhos" (Gênesis 3:6).

Assim, a ideia de que ela não morrerá é vinculada e fortalecida pela imagem. Pense no poder das imagens publicitárias. Um manequim numa loja é usado para nos mostrar como a roupa fica no nosso corpo. No entanto, a maioria de nós não tem o físico de um manequim. O objetivo é despertar nosso desejo, levar-nos a imaginar como ficaríamos se usássemos a roupa e como impressionaríamos todas aquelas pessoas importantes na nossa vida.

A tentação usa imagens atraentes e poderosas, claro, mas também pode usar o medo. Considere as ideias de que Deus não é real e de que não se pode confiar em cristãos. Essas ideias estão sendo fortalecidas por imagens assustadoras de padres que molestam crianças, pastores que têm casos extraconjugais e pregadores de televisão que têm estilos de vida pródigos. Essas imagens de hipocrisia reforçam a ideia de que o cristianismo é falso e de que Deus é impotente. Quando combinada com uma mentira, uma imagem pode conectar-se profundamente com nossas emoções. Se não forem controladas, essas emoções podem tornar-se nossa resposta padrão às mentiras e às imagens.

Voltemos a Adão e Eva. Que sentimento teve Eva depois de conectar suas ideias sobre Deus com a imagem do fruto? Ela desejou obter conhecimento (Gênesis 3:6). Essa situação me lembra de um velho provérbio que tentei seguir na minha vida: "Uma vez que você está na cama com uma mulher bonita e nua, é tarde demais para mudar de ideia". Em outras palavras, se quisermos resistir à tentação, devemos impedir que ela alcance nossos desejos e se apodere de nós num nível visceral. Uma vez que o desejo está preso ao seu objeto e o fruto está a nosso alcance, estamos perdidos. Eva se deixou convencer pela mentira da serpente e duvidar de Deus; por isso, depois de ter visto o fruto, ela o desejou. A partir desse ponto, seus sentimentos — seus desejos de prazer e de sabedoria — estão no controle. Embora seja possível parar nesse ponto, é improvável que alguém recue. Por quê? Porque fomos concebidos e criados para servir, e como a Bíblia nos lembra, ou servimos a Deus ou pecamos. "Todo aquele que vive pecando é escravo do pecado" (João 8:34).

É por isso que não conseguimos dominar nosso pecado apenas pela força de vontade. Nosso senhor não nos dará ouvidos se o atacarmos com mera força de vontade humana. As ideias e as imagens que permitimos na nossa mente, criadas pela nossa cultura e pelo nosso ambiente e alimentadas pelos nossos desejos, agirão contra nossa própria consciência moral.

A tendência natural da nossa natureza pecaminosa é buscar satisfazer nossos desejos e seguir para onde nossos sentimentos nos levam. É por isso que devemos aprender a treinar nossa vontade de resistir à tentação do pecado. Só a força de vontade humana não consegue resistir a ele, mas uma vontade fortalecida e treinada pela graciosa disciplina de Deus pode resistir. Na verdade, a graça da disciplina de Deus também pode treinar nossas emoções para que estejam em sintonia com suas emoções e vontades. Esse é o objetivo de crescer em maturidade em Cristo — tendo tanto uma mente transformada como emoções piedosas —, para pensar os pensamentos de Cristo e amar as coisas que Deus ama.

Como você já deve saber, o exemplo que consideramos acima não termina bem. As pessoas comem a fruta, e nós experimentamos o resultado. Mas analisemos mais um exemplo da Escritura, a história de Caim e Abel. Esses dois irmãos podem nos ajudar a responder à pergunta de como chegamos ao ponto em que queremos as coisas certas.

■ *Sou eu o responsável pelo meu irmão?*

Adão e Eva tiveram dois filhos e deram-lhes os nomes de Caim e Abel. Abel era um pastor, enquanto seu irmão, Caim, era um agricultor.

Na época da colheita, cada filho apresentou uma oferta ao Senhor. "Passado algum tempo, Caim trouxe do fruto da terra uma oferta ao Senhor. Abel, por sua vez, trouxe as partes gordas das primeiras crias do seu rebanho. O Senhor aceitou com agrado Abel e sua oferta, mas não aceitou Caim e sua oferta. Por isso Caim se enfureceu e o seu rosto se transtornou" (Gênesis 4:3-5).

Ao contrário da opinião popular, essa não é uma história sobre por que é melhor dar um sacrifício de sangue no lugar de grãos. A diferença entre as duas ofertas está na intenção subjacente. Deus fica satisfeito quando lhe damos uma porção do melhor que temos, nossas "primícias". Abel fez isso. Caim não. O texto nos diz que ele deu a Deus "uma oferta do fruto da terra". Deus aceitou a oferta do melhor de Abel, mas rejeitou a oferta de Caim.

Caim ficou enfurecido com essa rejeição. Sua expressão facial e seu comportamento geral revelaram sua raiva. Mais uma vez vemos que o pecado começou com ideias erradas sobre Deus. Embora não nos seja dito isso explicitamente, parece que Caim estava ciente do que Deus exigia, mas não achou necessário satisfazer o padrão de Deus.

Sua vontade e seu desejo não estavam dispostos a dar seu melhor para Deus. A imagem de sucesso de Caim era diferente da de Abel. Caim respondeu a Deus com sentimentos de raiva, um olhar amargurado e um espírito defensivo. Felizmente, Deus não deixa Caim atolado na sua miséria. Ele oferece a Caim conselhos e orientações para remediar sua situação. "Por que você está furioso?", Deus pergunta a ele (Gênesis 4:6), "Por que se transtornou o seu rosto?".

Os conselheiros ficam felizes ao verem que o próprio Deus começa sua sessão terapêutica com perguntas. Certamente, Deus sabe a resposta às suas perguntas. Mas ele quer ajudar Caim, por isso exige que Caim responda. No entanto, observe que Caim não responde. Portanto, Deus continua mostrando a Caim o caminho para sair da sua situação difícil: "Se você fizer o bem, não será aceito? Mas se não o fizer, saiba que o pecado o ameaça à porta; ele deseja conquistá-lo, mas você deve dominá-lo" (Gênesis 4:7).

Aqui vemos tudo exposto. Deus fornece o caminho para a recuperação e adverte Caim contra o caminho que conduziria à sua perdição. Infelizmente, Caim não ouve e é dominado pelo seu pecado. O resultado? Ele mata seu irmão, Abel. Embora Deus fale a verdade a Caim e lhe proporcione um caminho de obediência, Caim não quer o que Deus lhe oferece. Ele quer que seu irmão sofra. Ele quer exercer seu próprio poder e mostrar sua própria importância.

Como Deus responde? O triste resultado das ações de Caim é uma maldição especial que Deus lança sobre ele e sua família. Caim é banido, condenado a uma vida de fracasso e tristeza por ter mentido a Deus e não ter lutado contra seu pecado. Mas, como sinal da sua graça continuada, Deus lhe dá uma marca para sua proteção. Observe que, ao longo da narrativa, mesmo depois de Caim ter matado seu irmão, ele não assume a responsabilidade pelo assassinato e se queixa da punição. Tudo isso indica que Caim não entendeu a profundidade do seu pecado nem compreendeu que se tinha tornado escravo dele.

Podemos reconstruir o trajeto do pecado pelas ideias, imagens e sentimentos que Caim tem.

A ideia de Caim: Não posso confiar em Deus para satisfazer minhas necessidades; portanto, não posso lhe dar meu melhor.

A imagem de Caim: Sucesso é competir com meu irmão e provar que meu caminho é melhor do que o dele.

O sentimento de Caim: Anseio por superioridade e aceitação.

Embora Caim desejasse aceitação, ele não a buscou à maneira de Deus. Em vez disso, procurou justificar-se seguindo seu próprio caminho de agradar a Deus. Deus graciosamente procurou disciplinar Caim, dizendo-lhe como deveria responder a esses pensamentos e emoções pecaminosas. Mais uma vez, observe que a graça de Deus exigia uma resposta de Caim. Em primeiro lugar, Deus instrui Caim a fazer o que é correto. Como seguidores de Cristo, todos nós fomos capacitados pelo

Espírito a escolher fazer o que é certo. Certamente, fazê-lo pode ser difícil no início, porque lutamos contra ideias, imagens e emoções falsas que treinaram nossa vontade durante uma vida inteira de pecado. No entanto, à medida que começarmos a agir corretamente, começaremos a experimentar emoções alinhadas à nossa obediência. Fazer as coisas à maneira de Deus teria resultado justamente naquilo que Caim desejava. Devemos aprender a confiar em Deus em vez de acreditarmos nas nossas próprias ideias a seu respeito.

Em segundo lugar, observamos o alerta que Deus nos dá: "Se você se recusar a fazer o que é certo, cuidado!". Esse é o outro lado da equação. Deus nos diz que nossas decisões não são moralmente neutras e não ficarão incontestadas. O pecado procurará nos controlar. Se não formos sérios no treinamento da nossa vontade e na escolha do que é certo, estaremos em perigo. Lembre-se de que o desejo de fazer o certo vem do próprio Deus e inicia o processo de mudança.[164]

Finalmente, Deus diz a Caim que ele deve enfrentar seu pecado e derrubá-lo. O processo de como subjugar o pecado e dominá-lo é desdobrado ao longo do Novo Testamento. Por exemplo, Paulo diz o que Deus disse a Caim de forma um pouco mais detalhada: "Os que pertencem a Cristo Jesus crucificaram a carne, com as suas paixões e os seus desejos" (Gálatas 5:24). Para fazer o que é certo, devemos pregar na cruz as ideias, imagens e sentimentos que treinaram nossa vontade no pecado. Nós somos os autores dessa ação e participantes ativos no processo.

Até agora, tomamos dois passos adiante no processo de mudança. Primeiro, olhamos para a necessidade de nos concentrarmos nos nossos desejos, vendo que Deus coloca desejos em nós para fazer sua vontade. Mas a graça de Deus não acaba aí. Ele nos dá também a graça da disciplina, uma graça na qual devemos participar dando passos de obediência. Isso é o que temos chamado de exercícios espirituais. Agora voltamo-nos para o terceiro passo no processo: o desenvolvimento de hábitos semelhantes aos de Cristo.

---

164 Veja Filipenses 2:13.

---------------- Passo 3: desenvolvendo hábitos semelhantes aos de Cristo

Uma das chaves para desenvolver hábitos semelhantes aos de Cristo é aprender a distinguir entre nossos sentimentos e nossa vontade, o que requer autocontrole.

Gosto da definição de Dallas Willard: "Autocontrole é a capacidade constante de se orientar para realizar o que você escolheu ou decidiu fazer e ser, mesmo que não lhe apeteça".[165] Se eu tivesse dependido dos meus sentimentos para escrever este livro, isso nunca teria acontecido. Muitas coisas atrapalham a produtividade. Eu me disciplino, me disponho a fazer a vontade de Deus e, às vezes, me surpreendo com o que fazer a vontade de Deus exige de mim. Quando uso meu treinamento para romper a inércia criada pela minha preguiça, encontro uma alegria que é profunda e gratificante. O processo de desenvolvimento do autocontrole é a maneira como formamos hábitos piedosos.

A maioria dos cristãos tem uma familiaridade passageira com o fruto do Espírito. Normalmente pensamos nele como qualidades de caráter ou aspectos da nossa personalidade desenvolvidos pelo Espírito Santo. No entanto, quero sugerir que vejamos a alegria ou bondade não como uma característica da nossa personalidade, mas como um hábito formado pelo exercício espiritual. O fruto do Espírito é um hábito. E esses hábitos, dados tempo suficiente e perseverança, formarão um caráter e uma conduta impactante.

É provável que você já tenha ouvido a afirmação: "Julgamos nosso comportamento com base na intenção; outros nos julgam pelas nossas ações". Por exemplo, quando magoamos outra pessoa, podemos nos justificar dizendo que nunca tivemos a intenção de magoar essa pessoa. Mas fato é que fizemos mal à pessoa. O estrago foi feito. Se nossa intenção não corresponde à nossa conduta, há um desajuste, e a mensagem não está alcançando os outros. Nossas intenções e nossos desejos não refletem nosso caráter até que sejam correspondidos pelo nosso comportamento. E esse comportamento

---

[165] WILLARD, 2003, p. 127.

é desenvolvido ao longo do tempo através da formação de hábitos que se conformam à intenção do coração.

Legiões de livros e recursos ensinam as pessoas a desenvolver bons hábitos. Essencialmente, ensinam-nos a renunciar a hábitos antigos e a substituí-los por hábitos novos.[166] O melhor termo que ouvi para esse processo é *habitudes*, que aprendi com Tim Elmore, um inovador na formação de alunos.[167] A ideia por trás de uma *habitude* é estabelecer algo que faz mais do que mudar nossas ações; muda também nossa atitude.

Várias passagens das Escrituras falam da importância de formar hábitos a longo prazo, mas uma das mais úteis é a de Hebreus 5. Vamos analisar primeiro Hebreus 5:11,12:

> Quanto a isso, temos muito que dizer, coisas difíceis de explicar, porque vocês se tornaram lentos para aprender. De fato, embora a esta altura já devessem ser mestres, vocês precisam de alguém que lhes ensine novamente os princípios elementares da palavra de Deus. Estão precisando de leite, e não de alimento sólido!

Vocês se tornaram lentos para aprender? Infelizmente, esse parágrafo descreve muitas comunidades cristãs em vários momentos da história da Igreja. O autor de Hebreus tem falado sobre o papel de Jesus na salvação como Sumo Sacerdote de Israel. Na opinião do autor, esse ensino não é um conceito simples de se entender. Requer um envolvimento mais profundo. Ele sabia que aprender mais proporcionava grandes benefícios, mas que seu ensino seria desperdiçado nos seus leitores. Por quê? Porque eles não tinham mostrado qualquer progresso no seu crescimento como discípulos. Na verdade, eles tinham regredido. A suposição por trás das suas críticas é de que eles já deveriam estar ensinando os outros. Mais uma vez, vemos a importância do ensino, e que tornar-se professor, tanto formal como informalmente, é

---

166 Veja Efésios 4:17-32; Colossenses 3:7-17.
167 HABITUDES: Leadership Curriculum & Lesson Plans. *Growing Leaders*, 2022. Disponível em: http://growingleaders.com/habitudes. Acesso em: 9 ago. 2022.

considerado essencial para a Grande Comissão.[168] Não podemos fazer discípulos sem ensiná-los a obedecer a tudo que Cristo ordenou.[169]

A capacidade de ensinar os outros é uma das expectativas que define o crescimento dos seguidores de Cristo. No entanto, a história tem mostrado que igrejas e grupos cristãos inteiros podem se afastar dessa expectativa básica. A maioria dos estudiosos vê o livro de Hebreus como as palavras de um autor desconhecido direcionadas à Igreja em Jerusalém imediatamente antes da queda da cidade em 70 d.C. Se isso for verdade, significa que mesmo a Igreja Primitiva — outrora dirigida pelos apóstolos — pode perder sua energia e motivação. Os seres humanos que não crescem regredirão naturalmente. O autor de Hebreus entendeu isso, e seus alertas são uma tentativa de despertar esses cristãos da sua resistência letárgica ao crescimento.

Ele continua: "Vocês precisam de alguém que lhes ensine novamente os princípios elementares da palavra de Deus. Estão precisando de leite, e não de alimento sólido! Quem se alimenta de leite ainda é criança, e não tem experiência no ensino da justiça" (Hebreus 5:12,13). A imagem aqui é intencionalmente insultante. O autor de Hebreus compara os santos a bebês chorões que não podem cuidar de si mesmos e que deveriam estar no berçário, e não na companhia dos adultos em adoração. Pedro usa uma linguagem amável para encorajar seus leitores que anseiam pelo leite puro e espiritual da palavra: "como recém-nascidos" (1 Pedro 2:2). Pedro estava se dirigindo a um público geral que era regional; em Hebreus, o autor está tratando de um problema específico. Mas o autor de Hebreus é contundente. Ele não está comparando esses cristãos a bebês — ele os está chamando de bebês. Isso não é algo louvável, mas uma condição criada pela negligência e autoindulgência. Só há uma maneira de crescer, e o crescimento não acontecerá da noite para o dia.

Desenvolver os hábitos do coração, o fruto do Espírito, não é um processo rápido. Esse fruto não cai simplesmente do céu. São hábitos que aprendemos colocando-nos numa relação pactual com os outros e

---

168   Veja Filipenses 4:9.
169   Veja Mateus 28:20.

submetendo-nos à graça da disciplina para formar novos hábitos. O autor de Hebreus diz o mesmo: "O alimento sólido é para os adultos, os quais, pelo exercício constante, tornaram-se aptos para discernir tanto o bem quanto o mal" (Hebreus 5:14). Como definimos maturidade? Observe que é algo que se desenvolve através da formação. Inclui um nível de habilidade, mais especificamente, a capacidade de exercer discernimento moral e sabedoria. A Nova Versão Internacional, citada acima, transmite a ideia de que esse treino requer uma prática constante. Sem prática, não formaremos os hábitos que treinam nossa vontade a agir de acordo com a vontade de Deus.

Não existem atalhos. Essas *habitudes* se formam apenas naqueles que se submetem à formação. Ao longo de um período, eles desenvolverão competências de pensamento e comportamento corretos que refletem a diferença entre imaturidade e maturidade. Os imaturos podem ter o desejo de crescer. Podem dar alguns passos iniciais e até começar a praticar alguns exercícios espirituais. Mas, quando são afastados da responsabilidade comunitária ou quando as circunstâncias mudam, eles desistem. Só quando as pessoas levam a sério sua formação é que elas farão progresso.

■ Disciplina não é opcional

Se você lê a Bíblia, é impossível escapar do seu ensinamento claro sobre a importância da disciplina.[170] Acima, analisamos a importância de treinar nossos desejos e vontade no contexto de uma comunidade de outros crentes, e essa disciplina é desenvolvida de duas formas: pessoal e comunitariamente. Embora algumas pessoas sejam naturalmente autodisciplinadas, podemos agradecer a Deus que a autodisciplina por si só não é o único critério para o crescimento espiritual. A grande maioria das pessoas que pastoreei e instruí ao longo dos anos iniciou seu crescimento espiritual com uma forma de disciplina comunitária. Esse grupo nos apoia e fornece a estrutura necessária para que a disciplina seja eficaz.

---

170 Veja 1Coríntios 9:24-27; 1Timóteo 4:7-9.

Infelizmente, os cristãos e os líderes cristãos no Ocidente têm desenvolvido uma resistência à disciplina. Eles não negam categoricamente a sua importância; no entanto, resistem a criar uma estrutura para o crescimento espiritual baseado na comunidade e na disciplina comunitária. Tipicamente, os sermões se concentram na autodisciplina, fornecendo planos individualizados para as pessoas aplicarem sozinhas. Além disso, algumas igrejas têm grandes expectativas em relação ao desenvolvimento da liderança, mas não passam essa expectativa para o membro mediano da igreja.

Por que essa resistência? Bem, disciplina requer trabalho extra. Em outros casos, a resistência pode ser uma tentativa de evitar a impressão de que a igreja seja um culto ou outro grupo religioso que deposita grandes expectativas nos seus adeptos. Alguns cultos certamente utilizam a disciplina comunitária como meio de controle, mas não me parece sensato basear nossa estratégia numa reação a uma reação exagerada. Só porque um grupo ultrapassou o limite na formação de alunos ou membros da igreja, isso não significa que devamos rejeitar completamente a disciplina. Nosso desafio é encontrar níveis adequados de responsabilização que criem uma mudança saudável nas pessoas.

Em média, são necessários pelo menos de três a quatro meses para formar um novo hábito. Para que esse hábito se instale no coração e molde a vontade, pode ser necessário ainda mais tempo. A formação desses hábitos requer um grande apoio, reconhecido até mesmo por aqueles que estão fora da Igreja. Considere o processo de escapar de um vício em álcool, tabaco, drogas ou outros comportamentos destrutivos. O movimento de recuperação entende a necessidade do processo. Mas, por alguma razão, quando desenvolvemos hábitos positivos que levam a qualidades semelhantes às de Cristo, tendemos a minimizar a importância de estabelecer um processo a longo prazo para o crescimento.

Os comportamentos que queremos mudar podem ser menos destrutivos do que o vício em álcool ou drogas, ou podem ser menos evidentes, semelhantes à diferença entre tentar convencer uma pessoa com câncer em estágio avançado a consultar um médico e tentar persuadir alguém que se sinta muito bem a adotar um estilo de vida mais saudável. Nosso desafio em convencer as pessoas da necessidade de disciplina é sempre maior quando tentamos alcançar aqueles que não reconhecem sua necessidade de ajuda.

■ Como disciplinas espirituais formam hábitos

Quando começamos a treinar nossa mente para ver a vida de forma diferente, o que segue é uma grande luta.[171] E, se essa formação não ocorrer no contexto de relações de apoio, provavelmente falharemos. A falta de apoio relacional é também a razão pela qual tantas pessoas voltam a ganhar peso após uma perda de peso significativa. Se elas acreditam que é uma perda terrível não comer batatas fritas, biscoitos, massas e sorvetes, elas olham para esses alimentos com saudade e sentem falta de comê-los. Eventualmente, voltam aos seus velhos hábitos porque querem voltar atrás e pensam que precisam fazê-lo.

Assim, como os objetivos de perder peso e de se alimentar de forma saudável, o objetivo do crescimento espiritual é formar a vontade através do processo de transformação de desejos e, depois, através da obediência ao exercício de bons desejos até estabelecermos bons hábitos e um caráter piedoso. Como diz Willard: "Queremos ter uma vontade que seja plenamente funcional, não em guerra consigo mesma e capaz de orientar todas as partes do eu em harmonia umas com as outras sob a direção de Deus".[172]

Por mais úteis que sejam as disciplinas espirituais, elas não devem ser confundidas com a espiritualidade em si. Não são a base da nossa relação com Deus, mas simplesmente práticas que fornecem um contexto para que ele opere para nos transformar. Considero muito útil pensar em disciplinas espirituais como os exercícios que fazemos para melhorar nosso bem-estar físico. Algumas disciplinas terão um efeito

---

171 Veja minha discussão detalhada sobre esse tema em *Choose the Life: Exploring a Faith that Embraces Discipleship* (2004), p. 61-79.
172 WILLARD, 2003, p. 156.

indireto, como a corrida, que muda a fisiologia do corpo. Os músculos queimam energia, os pulmões se expandem para absorver mais oxigênio, e o coração bate com mais força. Com o tempo (várias semanas), os músculos se tornam mais fortes, os pulmões adquirem uma capacidade maior, e a capacidade do coração bombear sangue aumenta. O objetivo principal do corredor não é que os músculos ganhem massa e que o coração e os pulmões melhorem sua atividade; isso acontece indiretamente. O corredor quer correr para atingir o resultado desejado, mas também adquirir uma saúde geral melhor.

As disciplinas espirituais funcionam de forma semelhante. Digamos que você deseja tornar-se uma pessoa mais amorosa. Você não pode ordenar que seus sentimentos mudem de repente. Mas você pode optar por agir de uma forma que levará ao resultado desejado. Você pede a Deus que ele mude seus motivos. Depois, como um corredor, você inicia um programa de orações regulares, de receber a palavra de Deus e de adorá-lo de várias maneiras. Com o tempo, seu coração começa a gostar de agradar a ele, como muitos corredores começam a gostar de correr. Você pode optar pelo jejum, transferindo o desejo físico por alimento para o desejo espiritual por uma experiência mais profunda de Deus e pelo alimento que ele proporciona. Depois você pode escolher servir aos outros, fazendo coisas de amor por eles. De repente, um dia, você percebe que gosta de servir aos outros e que amá-los se tornou natural para você. Tal como a corrida muda o corpo, seus exercícios de disciplina espiritual se transformam em hábitos e mudam seu caráter, que se revela pela forma como você age. Você escolheu manter esses exercícios porque Deus plantou no seu coração o desejo de mudança.

Quero lhe dar outro exemplo prático e concreto da vida real. Um fruto do Espírito é o autocontrole, a capacidade de fazer o que pretendemos fazer e não fazer o que não pretendemos fazer. Muitas pessoas carecem dessa capacidade. Não conseguem passar por um prato com doces sem provar, ou por uma pessoa atraente sem flertar. Muitas vezes, o desejo por essa comida ou pessoa permanece no seu coração e na sua mente.

No Sermão da Montanha, Jesus fala do processo de transformação espiritual. Os líderes religiosos, escribas e fariseus se concentravam no comportamento externo, ignorando o coração. Mas Jesus olha para a fonte do comportamento e não apenas para a aparência exterior. Ele ensina que a piedade verdadeira é expulsa da mente, da vontade e do espírito. Por exemplo, Jesus ensina que o homicídio é resultado da raiva. Se as pessoas não se irritarem primeiro umas com as outras, não é provável que se matem. Assim, em vez de evitar o ato do homicídio, devemos nos concentrar em pensamentos, atitudes e sentimentos. Jesus nos diz que devemos lidar com nossa raiva, cultivar a paz e o amor nas nossas relações e perdoar os outros que cometem o mal contra nós.

Aqui está uma analogia. Se você voar de Los Angeles para Houston, você não precisa voar para Seattle. Voar para Seattle não é algo com que você deva se preocupar. Da mesma forma, se você aprender a perdoar os outros e a lidar com a causa da sua raiva, não precisará se preocupar em matá-los.

A luxúria fornece outro exemplo concreto e se conecta à nossa discussão acima sobre o autocontrole. Suponha que você é um homem que conhece uma mulher atraente e permite que a imagem dela se instale na sua mente. Não pode passar um dia sem pensar nela, ter fantasias com ela e criar um universo alternativo onde vocês estejam juntos. Você percebe que deve fazer algo para acabar com esses desejos. Nosso primeiro impulso, esforçar-nos mais para exercer nosso poder de vontade, não funcionará. Você não pode ordenar a si mesmo: "NÃO COBICE. NEM SEQUER PENSE NELA!". Você não tentará obedecer a ordens nem cumprir promessas. Não, o problema é profundo demais para essas soluções. Você deve abordar a fonte dos seus pensamentos e as razões por trás do seu desejo. O objetivo é alcançar um estado em que não pensar na mulher não pareça uma perda. Você deve examinar seu desejo e as razões pelas quais se sente privado quando não tem o que deseja. Precisa trazer a provisão de Deus para esse lugar de anseio.

Essas situações são onde os exercícios espirituais e as disciplinas demonstram sua utilidade. A boa notícia é que temos remédios para curar os desejos errados! Não importa se desejamos uma pessoa, uma comida, uma casa, um emprego ou alguma outra coisa, o remédio é o mesmo. Devemos considerar algumas coisas básicas:

- Comece perguntando a Deus: "Por que anseio por essa pessoa, coisa ou situação?". Ore por ajuda para discernir a fonte. Encontre outra pessoa em quem confie para falar sobre isso. Dietrich Bonhoeffer falou muitas vezes sobre como o pecado nada mais quer do que estar sozinho com você. O pecado é fortalecido quando afastamos os outros.

- Olhe atentamente para suas expectativas e pense nas consequências de satisfazer seu desejo pecaminoso. Muitas vezes, não conseguimos pensar até o fim. Por isso, devemos perguntar como seria se conseguíssemos o que queremos. Nossos sonhos estão cheios de suposições sobre o mundo que não estão alinhadas com a realidade. Graciosamente, Deus nos mostrará a falácia dos nossos sonhos, que podem ter sido alimentados pelos valores e ídolos da cultura em que vivemos. Além disso, pode haver gatilhos na sua vida, formas inconscientes de reação em que você foi treinado para estar insatisfeito com o que é ou tem. Lembre-se de que o objetivo do inimigo é tornar-nos insatisfeitos com o que Deus nos deu e duvidar de que ele nos ame. O inimigo quer que pensemos que Deus nos está privando de coisas boas.

- Seja paciente. Mudança leva tempo. Você pode perguntar por que e depois ter que esperar confiando que Deus lhe revele a resposta. Entrementes, pratique o que ele lhe diz. Evite os estímulos e pratique o antídoto: lembre-se de que tudo o que você tem é uma dádiva de Deus e aprenda a ser grato pelo que tem. Concentre-se nas boas novas do que Jesus fez por você na cruz e na ressurreição. Sua mente acabará mudando e informando sua vontade. Com o tempo, você começará a querer o bem do qual Deus o convenceu. Um dia, você amanhecerá e já não sentirá falta de pensar nessa pessoa, na comida, na casa, no emprego ou em qualquer outra coisa. Seu poder se foi, e isso é ótimo para você.

- Continue exercendo as disciplinas espirituais tais como adoração, serviço, leitura e memorização das Escrituras, oração, jejum, confissão, submissão, silêncio e solitude. Essas disciplinas expõem nossos motivos e trazem à superfície as falhas do nosso caráter. Pensamentos negativos que ficaram enterrados por muito tempo e que criam emoções destrutivas serão expostos. As disciplinas fornecerão a estrutura e o contexto necessário para o crescimento e a maturidade a longo prazo.

Antes de concluirmos este capítulo, deixe-me resumir o processo de mudança.

Como vimos no Passo 1, a mudança começa com a obra do Espírito Santo e o desejo que Deus planta em nós (Filipenses 2:13). Mas os desejos por si só não nos mudam. Devemos responder em obediência, e uma das ferramentas úteis que Deus providencia para essa reação é a graça da disciplina. Com seu poder capacitador, devemos treinar nossa vontade, mudando nossa forma de pensar (nossas ideias), o que queremos (nossas imagens) e nossos sentimentos (nossas emoções). Fazemos essas coisas através das práticas espirituais que Deus nos prescreveu (1Timóteo 4:7). Ao longo do tempo, essas disciplinas levam a hábitos que afetam tanto nossas atitudes como nosso comportamento (Hebreus 5:11-13). Agora, consideraremos brevemente o resultado de tudo isso: uma mudança no nosso caráter.

■ O resultado: o caráter de Cristo

Pedro abençoou a Igreja dizendo: "Graça e paz lhes sejam multiplicadas, pelo pleno conhecimento de Deus e de Jesus, o nosso Senhor" (2Pedro 1:2). A mente moderna costuma pensar em conhecimento como fatos e informações. Ao mesmo tempo que o conhecimento de Deus informa a mente, esse conhecimento vai muito mais fundo do que o entendimento no nível superficial. O conhecimento do qual Pedro fala

é adquirido por alguém que se empenhou na formação espiritual.[173] É
o conhecimento que ganhamos à medida que assumimos o caráter de
Cristo, que inclui a intimidade relacional que temos com Deus devido
às nossas constantes interações com ele para o entendermos melhor.
Devido a esse conhecimento, nós o amamos mais e gostamos de estar
com ele. Confiamos no que ele diz, e nossa fé é validada pela nossa
experiência. Esse tipo de conhecimento muda nosso caráter, que é o
resultado da vontade que atua vez por vez até ser consistentemente
manifestada através dos nossos corpos no comportamento. Crescer no
nosso conhecimento ou intimidade com Deus requer a graça contínua
da sua ajuda, e nossa interação com ele multiplica nosso entendimento
dele e dos seus caminhos.[174] Peter continua:

> Por intermédio destas ele nos deu as suas grandiosas e preciosas
> promessas, para que por elas vocês se tornassem participantes
> da natureza divina e fugissem da corrupção que há no mundo,
> causada pela cobiça. Por isso mesmo, *empenhem-se* para acres-
> centar à sua fé a virtude; à virtude o conhecimento (2Pedro
> 1:4,5, grifo meu).

Através da crença em Cristo, fomos capacitados a compartilhar da
natureza divina de Deus. Assim, devemos "nos empenhar" para fazer
com que as qualidades da sua natureza divina façam parte da nossa
vida.

A mensagem de Pedro é clara. Foi-nos dado algo precioso, as promessas de Deus; por conseguinte, devemos fazer tudo que estiver ao
nosso alcance para desenvolver e utilizar o que nos foi dado. Exercemos

---

173 A palavra grega traduzida como "conhecimento" é επιγνωσει. Ela é composta de
duas palavras: επι, que costuma significar "sobre", mas que, nesse caso, intensifica a
segunda palavra γνωσει, "saber". Essa construção denota um conhecimento interativo
ou pessoal baseado na relação e interação entre duas partes.
174 Crescer no conhecimento de Deus significa que a graça é multiplicada. Isso é mais
claro em grego porque a palavra traduzida como "crescer" em 2Pedro 1:2 é πληθυνθειη,
que significa multiplicar.

fé, confiando nas promessas de Deus e na sua graça que nos permite participar da natureza divina através da nossa união com Cristo. Pedro nos diz que devemos nos empenhar "para acrescentar à sua fé a virtude; à virtude o conhecimento; ao conhecimento o domínio próprio; ao domínio próprio a perseverança; à perseverança a piedade; à piedade a fraternidade; e à fraternidade o amor" (2Pedro 1:5-7).

Essas qualidades de caráter não pretendem substituir o fruto da lista do Espírito de Paulo, mas são a forma de Pedro dizer a mesma coisa.[175] Excelência moral, conhecimento, autocontrole, resistência paciente, piedade, afeto fraterno, amor por cada um — essas sete qualidades de caráter devem ser acrescentadas à nossa fé, e fazê-lo exige esforço. Algumas pessoas veem uma progressão nessas qualidades, mas eu não estou convencido de que a ordem seja importante. O que importa é que avancemos com isso como nosso objetivo. Pedro continua:

> Porque, se essas qualidades existirem e estiverem crescendo em suas vidas, elas impedirão que vocês, no pleno conhecimento de nosso Senhor Jesus Cristo, sejam inoperantes e improdutivos. Todavia, se alguém não as tem, está cego, só vê o que está perto, esquecendo-se da purificação dos seus antigos pecados. Portanto, irmãos, *empenhem-se* ainda mais para consolidar o chamado e a eleição de vocês, *pois se agirem dessa forma, jamais tropeçarão* (2Pedro 1:8-10, grifo meu).

Mais uma vez, devemos prestar atenção em como os escritores bíblicos exortam as pessoas e procuram motivá-las a agir. Creio que nossas igrejas contemporâneas se afastaram muito dessas exortações. Mas Pedro é bem claro: diz que devemos "nos empenhar" e "nos esforçar" para fazer essas coisas, e então descobriremos que essas qualidades espirituais nos servirão bem. Para ele, a graça não se opõe ao trabalho árduo, ao esforço. Suas palavras aqui me lembram das de Paulo: "Ponham em ação a salvação de vocês" (Filipenses 2:12).

---

[175] Gálatas 5:22,23 é um padrão, e a lista de Pedro é um bom complemento.

Tudo isso deve lembrar-nos do treinamento e da disciplina envolvidos na nossa decisão de sermos discípulos de Cristo, como discutimos acima. Pedro está simplesmente se referindo às expectativas de ser um aluno de Jesus. Quando estamos inscritos na escola de discipulado, devemos reagir aos desejos que Deus coloca no nosso coração.[176] Devemos obedecer-lhe através de exercício espiritual e prática, prática, prática para formar hábitos piedosos.[177] Eventualmente, descobriremos que nos tornamos a pessoa que Cristo quer que sejamos. Teremos um novo caráter.[178] Seremos alegres e amaremos os outros como Cristo nos amou.[179]

Como já vimos, nossa vontade selvagem e fragmentada é instruída através desse processo de mudança. Assim, Paulo diz: "transformem-se pela renovação da sua mente, para que sejam capazes de experimentar e comprovar a boa, agradável e perfeita vontade de Deus" (Romanos 12:2). Começamos a pensar de forma diferente porque Deus coloca novos pensamentos e desejos na nossa mente. Obedecemos e praticamos seus caminhos que formam bons hábitos e depois nosso caráter. Quando nossa nova vontade se conforma à vontade de Deus, o resultado agrada a ele.

William Law apresenta essas ideias de um jeito lindo:

> Você sabe quem é o maior santo do mundo? Não é aquele que ora mais ou jejua mais; não é aquele dá mais esmolas ou se sobressai pela moderação, castidade ou justiça; é aquele que está sempre grato a Deus, que quer tudo que Deus quer, que recebe tudo como um caso da bondade de Deus e tem um coração sempre pronto a louvar a Deus por isso.[180]

---

[176] Veja Filipenses 2:13.
[177] Veja 1Coríntios 9:24-27; 1Timóteo 4:7-9.
[178] Veja 2Pedro 1:2-11.
[179] Veja João 13:35; 17:21.
[180] LAW, William. *A Serious Call to a Devout and Holy Life*. Suffolk: Richard Clay and Sons Limited, 1906.

CAPÍTULO 6

MEIOS E CAMINHOS

"

A história não é só a história de pessoas ruins que fazem coisas ruins. É igualmente a história de pessoas que tentam fazer coisas boas. Mas, de alguma forma, algo dá errado.

— C. S. Lewis, programa da rádio BBC, 21 de março de 1944

A impotência dos "sistemas" é a razão principal pela qual Jesus não enviou seus alunos para criarem governos ou até mesmo igrejas como as conhecemos hoje em dia, que sempre transmitem fortemente alguns elementos de um sistema humano.

— Dallas Willard, Renovation of the Heart

"

NA INTRODUÇÃO A ESTE LIVRO, citei Dallas Willard sobre o que precisa ser feito para recuperar uma compreensão bíblica do discipulado: "Seria principalmente um trabalho de interpretação bíblica e reformulação teológica".[181] Até agora, nós nos concentramos principalmente na compreensão de o que as Escrituras ensinam e em como formular essa compreensão teológica de uma forma que responda tanto ao passado como ao nosso contexto. Mas Willard continua: "A modificação das práticas endurecidas pelo tempo também será necessária. Mudanças radicais naquilo que fazemos no caminho da 'igreja' terão de ser feitas".[182] Devemos voltar nossa atenção, agora, para essas práticas e mudanças. O que precisamos alterar nos métodos e estruturas ou nas formas e meios de ministério?

Uma igreja local é simplesmente o resultado da utilização dos modos e meios de fazer discípulos que Jesus prescreveu e modelou. Nessa perspectiva, a igreja não é a causa por trás da formação de discípulos — é o resultado. Mike Breen é conhecido pela sua declaração incisiva: "Se fizer discípulos, você sempre terá uma igreja. Se fundar igrejas, você pode não obter discípulos".[183] Uma igreja de discípulos pode não ter campanário, sinos nem equipe de adoração da hora, mas será uma igreja verdadeira.

---

181 WILLARD, Dallas. *Spiritual Formation as a Natural Part of Salvation*. Transcrição de uma palestra feita no Wheaton College, 2008, p. 19.

182 Ibid., p. 9.

183 Mike Breen, declaração feita numa discussão de pódio em Exponential East, 2012.

Quais são os meios e caminhos que devemos empregar para criar uma igreja que produza discípulos? Também devemos mencionar aqui que os pastores devem criar movimentos de discipulado que encontrem sua melhor aplicação numa igreja. Mas é desesperadamente importante continuar a repetir que as igrejas sigam fazendo discípulos; esta é a primeira prioridade. Existem meios e caminhos melhores do que outros ou mais corretos biblicamente? Que meios e caminhos Jesus e os apóstolos nos ofereceram? Para responder a essas perguntas, começaremos analisando como Jesus fez discípulos.

▶ O método de Jesus

John Wesley escreveu certa vez: "Deem-me cem pregadores que não temem nada senão o pecado e não desejem nada senão Deus, e não me importo se sejam clérigos ou leigos, eles abalarão as portas do inferno e estabelecerão o reino dos céus sobre a Terra".[184] As pessoas que seguiram Jesus eram seus aprendizes. Elas nunca teriam entendido seu modo de vida através de um seminário ou de uma conversa de uma hora por semana. Assim, vivendo uma relação próxima com elas, Jesus lhes ensinou seus modos não só de viver, mas também de se relacionar — suas prioridades, suas paixões e seus medos.[185]

Reconheço que reproduzir o ambiente de Jesus e dos seus discípulos é difícil na vida moderna. Mas as consequências de não utilizar sua abordagem relacional têm sido custosas. Em vez disso, nossas igrejas se contentaram com os meios e caminhos do mundo e relegaram o método de Jesus a um departamento especial para os radicais.[186] Hoje, estudar Jesus é muito mais comum do que dizer aos outros o que Paulo disse: "Tornem-se meus imitadores, como eu o sou de Cristo" (1Coríntios 11:1).

---

184 GIVE me one hundred preachers [...]. Beliefnet, 2022. Disponível em: http://www.beliefnet.com/Quotes/Evangelical/J/John-Wesley/Give-Me-One-Hundred-Preachers--Who-Fear-Nothing-But.aspx. Acesso em: 9 ago. 2022.

185 COLEMAN, Robert. *The Master Plan of Evangelism*. Grand Rapids: Revell, 1963. p. 21.

186 Tenho muito a dizer sobre isso no meu livro *The Christian Leader* (Grand Rapids: Zondervan, 2016).

Os caminhos de Jesus são únicos. Eugene Peterson escreve: "Jesus é a alternativa aos caminhos dominantes do mundo, não um suplemento a eles. Não podemos usar meios impessoais para fazer ou dizer uma coisa pessoal — e o evangelho é pessoal ou não é nada".[187] Jesus disse: "Eu sou o caminho, a verdade e a vida. Ninguém vem ao Pai senão por mim" (João 14:6). Então, podemos pegar a verdade sobre Jesus e apresentá-la de qualquer jeito que nos agrade? Ou será que a mensagem está, de alguma forma, vinculada aos meios? Em outras palavras, existe um "caminho de Jesus" que é tão importante como a "verdade de Jesus"? E se a forma como Jesus preparou seus seguidores para viver e proclamar a verdade for tão importante quanto a verdade que ele lhes ensinou? Peterson continua com estas palavras condenatórias: "Jesus como caminho é a metáfora mais frequentemente evitada entre os cristãos com quem trabalhei durante cinquenta anos como pastor norte-americano".[188]

Se o que Peterson diz é verdade, o que estamos fazendo no lugar do método de Jesus? Mais uma vez, Peterson aponta de forma útil onde nós nos desviamos. Ele destaca especialmente nossa tendência de despersonalizar os ensinamentos de Jesus, transformando as relações em programas e a sabedoria da vida real em princípios para o aperfeiçoamento pessoal:

> Os caminhos que Jesus percorre para amar e salvar o mundo são pessoais: nada desencarnados, nada abstratos, nada impessoais. São de carne e osso, relacionais, pessoais e locais. As formas utilizadas na nossa cultura norte-americana são manifestamente impessoais: programas, organizações, técnicas e orientações gerais desconectadas do lugar. Em termos de meios e caminhos, o vocabulário dos números é preferível aos nomes, as ideologias afastam as ideias, o nevoeiro cinzento da abstração absorve as particularidades acentuados do rosto reconhecível e da rua familiar.[189]

---

187 PETERSON, Eugene. *The Jesus Way*. Grand Rapids: Eerdmans, 2007. p. 2.
188 Ibid., p. 4.
189 Ibid., p. 1.

Ou como E. M. Bounds disse certa vez: "Os homens procuram métodos melhores, e Deus procura homens melhores".

Em vez de seguir os caminhos de Jesus, a experiência da Igreja ocidental foi concebida para satisfazer as necessidades que a indústria publicitária americana tem despertado nos consumidores. Nossas igrejas procuram satisfazer necessidades, oferecer serviços e proporcionar uma experiência que fará com que as pessoas queiram voltar. Estão no negócio de satisfazer fantasias e cumprir falsas promessas, e por isso reformularam o evangelho e o transformaram em consumismo. Mas Jesus nos chama a negar-nos a nós mesmos e a segui-lo até a cruz. Assim, "o cultivo da espiritualidade consumista é a antítese de uma congregação sacrificial que nega a si mesma. Uma igreja de consumo é uma igreja anticrística".[190]

Sei que essa é uma palavra difícil para nós, especialmente para aqueles que pastoreiam uma igreja. Por que é tão difícil vermos isso na nossa própria igreja? E, se o vemos, por que damos tão pouca atenção a esse alerta? Porque nos tornamos pragmáticos. Pensamos que, se algo parece estar funcionando, não precisamos consertá-lo. Na sua maioria, nossos programas e seminários parecem atingir o objetivo desejado — até não o alcançarem mais. Quando já não funcionam, tentamos usar a sabedoria secular e os métodos humanos para corrigi-los. Mas eles continuam não funcionando, porque, como disse Albert Einstein, raramente um problema é resolvido através dos mesmos meios pelos quais ele foi criado. Em outras palavras, esse problema não pode ser resolvido através da melhoria da nossa cultura cristã de consumo. Só pode ser resolvido aprendendo e praticando o método de Jesus que se encontra nos evangelhos.

-- A submissão de Jesus ao Pai

Antes do início do ministério público de Jesus, houve o início do início. Jesus foi batizado por João no rio Jordão. Esse acontecimento

---

190 Ibid., p. 10.

foi mais do que um simples ritual — foi uma demonstração da submissão de Jesus ao plano do Pai e mostrou o apoio amoroso do Pai ao
seu Filho. Em todos os três relatos sinópticos do evangelho, o Pai
declara de forma audível sua aprovação (Mateus 3:13-17). Até esse
ponto em sua vida, Jesus pouco fez que pudéssemos considerar digno
de nota. Ele trabalhou na construção civil, empenhando-se no negócio
da família. Dificilmente era o trabalho de alguém que planejava mudar
o mundo.

Conhecemos poucos detalhes da vida de Jesus antes de começar seu
ministério, mas uma coisa se destaca nas palavras proferidas em seu
batismo: Jesus agradou ao seu Pai. Isso certamente mostra o amor na sua
relação, mas também indica a fidelidade de Jesus à sua família terrena,
ao seu estudo, à sua adoração e ao seu trabalho. Em outras palavras, em
tudo o que disse e fez, Jesus agradou ao seu Pai ao submeter-se ao Pai
e ao fazer a vontade do Pai. Quase tudo é suportável, não importa o
quão insignificante ou enfadonho seja, para as pessoas que sabem que
estão fazendo a vontade de Deus. Mais tarde, quando Jesus enfrentou
a cruz, sua submissão lhe serviu bem, especialmente no auge da sua
oração no Getsêmani. Na verdade, a preparação para esse dia começou
imediatamente após seu batismo, quando o Espírito de Deus o levou
para o deserto para ser tentado pelo diabo.

--- **A tentação de Jesus**

Jesus vai para o deserto, onde jejua por quarenta dias: "Depois de
jejuar quarenta dias e quarenta noites, teve fome. O tentador aproxi-
mou-se dele [...]" (Mateus 4:2,3a). Mesmo que leiamos frequentemente
esse relato como uma história sobre Jesus e o diabo, na verdade, ela fala
de Jesus e do seu Pai, porque descreve a submissão de Jesus e a confiança no seu Pai. Satanás é suficientemente esperto para saber que a
tentação de um homem faminto deve começar com aquilo que sua
carne deseja. Jesus tem fome, por isso Satanás lhe diz: "Se você é o Filho
de Deus, mande que estas pedras se transformem em pães" (Mateus
4:3b). A tentação aqui é que Jesus use seu poder e autoridade como

máquina de venda automática. Satanás quer que Jesus transforme algo inútil numa mercadoria que satisfaça sua necessidade do momento, que viva para si mesmo, que abandone o plano do Pai e que siga o caminho fácil — o caminho consumista da autossatisfação.

Essa não é uma tentação que todos nós enfrentamos? Queremos que nossas necessidades sejam satisfeitas, queremos satisfação imediata, e estamos todos dispostos a sacrificar o objetivo de longo prazo da fidelidade a Deus para conseguirmos o que precisamos. E, nas nossas igrejas, com que frequência temos feito esse mesmo pedido ao Senhor? Oramos para que ele satisfaça nossas necessidades da forma que pensamos que ele deve satisfazê-las e esquecemos que ele costuma ter em mente uma forma e um objetivo diferentes.

A segunda tentação de Satanás é bastante espetacular:

> Então o diabo o levou à cidade santa, colocou-o na parte mais alta do templo e lhe disse: "Se você é o Filho de Deus, jogue-se daqui para baixo. Pois está escrito: 'Ele dará ordens a seus anjos a seu respeito, e com as mãos eles o segurarão, para que você não tropece em alguma pedra'" (Mateus 4:5,6).

Aqui, Satanás adota uma abordagem diferente e encoraja Jesus a deslumbrar o povo, a oferecer-lhe um espetáculo e libertá-lo do seu tédio. Ele desafia Jesus a confiar no milagre espetacular para dar prova de si mesmo.

Nós também somos tentados de forma semelhante a tomar algo que as pessoas pensam ser entediante e torná-lo excitante e viciante, como drogas, álcool e sexo. Perguntamos como podemos entreter e impressionar as multidões, deixando-as arrepiadas. Acredito que essa tentação é particularmente atraente para aqueles que têm capacidades ou talentos excepcionais. É a mentalidade do atalho de que podemos entreter as pessoas com o espetacular.

Mas Jesus rejeita esse caminho porque não é a maneira de construir um ministério e iniciar um movimento. Hoje em dia, é comum encontrar igrejas falidas, outrora cheias de "milagres", a serem vendidas no mercado aberto. Milagres acontecem hoje em dia? É claro que sim. Meu objetivo não é minimizá-los. Mas eles, por si só, não transformarão as pessoas em discípulos, porque não sustentam o dia a dia, e movimentos duradouros exigem mais do que algumas pessoas talentosas. Eles são sustentados por uma infraestrutura reprodutível.

Em vez de confiar no milagroso e buscar o talentoso, Jesus passou 90% do seu tempo com apenas algumas pessoas comuns. Jesus conhecia os ritmos da vida comum, pois viveu na obscuridade durante trinta anos antes do seu ministério público, e valorizava o ordinário, o comum e o quotidiano. Como diz Peterson: "O caminho de Jesus não é uma sequência de exceções ao ordinário, mas uma forma de viver profunda e plenamente com as pessoas aqui e agora, no lugar em que nos encontramos".[191]

A terceira tentação de Satanás oferece a Jesus uma forma de governar o mundo sem ter de sofrer a agonia da cruz. "Depois, o diabo o levou a um monte muito alto e mostrou-lhe todos os reinos do mundo e o seu esplendor. E lhe disse: 'Tudo isto lhe darei, se você se prostrar e me adorar'" (Mateus 4:8,9). O diabo é astuto, mas subestima Jesus, pensando conhecer seu ponto fraco. Ele tem certeza de que esse humano aceitará outra forma mais fácil de alcançar seu objetivo. Satanás acredita que o objetivo de Jesus é o domínio mundial, mas Jesus sabe que seu verdadeiro objetivo é a salvação mundial.

Satanás oferece um mundo que Jesus possa governar, sujeito à permissão demoníaca. Talvez o diabo mostre algo semelhante à sociedade com a qual Gandhi sonhou, com "sistemas tão perfeitos que ninguém precisaria ser bom".[192] Mas trazer a mudança através de domínio e autoridade externos não é o caminho de Jesus, porque não aborda o problema da rebelião humana. Jesus conserta o que está errado conosco — nosso pecado — entregando-se por nós. A maneira de Jesus aborda nossa verdadeira necessidade e nos salva, trazendo-nos para uma relação pessoal e para as bênçãos de Deus.

---

191 Ibid., p. 33.
192 Citado em ibid., p. 33.

Consistentemente, Jesus se recusa a fazer coisas boas da forma errada. Cada uma das tentações que Satanás oferece tem algo de bom: satisfazer uma necessidade real de fome, atrair seguidores através de um sinal milagroso e trazer o governo justo para o mundo. Mas Satanás está pedindo a Jesus que tome um caminho diferente daquele que combinou com seu Pai. O diabo também estava tentando Jesus a despersonalizar sua obra. O caminho de Jesus é relacional, pessoal e adequado à nossa necessidade de transformação interior. Jesus não procurou satisfazer suas próprias necessidades. Ele derramou sua vida pelo bem dos outros. Ele não se apoiou em milagres para conquistar seguidores. Liderou pelo seu exemplo, atraindo as pessoas pelo seu amor. E não tomou o caminho fácil para a vitória, mas abraçou e submeteu-se ao plano do Pai. O apelo de Jesus era simples: "Siga-me".

▶ Como Jesus se relacionava com seus seguidores?

O objetivo dos evangelhos é contar a história de Jesus. Alguns calculam que ele passou 90% do tempo do seu ministério com seus doze seguidores escolhidos. Isso é um tempo significativo que passaram juntos! Quando eu era um jovem pastor docente que estudava a vida de Jesus e olhava para a forma como ele interagia com seus seguidores, pensei: existe alguma diferença significativa entre as diferentes formas como Jesus chama seus seguidores?

Então comecei a investigar e descobri que Jesus pediu a alguns: "Venha e veja"; a outros: "Venha e siga-me"; a alguns: "Venha e fique comigo"; e a outros: "Permaneçam em mim". Na superfície pareciam existir algumas pequenas diferenças, por isso pesquisei para saber se alguém tinha considerado o que tudo isso poderia significar.

Fiquei feliz ao saber que A. B. Bruce, em seu livro clássico *The Training of the Twelve*, registra uma progressão de chamados.[193] Após mais estudos, descobri que Robert L. Thomas, em *The NIV Harmony of the Gospels*, também discute que o compromisso dos discípulos era uma

---

193 BRUCE, A. B. *The Training of the Twelve*. New Canaan, CT: Keats, 1979. p. 11-18.

progressão.[194] Acontece que Thomas era meu professor de Novo Testamento quando frequentei a Talbot School of Theology nos anos de 1970. Meu primeiro livro, *Jesus Christ, Disciplemaker*, baseou-se principalmente nos meus resultados de pesquisa sobre essa questão.[195] Nele, forneço a estrutura para a forma como Jesus treinou seus seguidores. Nesta seção, resumirei o que aprendi e ensinei durante as últimas quatro décadas.

-- ## Sequencial e segmentado

Durante minha pesquisa, percebi que existiam três períodos distintos no ministério de Jesus marcados por diferenças na forma como ele se relacionava com seus seguidores.

Podemos ver esses períodos ao estudarmos os evangelhos cuidadosamente. Quando descobrimos o desenvolvimento sequencial da relação de Jesus com seus seguidores, emerge uma estrutura clara sobre a forma de discipular as pessoas ao longo das diferentes fases do seu crescimento. Embora alguns líderes ensinem um processo segmentado e sequencial de discipulado, na minha opinião, a maioria não leva o processo a sério. No máximo, ao longo dos últimos vinte anos, um ceticismo mais profundo ou um preconceito contra abordagens sistemáticas resultou num ensino concebido para satisfazer as necessidades ou interesses das pessoas. Embora tal ensino "no momento" possa ser útil — por exemplo, quando você está com um pneu furado ou precisa desentupir uma pia —, aprender de maneira estruturada tem vantagens maiores. Sejamos honestos. Mesmo aqueles que defendem uma abordagem de aprendizagem de acordo com as "necessidades percebidas" matriculam seus filhos de seis anos na primeira série, e não no quinto ano da escola. A maior parte da aprendizagem formal ainda é feita de forma sistemática. Embora esse método não seja a única forma de aprendizagem, continua sendo eficaz.

---

194 THOMAS, Robert L.; GUNDRY, Stanley N. *The NIV Harmony of the Gospels*, edição revisada de BROADUS, John A.; ROBERTSON, A. T. *A Harmony of the Gospels for Students of the Life of Christ*. Nova York: HarperCollins, 1988.
195 HULL, Bill. *Jesus Christ, Disciplemaker*. Grand Rapids: Baker, 2004.

Na verdade, defendo ambos os estilos de aprendizagem para o crescimento espiritual. Se você se lembrar do Passo 2, tanto as abordagens proativas como reativas ao crescimento têm valor. Crescemos quando o inesperado acontece, quando encontramos sofrimento e conflito, quando a vida não corre como planejado. Mas para esse tipo de aprendizagem devemos contar com a rede de segurança. Também devemos ser proativos, estabelecendo um plano e um processo que seja alimentado pela intenção. Devido à natureza da vida, Jesus ensinou seus discípulos usando ambas as abordagens. Ele tinha um plano, embora provavelmente não tenha sido anotado numa agenda. Ele entendia claramente a dinâmica do seu trabalho e como preparar homens e mulheres para assumi-lo. Eles precisavam compreendê-lo suficientemente bem para ensinar os outros e acreditar nele o suficiente para morrer pela causa.

Se você é pastor ou líder, aconselho-o a não ser insensato. Não espere que o inesperado lhe forneça o currículo para fazer discípulos. Em vez disso, desenvolva um plano que siga a liderança de Jesus e treine intencionalmente discípulos dispostos a se tornarem o tipo de pessoa que naturalmente fará o que Jesus fez e reagirá da forma como Jesus reagiu. Então, como Jesus fez isso?

CAVANDO MAIS FUNDO

▶ LIDERANÇA CONTRAINTUITIVA

Se você tivesse apenas três anos para executar um plano para salvar o mundo, o que você faria? Três anos não é muito tempo. É um ano a menos do que um mandato presidencial norte-americano. Jesus responde a essa pergunta, e vamos dar-lhe crédito — ele deve ter tido um plano desde o início. Se seu comportamento e relacionamento com seu Pai descrito nos evangelhos serve como algum indício, eles conversaram sobre isso antes de ele começar seu ministério público.[a] Aos doze anos, Jesus já tinha um entendimento de discipulado e de como ensinar e reproduzir a partir da sua comunidade religiosa.[b] Jesus usou os valores e métodos da sua cultura para cumprir sua missão.

Alguma vez você já se deitou na cama à noite e refletiu sobre como você poderia ter um impacto maior para Cristo? Meus pensamentos são geralmente pouco realistas. Imagino que algo que escrevo se torna viral e resulta num renascimento ou transformação global. Lembro-me de quando o presidente Ronald Reagan mostrou uma cópia de *The Hunt for Red October*, de Tom Clancy, na televisão nacional e disse que era uma boa leitura. Talvez algo do tipo poderia acontecer com meu livro. Por que não? Depois volto à realidade.

Compartilho isso porque as primeiras ideias costumam revelar como eu sou um produto da minha cultura norte-americana. Meu primeiro impulso é o de lançar uma grande campanha. Se tivesse fundos ilimitados, eu conseguiria espalhar a notícia. Precisaríamos criar uma boa marca e usaríamos a tecnologia mais recente. Ou penso em formas de expandir meu ministério e de criar novas oportunidades. Precisaríamos angariar fundos e obter o apoio das pessoas certas.

Quanto mais bem-sucedida for a campanha, mais provável será que as pessoas invistam nela. É assim que conseguimos os grandes números, certo? Mas será que essas ideias são por onde devemos começar? Para ser claro, todas elas têm seu direito de existir, e certamente não há nada de errado em utilizar ferramentas ou angariar fundos. O problema está em confundir uma doação de um milhão de dólares ou um vídeo viral no Facebook com um sucesso verdadeiro. O que Jesus fez? Ele fez o que era contraintuitivo.

Ele resistiu às tentações de Satanás no deserto, dizendo não à fama e aos atalhos para o sucesso.[c] Ele instruiu as pessoas a não falarem sobre seus milagres.[d] Às vezes, ele evitou as multidões. Assim que Jesus ganhava algum impulso e popularidade, ele se retirava para um lugar isolado. Quando seus discípulos disseram que ele devia ir a Jerusalém, ele não o fez.

Jesus não parecia se importar com o quão influente ou poderosa uma pessoa poderia ser, apesar de conhecer pessoas poderosas que podem fazer as coisas acontecerem ser visto como uma vantagem para a carreira de alguém. Mais uma vez, para ser claro, acredito que fama pode ser usada por Deus, mas também pode desviar ou mesmo destruir o que Deus quer que seja feito. Demasiadas vezes, os líderes cristãos e pastores recorrem à influência de celebridades para realizar a obra que só o Espírito de Deus pode fazer.

Certa vez, Eugene Peterson foi convidado para passar algum tempo com o grupo de *rock* mundialmente conhecido U2. A banda tinha lido alguns dos trabalhos de Peterson, e queriam falar com ele sobre isso. Mas Peterson recusou o convite da banda por uma boa razão. Ele estava ocupado terminando o trabalho de tradução do Antigo Testamento para *A Mensagem*. Alguém pressionou Peterson por recusar o convite:

— Vá lá, Eugene, é o Bono — disse a pessoa.

— Não — respondeu Peterson —, é Isaías.

Naquele momento, Peterson sabia o que ele devia fazer, o que era mais importante, e fez disso uma prioridade acima da influência das celebridades.

É difícil resistir à poderosa atração de fama e sucesso. Mais uma vez, resistir nem sempre é necessário, mas precisamos de sabedoria para discernir quando e como usá-la. O mundo diz que, se quisermos ganhar na vida, devemos assumir o controle e fazer as coisas acontecerem. Mas Jesus disse que ganharemos vida desistindo dela. Se queremos alegria e felicidade, diz o mundo, devemos viver em tal cidade, vestir tais roupas, olhar para tal lado e ter tais amigos.

Mas Jesus diz que devemos servir os outros. Ele nos mostrou que, se quisermos mudar o mundo, devemos escolher o pequeno, não o grande. Tomar o último lugar, não o primeiro. Tal como Jesus, os líderes cristãos devem aprender a pensar de formas contrárias aos caminhos do mundo. Quando o espírito da época lhes diz que devem substituir a maturidade espiritual pelo crescimento numérico, para serem mais modernos do que santos, os pastores discipulados devem seguir Jesus.

---

a Veja Mateus 3:13-17.

b Veja Lucas 2:41-52. Jesus surpreendeu os estudiosos com seu conhecimento quando passou três dias no templo conversando com os líderes. Acrescente isso às horas semanais que ele passava na sinagoga em sua cidade natal, e podemos supor que Jesus tinha um conhecimento maravilhoso das antigas tradições antigas de sua fé. Penso que essa base de conhecimento levou a declarações como: "O aluno bem-treinado se tornará como o professor" (Lucas 6:40 NLT).

c Veja Mateus 4:8-10.

d Veja Mateus 14:22,23; Marcos 1:40-45; Lucas 5:15,16; João 6:14,15.

Quatro fases caracterizam o ministério de discipulado de Jesus. Vejo-as como quatro convites-chave.

1. "Venha e veja": Um convite para explorar. Esse foi o período em que Jesus apresentou um grupo de discípulos à sua natureza e ao seu ministério.
2. "Venha e siga-me": Um convite para aprender. Nesse período, os discípulos escolhidos e outros seguidores abandonaram sua profissão para viajar com Jesus.
3. "Venha e esteja comigo": Um convite para servir. Durante esse período, os doze discípulos permaneceram com Jesus, concentrados no treinamento para que pudessem sair e pregar.
4. "Permaneça em mim": Um convite para se multiplicar. Jesus apresenta o novo relacionamento que ele terá com seus discípulos e como eles se relacionarão com ele quando assumirem a missão de fazer discípulos. Ele quer que eles saibam que terão um ajudante, o Espírito Santo. Eles não serão abandonados; terão poder especial para cumprir suas instruções.

Vamos analisar mais de perto cada um desses quatro convites e a fase correspondente do ministério de discipulado.

▶ FASE 1: "VENHA E VEJA"

Texto: João 1:35—4:46
Participantes: João, André, Natanael, Pedro, Filipe e alguns outros
Tempo: 4 meses

A primeira fase do ministério de fazer discípulos de Jesus foi um tempo em que eles puderam reunir informações e investigar. Os discípulos assumiram um compromisso preliminar e aprenderam sobre a pessoa de Jesus e a natureza da sua missão. No final dessa fase, Jesus lança um desafio e dá aos discípulos a oportunidade de pensar sobre o que ele está pedindo a eles. Retomamos a história depois de Jesus ter sido batizado pelo seu primo João Batista e passado quarenta dias no deserto resistindo à tentação do diabo. Pouco depois, Jesus retorna ao Jordão e passa por João Batista, que está com seus discípulos. "Quando viu Jesus passando, disse: 'Vejam! É o Cordeiro de Deus!' Ouvindo-o dizer isso, os dois discípulos seguiram a Jesus" (João 1:36,37).

Seguir Jesus exigia uma certa dose de fé e ação. Depois de os dois o terem seguido por algum tempo, Jesus se virou e perguntou: "O que vocês querem?" (João 1:38). Aparentemente, eles ficaram atordoados com uma pergunta tão direta. Por um momento, eles hesitaram antes de fazer uma pergunta a Jesus: "Onde estás hospedado?". Observe como Jesus responde. Sua resposta é simples, mas vai mudar suas vidas: "Venham e verão" (João 1:39). Observe também que Jesus não responde à pergunta que provavelmente lhes vem à mente: "És o Messias?". Ele não está pronto para lhes dizer tudo o que eles querem saber, mas convida-os a explorar quem ele é. Na verdade, convida-os a se juntar a ele onde ele está hospedado.

À medida que a história continua, Jesus encontra outros três, Pedro, Filipe, e Natanael, que são irmãos, amigos ou vizinhos dos dois primeiros. O que nos impressiona imediatamente é que Jesus já tem algum conhecimento sobre esses homens. Primeiro ele demonstra esse conhecimento a Pedro: "Jesus olhou para ele e disse: 'Você é Simão, filho de João. Será chamado Cefas' (que significa Pedro)" (João 1:42). Esse é o primeiro encontro de Jesus com Simão, mas Jesus sabe o suficiente sobre ele para lhe dar um novo nome, Pedro ("a rocha"). Coloque-se no lugar de Simão por um momento. Como você se sentiria? Imagino que o conhecimento que Jesus tinha dele o deixou curioso, pois provavelmente indicava que Jesus sabia algo sobre ele que nem ele sabia sobre si próprio.

Jesus demonstra uma forma semelhante de conhecimento no caso de Natanael. "Ao ver Natanael se aproximando, disse Jesus: 'Aí está um verdadeiro israelita, em quem não há falsidade'" (João 1:47). Essa declaração mexe com Natanael, que fica perplexo ao ver que Jesus o conhece. Depois de Jesus falar sobre vê-lo antes de conhecê-lo, Natanael se convence de que Jesus é "o Filho de Deus [...], o Rei de Israel" (João 1:49).

Como todos nós, Natanael descobre que Deus conhece cada detalhe da vida de cada pessoa. C. S. Lewis fala que Deus existe fora do tempo e nos encoraja a refletir sobre como seria termos dez mil anos para revermos e contemplarmos cada segundo da vida de cada pessoa. Embora o conhecimento de Deus pareça espantoso, o fato é que ele nos conhece bem. Deus tem o tempo, o espaço e a capacidade cognitiva para conhecer cada um de nós perfeitamente.

Essa verdade atende à nossa necessidade mais profunda de sermos intimamente conhecidos e amados. No início do seu ministério, Jesus demonstra possuir esse conhecimento pessoal, e isso parece levar os discípulos a confiar nele de formas que eles não conseguem explicar nem compreender plenamente. Essa é uma forma precoce de crença, mas a forma de discipulado de Jesus começa com seu conhecimento pessoal e com a consciência dos seus discípulos.

-- **Venha e veja o quê?**

Como Jesus já conhecia esses homens, esse período do seu ministério foi concebido para que eles o conhecessem. Isso pode parecer óbvio para alguns, mas nossas igrejas tendem a ignorar esse passo simples. Convidamos o público frequentemente a "vir e ver" nossos prédios, a ouvir nossos cantores, a escutar nossos pregadores e a assistir à nossa liturgia. Mas essa experiência pode ser impessoal e girar mais em torno da exibição de nossas capacidades do que do discipulado. Às vezes, essa abordagem está enraizada nas nossas dúvidas, talvez na crença de que o que excita os que procuram não é Cristo, mas os adornos que cercam Cristo. Queremos convencer o mundo de que não somos monótonos.

Porém, na maioria dos casos, essa abordagem não funciona. As pessoas sabem quando alguém está tentando vender-lhes algo. Mesmo que alguns possam deixar-se enganar por isso, outros buscam algo autêntico, alguém que os conheça e que os veja. Não precisamos diluir nada. Na verdade, devemos deixar claro que não estamos apenas brincando e nos divertindo. Às vezes, já me perguntei o que diria o cartaz na frente da igreja de Dietrich Bonhoeffer. Talvez algo como: "Venha morrer conosco às 8h, 9h30 e 11h". Ser claro sobre o custo, sobre morrer para viver, é mais autêntico do que falar sobre viver sua "melhor vida agora". Quando escolhemos conduzir os outros da forma como Jesus o fez, começamos pedindo às pessoas que venham ver quem Jesus é — sua vida, sua morte e sua ressurreição. Quem ele é e o que ele fez as atrairá, porque o próprio Jesus é a atração.

Simplesmente passando vários dias e depois semanas com Jesus, seus primeiros seguidores assumiram um compromisso com ele. Eles não entendiam completamente tudo o que ele fazia ou quem ele era, mas sabiam o suficiente para segui-lo. Revelar-se é, ainda hoje, sua estratégia. As pessoas encontram Jesus tanto nos evangelhos como quando o veem em ação. Quando amamos os outros com humildade e os servimos, damos prova de que Jesus ainda se preocupa, ainda conhece as pessoas e ainda as vê. O que isso significa para nosso evangelismo? Significa que nosso foco não deve ser convidar as pessoas a virem e verem quem somos aos domingos e a apreciarem a qualidade do nosso espetáculo. Em vez disso, devemos convidar os buscadores para nossas vidas de segunda a sábado e, também, para nossas igrejas ao domingo, pois é nas partes comuns da nossa vida que Cristo brilha mais. Devemos repensar onde causamos mais impacto, onde passamos a maior parte do nosso tempo e onde nossos esforços de discipulado devem ser concentrados.

Se seguirmos o exemplo de Jesus, começaremos naturalmente com as pessoas mais próximas de nós que convidamos intencionalmente para nossas vidas. Quando permitimos que elas nos conheçam ao longo do tempo, o ministério acontece.

Três ocasiões registradas nos evangelhos destacam os caminhos e meios de Jesus durante essa fase inicial do seu ministério de discipulado.

-- **Ocasião 1: o casamento de Caná**

A história familiar do casamento de Caná contém várias joias da verdade para nós. Se seu tempo fosse limitado e você tivesse que pensar no futuro dos seus principais líderes, você começaria o treinamento deles passando vários dias num casamento? Mas o plano de Jesus era envolver seus discípulos no que quer que ele estivesse fazendo. Nessa ocasião, o organizador do casamento deve ter calculado mal a quantidade de vinho ou o número de convidados, pois eles ficaram sem vinho antes do fim da festa. Quando Maria, a mãe de Jesus, pede que ele ajude, Jesus revela que está tramando algo. Sua resposta pode parecer quase críptica no início: "A minha hora ainda não chegou" (João 2:4).

Essa resposta pode significar pelo menos duas coisas. Primeiro, Jesus tinha um plano para revelar sua identidade, mas ainda não era o momento. Na verdade, ele só diz que sua hora chegou[196] poucos dias antes de afirmá-lo novamente na sala superior, quando diz aos seus discípulos: "Agora o Filho do homem é glorificado, e Deus é glorificado nele" (João 13:31).[197] Claramente, Jesus tinha uma noção de como as coisas deviam se desdobrar. Por que eu aponto isso? Para que nos lembremos da diferença entre o livre desdobramento e o simples deixar-se levar pelo fluxo e ser consciente e intencionalmente natural.

Em segundo lugar, a resposta de Jesus a Maria pode significar que ele hesitou em usar suas habilidades milagrosas. Maria não parece ter qualquer dúvida de que ele pode resolver esse problema. Por isso, ela instrui o servo a obedecer ao seu filho. Talvez ela já tivesse visto Jesus lidar com problemas semelhantes antes, ou, o que é ainda mais provável, ela confiasse que ele encontraria uma solução.

Jesus realizou o milagre, e é instrutivo observar a quantidade de vinho que ele fez. Seis jarros de pedra com trinta galões cada um somam 180 galões, ou cerca de 907 garrafas de vinho. Isso é uma quantidade extravagante. Além disso, é um bom vinho. Depois de prová-lo, o mestre de cerimônias diz ao noivo que receberá crédito por guardar o melhor para o fim. Na maioria dos casamentos, o melhor vinho era servido primeiro; depois de os convidados terem celebrado por algum tempo, o vinho mais barato era servido.

---

196 João 12:23.
197 Na verdade, o texto diz: "Jesus sabia que tinha chegado a sua hora para deixar este mundo e retornar ao seu Pai".

Em todo caso, o efeito desse milagre sobre os seguidores de Jesus foi profundo. Eles depositaram sua fé nele (João 2:11). Num versículo que tendemos a ignorar (João 2:12), somos informados de que, depois do casamento, Jesus leva seus discípulos, juntamente com sua mãe e irmãos, para Cafarnaum. Isso significa que os discípulos ficavam com Jesus o tempo todo, vendo-o interagir com sua família, com os convidados da festa e com estranhos. Eles viram tudo isso e, mais tarde, disseram que Jesus era um homem sem pecado. Não nos esqueçamos disso.

--------------------------------- **Ocasião 2: a purificação do templo**

Vejamos outro exemplo em que Jesus nos mostra como fazer discípulos do jeito dele. Podemos dizer que Jesus criou um drama, não por causa do drama, mas porque ele estava apenas sendo ele mesmo. Quando Jesus instruiu seus discípulos a "vir e ver", ele não estava representando um papel.

Nesta história, Jesus fica furioso quando vê o abuso dos adoradores nos pátios do templo de Jerusalém (João 2:14). Ele se irritou porque os vendedores estavam se aproveitando da necessidade do povo de comprar animais para os sacrifícios na celebração da Páscoa, cobrando preços exorbitantes. Ao longo do Antigo Testamento, os profetas esbravejaram contra injustiças como essa e avisaram que elas trariam a ira de Deus. Essa injustiça e ganância era semelhante à venda de indulgências pela Igreja europeia medieval, o que enfureceu Lutero e contribuiu para a Reforma Protestante.

Jesus estava furioso, mas não estava fora de controle. Caso contrário, ele não teria tido tempo para fazer um chicote de cordas (João 2:15). Devemos também lembrar que Jesus nunca pecou; portanto, não se tratava de uma ação violenta e injustificada. Suas palavras deixam claro que ele se sentiu justificado ao purificar o templo: "Tirem estas coisas daqui! Parem de fazer da casa de meu Pai um mercado!" (João 2:16).

Tenho certeza de que os seguidores de Jesus ficaram surpreendidos com essa demonstração de ira. Essa foi provavelmente a primeira vez que testemunharam Jesus confrontando as pessoas com autoridade, mas ele lhes ensinou como fazê-lo, por meio de suas palavras e ações. Quando os judeus o desafiaram, exigindo um sinal de sua autoridade, Jesus lhes respondeu: "Destruam este templo, e eu o levantarei em três dias". Os judeus responderam: "Este templo levou quarenta e seis anos para ser edificado, e o senhor vai levantá-lo em três dias" (João 2:19,20). Nós sabemos que Jesus estava falando do seu corpo, mas seus discípulos não entenderam isso naquele momento.

Mas esse é o jeito de Jesus. Nem sempre compreendemos imediatamente seus meios e caminhos. Ao mesmo tempo, isso não significa que os discípulos não estivessem aprendendo. Depois desse acontecimento, eles sabiam muito mais sobre Jesus do que sabiam antes. Compreenderam o que o enfureceu, e viram quem eram seus inimigos. Experiências intensas como essas tendem a gravar-se profundamente na nossa memória, e esse incidente provavelmente ficou gravado para sempre na mente dos primeiros discípulos.

Ocasião 3: a mulher samaritana

A essa altura, Jesus estava se tornando conhecido, mas não muito amado pelos fariseus (João 4:1-4).[198] Mas Jesus não abandonou o plano. Ele poderia ter intensificado o confronto com os líderes religiosos em Jerusalém e ter sido morto mais cedo, mas precisava de tempo para treinar seus discípulos.[199] Por isso, ele diminuiu a tensão com as autoridades e viajou pela Samaria.

Os samaritanos eram uma mistura de sangue judeu e gentio resultante dos casamentos entre judeus e pessoas deportadas para Israel pelos assírios, e seguiam uma religião igualmente mista. Jesus e seus

---

198 Jesus parecia se preocupar com o fato de que os fariseus sabiam que a popularidade dele estava ultrapassando a de João Batista. Ao voltar para a Galileia, ele alterou sua rota para passar pelo território dos samaritanos, que os judeus costumavam evitar.

199 Outra reflexão óbvia é que a morte de Jesus devia coincidir com o calendário profético. A convergência de eventos e pessoas profetizados exigia que suas ações seguissem certo ritmo.

discípulos chegaram a um poço em Sicar, na Samaria, por volta do meio-dia (João 4:5,6). Jesus enviou seus discípulos à cidade para comerem algo, mas ficou para trás. Era um dia quente e seco, e ele precisava beber algo. Então ele falou com uma mulher samaritana, que veio ao poço na hora mais quente do dia, provavelmente tentando evitar encontrar outras pessoas. Observe que esse não foi um evento artificial criado para fins pedagógicos. Esse foi um encontro ordinário.

A conversa de Jesus com essa samaritana é um tesouro digno de um estudo mais aprofundado, e Jesus deve ter relatado esses acontecimentos aos seus discípulos posteriormente (João 4:7-26). Ele pede uma bebida, e a mulher fica surpreendida. Por quê? Porque a maioria dos homens judeus (como os seguidores de Jesus) a teriam ignorado. Mas, se Jesus não tivesse contrariado a cultura, seus discípulos teriam perdido uma oportunidade de ver Deus em ação. É à medida que Cristo é formado em nós que nos conscientizamos das oportunidades que Deus nos proporciona.

Jesus, é claro, não perde essa oportunidade. Ele transforma a conversa numa discussão um tanto mística e teológica sobre "água viva" que satisfaz a sede e nunca se esgota. Os dois falam de moralidade, de casamento e do melhor lugar para adorar. No final, a mulher confirma que Jesus é um profeta. Caso contrário, como ele poderia conhecer os segredos do seu coração e da sua vida? Mas, ao contrário de todos os outros, Jesus não a condena. Ser conhecida assim, mas não rejeitada, leva essa mulher a falar a outros sobre Jesus.

Quando seus discípulos voltam, eles pensam: "Por que ele está falando com essa mulher?" (João 4:27). Mas o que eles dizem é: "Mestre, come alguma coisa" (João 4:31). Mais uma vez, a resposta de Jesus é um tanto críptica: "Tenho algo para comer que vocês não conhecem" (João 4:32). Sua afirmação cria alguma confusão sobre onde ele obteve essa comida especial (João 4:33). Jesus já falou de uma água especial que sacia a sede para sempre, e agora fala de comida que nutre, mas não pode ser vista, mastigada nem engolida. Pelo menos ele não deixa seus discípulos completamente no escuro e explica o que quer dizer:

"A minha comida é fazer a vontade daquele que me enviou e concluir a sua obra" (João 4:34).

Essa explicação também nos ajuda a entender por que Jesus agiu daquele jeito. Ao longo dos anos, tenho notado uma tendência entre alguns de evitar falar em fazer trabalho. Muitos que se sentem atraídos pela espiritualidade mística não gostam de se concentrar em trabalhar, preferindo a contemplação. Mas Jesus fez um trabalho que alimentou sua alma. Ele foi alimentado por Deus não num retiro silencioso, mas ao falar com uma mulher junto a um poço. Certamente, há espaço tanto para a contemplação como para o trabalho, mas não devemos pensar que é mais provável que encontremos Deus em fugas silenciosas do mundo.

Após sua declaração, Jesus lança um desafio:

> Vocês não dizem: 'Daqui a quatro meses haverá a colheita'? Eu lhes digo: Abram os olhos e vejam os campos! Eles estão maduros para a colheita. Aquele que colhe já recebe o seu salário e colhe fruto para a vida eterna, de forma que se alegram juntos o que semeia e o que colhe (João 4:35,36).

Jesus está ensinando aos seus discípulos a lição do que tem feito. Eles têm andado à procura de alimento físico, mas ele tem comido alimento espiritual e está satisfeito. Então ele lhes oferece a oportunidade. Em breve serão eles que sairão e colherão (João 4:37,38).

Nas últimas semanas, os discípulos têm visto Jesus mais claramente. Eles o viram com sua família e em contextos sociais. Viajaram com ele. Viram-no furioso, e viram-no entusiasmado. Ouviram-no dizer coisas confusas, mas estão aprendendo que tanto suas palavras como suas ações têm significado e propósito. Eles têm também uma compreensão melhor daquilo que estará à sua frente se optarem por continuar a seguir Jesus, porque ele lhes apresentou a si mesmo, ao seu próprio ministério e, finalmente, à missão que os espera.

Agora, precisam de um tempo para absorver tudo, para orar e pensar, e para comparar essa vida com a que deixaram. Eles se lembram das palavras de Jesus de que sua comida é fazer a vontade do Pai e terminar seu trabalho, e podem ter se perguntado: "Poderei, alguma vez, chegar ao ponto em que me alimentarei e me sentirei satisfeito com este trabalho?"

A questão é semelhante para aqueles entre nós que desempenham funções de liderança ou de ensino. Devemos nos perguntar: "Poderei eu ser paciente o suficiente e empenhado o suficiente para investir nos outros? Poderei resistir à pressão de medir o que é imediato e de medir meu valor por números?". A resposta resume-se ao quanto confiamos em Jesus e nos seus caminhos e meios. Sua aprovação é suficiente? Se sua resposta é: "Não tenho a certeza, mas quero que seja um sim", a boa notícia é que você pode aprender.

Jesus demonstrou que seu trabalho era urgente, mas não apressado e preocupado. Como disse uma vez o grande John Wesley: "Estou sempre ocupado, mas nunca estou com pressa". Wesley seguia uma agenda lotada e viajou mais de 250 mil milhas a cavalo ou em carruagem. Ele supervisionou minuciosamente 50 mil metodistas e seu progresso em Cristo através de um elaborado sistema de rastreio. Escreveu muitos livros, cartas e comentários. No entanto, ele não vivenciou nada disso como um fardo.

Jesus desafiou seus discípulos a entrar no seu trabalho e missão. Mas, antes que fizessem isso, ele queria que pensassem no que tinham visto. Mais uma vez, seu jeito é contrário à nossa cultura. A maior parte do treinamento em vendas se baseia em convencer as pessoas a comprar por impulso. Nunca deixe o comprador ir embora dizendo que voltará — isso é uma venda perdida. Mas Jesus não está interessado em vender seu produto a consumidores. Ele quer que tenhamos tempo para refletir. Ele quer uma decisão sólida baseada no conhecimento, não num impulso emocional que se desvanece com o tempo e com a realidade.

O que se segue pode ser um intervalo entre as fases de discipulado de Jesus.

O primeiro período de "vir e ver" terminou. Os próximos convites de Jesus serão "Venha e siga-me". Durante esse tempo, Pedro, André,

Natanael, Filipe e os outros podem ter voltado às suas profissões.[200] Os pescadores, em particular, tiveram muito tempo em seus barcos para refletir sobre sua experiência de estar com Jesus, que mudou sua vida. Quando ele os convidou a vir e segui-lo, eles estavam prontos.

▶ FASE 2: "VENHA E SIGA-ME"

Textos: Mateus 4:18-22; Marcos 1:16-20; Lucas 5:27,28
Participantes: Simão, André, Tiago, João, Mateus e outros; 70-120 seguidores consistentes
Tempo: 10-11 meses

Na segunda fase do método de discipulado de Jesus, as pessoas que responderam ao seu apelo submetem-se ao treinamento como aprendizes. Elas aprendem como a maioria dos aprendizes, principalmente estando com Jesus, ajudando-o e fazendo ministério ao seu lado. Esse período era repleto de ação e de confrontos na linha da frente. Como vimos anteriormente, o modo de treinamento de Jesus é no trabalho. Agora ele enfrentará o sofrimento e a necessidade humana, bem como o mal demoníaco. No início desse período, Jesus visita Cafarnaum e cura todos, desde um demoníaco até a sogra de Pedro.

Mais tarde, ele chama Mateus, um cobrador de impostos, e envolve os amigos politicamente incorretos de Mateus. Esse período termina com uma série de confrontos diretos com os líderes religiosos, principalmente durante o sábado. No final, Jesus, é obrigado a se retirar desse conflito e da sua crescente popularidade junto às multidões.

---

200 Isso se baseia num estudo de Robert L. Thomas e Stanley N. Gundry, *The NIV Harmony of the Gospels,* edição revisada de John A. Broadus e A. T. Robertson *A Harmony of the Gospels for Students of the Life of Christ* (Nova York: HarperCollins, 1988). O livro apresenta alguns artigos apologéticos sobre a validade de uma harmonia dos evangelhos. No entanto, meu princípio orientador é que uma harmonia não deve substituir o objetivo primário de cada evangelho, que é representar Cristo de uma forma à qual o leitor responderá com fé e com uma vida de discipulado. Jesus foi à Galileia, a Cafarnaum e a Nazaré. O fato de que ele foi visitar seus discípulos e chamou-os para que o seguissem é um argumento forte em prol de um período em que eles retomaram a pesca e ele ministrou sozinho.

Jesus fez seus primeiros convites para o discipulado a alguns poucos, para que viessem e vissem, ou, em outras palavras, para que observassem e aprendessem a segui-lo. Jesus não pressionou esses homens; ele convidou-os a participar da sua vida e ministério, que lhes mostrou. No entanto, a essa altura, eles estavam viciados e provavelmente não podiam fazer nada senão dizer *sim* a uma vida com ele. Eles podem até ter compreendido que o discipulado era a maior oportunidade oferecida a qualquer humano.

Mateus registra como Jesus caminhava à beira do mar da Galileia quando encontrou Pedro e André, que estavam lançando suas redes. Mais tarde, encontrou outros dois pescadores, Tiago e João, os filhos de Zebedeu (Mateus 4:18-22). Marcos 1:16-20 conta a mesma história básica. Lucas 5:27,28, contudo, dá uma versão um pouco diferente do chamado de Simão, Tiago e João, e os estudiosos debatem se essa passagem relata o mesmo acontecimento ou algo que aconteceu mais tarde.[201] Independentemente disso, Jesus chama quatro pescadores para pescarem homens. Lucas fornece os detalhes mais ricos e inclui Jesus dando alguns ensinamentos (Lucas 5:1-3). Apesar de Simão e os outros terem pescado toda a noite sem conseguir nada, Jesus os instrui a lançar as redes de novo (Lucas 5:4,5).

Simão protesta, mas obedece, e eles pegam tantos peixes que a rede se arrebenta. Esse relato parece indicar que Pedro tinha ficado cético em relação a Jesus de alguma forma, e talvez Jesus estivesse lidando com essa questão. Simão vê a captura milagrosa e diz a Jesus: "Afasta-te de mim, Senhor, porque sou um homem pecador" (Lucas 5:8). Mas Jesus responde: "Não tenha medo; de agora em diante você será pescador de homens" (Lucas 5:10). Em reação a isso, todos os pescadores "arrastaram seus barcos para a praia, deixaram tudo e o seguiram" (Lucas 5:11). O que qualquer pessoa racional faria nessa situação? Jesus acaba de mostrar a Simão que ele controla o mar. Jesus deu a todos eles uma palavra de promessa e prevê um futuro para eles. Quem poderia resistir a uma oportunidade como essa?

---

[201] Veja a discussão sobre esse tema em ibid., p. 57.

O chamado para ser discípulo é uma oportunidade graciosa — um dom imerecido. E é aqui que nossa falta de pregar o discipulado quando apresentamos o evangelho priva as pessoas dos bons dons de Deus — a ideia de que os propósitos de Deus e sua obra através de Jesus são coisas desejáveis. Cristo deu a si mesmo para que possamos viver em plenitude. Sem Cristo, não temos nada de valor e somos escravos do nosso inimigo, que procura destruir, matar e arruinar o plano de Deus. A consciência do próprio pecado de Simão e suas limitações tornam a oferta de Jesus irresistível.

O relato de Mateus dos chamados de Simão, André, Tiago e João também merecem um estudo aprofundado (Mateus 4:18-22). Em Mateus, esses pescadores largam tudo porque conhecem Jesus e provavelmente já estavam com ele havia vários meses. Eles podem ter se perguntado quando o veriam novamente. Jesus os tinha preparado para dizer *sim*, e, quando ele veio buscá-los e convidou-os a segui-lo, eles responderam positivamente ao seu maior apelo. Isso não era um convite de "vir e ver". Era um "larguem sua rede, puxem seus barcos para a praia, deixem sua família e comecem a caminhar". Mas a fé verdadeira parte para a ação.

Se Jesus tivesse conduzido seu recrutamento e treino como muitos de nós, ele teria feito o seguinte. Primeiro, ele lhes diria como a missão era importante e o que estava em jogo. Depois, ele os desafiaria a aceitar a tarefa. Se não respondessem, ele usaria alguma pressão e culpa até conseguir convencer alguns a dizer *sim*. Depois, acabaria liderando um grupo de pessoas que não queriam realmente partir nessa missão e, mais importante ainda, que não estavam prontas espiritualmente para levá-la a cabo.

Quantas vezes cometemos esse erro: damos às pessoas um manual e depois as mandamos embora e esperamos o melhor. Agora você talvez proteste: "Não estou fazendo isso!". Mas sejamos honestos. Essa descrição pelo menos chega perto de como o discipulado costuma ser praticado. Enviamos pessoas para fazer coisas que nós mesmos não fizemos e certamente não lhes mostramos como fazê-las. Lembre-se: "Venha e siga-me" é muito diferente de "Vá e faça isso!".

CAVANDO MAIS FUNDO

▶ JOHN WESLEY, O FAZEDOR DE DISCÍPULOS

A Revolução Industrial na Inglaterra começou no início do século 17. Para aqueles que eram proprietários de fábricas e minas, a vida era boa. Mas, ao pé das chaminés, à sombra das fábricas, os trabalhadores empobrecidos constituíam a grande maioria da sociedade. A distância cada vez maior entre ricos e pobres pôs em marcha uma poderosa corrente, um caldeirão que transbordou numa guerra civil.

Uma das piores consequências da Revolução Industrial foram as condições de trabalho horríveis para as crianças. Muitas começavam a trabalhar aos cinco ou seis anos de idade, e um membro do Parlamento relatou que crianças com apenas três anos passavam oito horas por dia trabalhando em fábricas de tijolos e nunca veriam o interior de uma sala de aula. O alcoolismo entre os pobres estava fora de controle, também entre os jovens. Em 1736, uma em cada seis casas em Londres era licenciada como *pub*. Essa epidemia de embriaguez corroeu a pouca decência que restava entre a classe trabalhadora. John Wesley nasceu nesse país em 1703, como filho de uma família numerosa e altamente disciplinada.

O pai de Wesley, Samuel, era um clérigo anglicano e um grande estudioso. John sabia ler grego e latim aos dez anos e parecia estar a caminho de uma grande carreira acadêmica. Sua mãe, Susanna, teve dezenove filhos, oito dos quais morreram na infância, e ela é lembrada por ter criado seus filhos com grande disciplina. Ela chamou seu método de "gestão da vontade humana" e transmitiu aos seus filhos a disciplina da administração rigorosa do tempo. Essa educação explica a incrível ética de trabalho de John, que lhe permitiu realizar tanto. Susanna insistiu que as crianças "metodizassem" sua vida.

John foi admitido na Universidade de Oxford e formou-se aos 21 anos. Candidatou-se às ordens sagradas e foi admitido no sacerdócio da Igreja da Inglaterra. Tornou-se tutor no Lincoln College, em Oxford, em 1729, e desenvolveu o que ficou conhecido como o Clube Sagrado. Eventualmente, esse Clube transformou-se num movimento chamado metodismo. Esse movimento tornou-se a graça salvadora do país, transformando um ressentimento crescente na classe inferior em luta pela "santidade social". O único tipo de santidade que Wesley aceitaria era social, ou seja, uma santidade que afetava cada aspecto da vida — a forma como uma pessoa se vestia, falava, trabalhava e amava. Em muitos sentidos, Wesley modelou o que é estar totalmente comprometido com a ordem de Jesus de fazer discípulos e ensiná-los a obedecer a tudo que ele ordenou.[a] E é importante observar que Wesley usou os modos e meios de Jesus no seu próprio ministério e demonstrou sua eficácia contínua. Como Wesley fez isso? Ele desenvolveu três métodos para aumentar a semelhança com Cristo nos seus seguidores.

A SOCIEDADE: O MODO COGNITIVO

O primeiro modo de discipulado de Wesley era o modo cognitivo, e, para facilitar o crescimento nesse modo, ele desenvolveu o encontro da sociedade, essencialmente períodos de ensino da Bíblia destinados a transformar mentes e corações na visão do mundo de Deus.[b] O objetivo dessas reuniões era armar a população em geral com o conhecimento de Deus e ajudá-la a entender a verdade, o certo e o errado, e os princípios básicos de uma vida saudável. As reuniões eram realizadas uma vez por semana, em horários que não conflitassem com o horário de culto da Igreja da Inglaterra. Wesley era um anglicano e morreria como pastor anglicano. Nunca teve quaisquer planos de fundar uma Igreja nova.

A sociedade estava aberta apenas àqueles que concordavam com o pacto de Wesley. As pessoas podiam visitá-la até três vezes e depois tinham que decidir se queriam se comprometer. Se o fizessem, seriam entrevistadas, e, se fossem aceitas, poderiam participar de doze reuniões que promovessem o crescimento cognitivo. Wesley acreditava que a transformação devia começar pela mente (Romanos 12:1,2). Não havia *feedback* nem discussão nas reuniões. Mas a mensagem era clara: as pessoas que queriam viver para Cristo deviam se comprometer com seu plano e seus caminhos.

A REUNIÃO DE TURMA: O MODO COMPORTAMENTAL

Juntamente com a abordagem do cognitivo, Wesley entendeu que Jesus exigia uma mudança comportamental; portanto, também devemos confrontar o comportamento e fornecer um caminho para a obediência. Assim, a adesão à sociedade era um compromisso para a mudança cognitiva e comportamental. Os membros da sociedade eram automaticamente incluídos numa reunião de turma. Wesley não se importava muito se as pessoas tinham todas as suas crenças no início. Ele estava convencido de que, se elas começassem a se comportar corretamente, começariam a pensar corretamente.

A reunião de turma era considerada a unidade instrucional mais influente no movimento metodista. Simples em sua concepção, ela foi desenvolvida inicialmente como um plano de angariação de fundos para a Sociedade de Bristol. Os membros se comprometiam a reunir-se semanalmente com dez outras pessoas, e cada um era obrigado a dar um centavo por semana. Tinham que assistir às reuniões, dar o centavo e participar da discussão. Só aparecer quando possível e só falar se quisessem não era permitido.

Cada turma de dez a doze tinha um líder, cujo papel era garantir que o grupo se reunisse uma vez por semana para perguntar sobre o estado das suas almas. O grupo aconselhava, repreendia, confortava e exortava uns aos outros. Eles também discerniam como podiam ajudar os pobres. Cada reunião começava com um hino. Depois o líder declarava o estado da sua alma e dava um breve testemunho da semana anterior, agradecendo a Deus pelo progresso e compartilhando honestamente quaisquer fracassos, pecados, tentações, desgostos e batalhas interiores.

Visitantes podiam participar duas vezes de uma reunião de turma. Mas, se decidissem não participar, o comparecimento nas reuniões não lhes era permitido. Além disso, aqueles que não se juntassem a uma reunião de turma não podiam participar da reunião da sociedade. No final de cada trimestre, os membros eram entrevistados e, se não tivessem faltado a mais de três reuniões, era-lhes emitido uma licença para o trimestre seguinte. Esse método era bastante trabalhoso para os líderes, por isso, para facilitar as coisas para eles, não eram permitidos espectadores. Todos eram participantes.

Durante muitos anos, Wesley lutou contra a pressão dos seus amigos para abrir espaço para "simples ouvintes". Infelizmente, não muitos anos após sua morte, seus seguidores fizeram essa mudança, e isso drenou a vida do movimento.

Wesley entendia o que Jesus ensinou e modelou — que devemos estabelecer padrões altos se quisermos crescer como seguidores maduros. Não podemos dar aos seguidores casuais o mesmo *status* que damos aos discípulos comprometidos que são líderes em treinamento.[c]

A BANDA: O MODO AFETIVO

Ao passo que a sociedade estava aberta a todos, a reunião de turma exigia um nível maior de compromisso. Para aqueles que se sentiam chamados a ser mais e a fazer mais, Wesley desenvolveu um terceiro modo de discipulado mais íntimo, a banda. Esses eram grupos voluntários, nos quais os participantes se reuniam de acordo com seu gênero, idade e estado civil. A banda era o nível favorito de comunidade de Wesley, e ele expressou remorso mais tarde na vida por não ter fundado um número maior. A banda era seu método de se aprofundar e treinar para a liderança membros que tinham expressado isso como objetivo.

Acredito que o método de Jesus se refletia nos métodos de Wesley, especialmente na banda. Wesley buscava fornecer oportunidades para que as pessoas aprendessem, falassem e se comportassem de maneira diferente. O centro de cada reunião de uma banda era ocupado por perguntas que cada um dos membros devia responder:

1. Quais pecados você cometeu desde nossa última reunião?
2. Quais tentações você enfrentou?
3. Como você foi libertado?
4. O que você pensou, disse ou fez que você não sabe se foi um pecado ou não?
5. Existe algo que você quer manter em segredo?

Além de responder honestamente a essas questões, um princípio fundamental do sistema era a participação ativa. Na realidade, esse era o único requisito real para ser membro. As duas razões pelas quais as pessoas podiam ser expulsas da banda eram a infidelidade, ou seja, falta de participação ou compromisso com o grupo, e o comportamento disfuncional, pois ambos ameaçavam o sistema. Wesley entendeu que disciplina e responsabilidade contínuas exigem solidariedade, e a presença casual é uma séria ameaça a esse senso de comunidade.

----

a Grande parte dessa história de Wesley se encontra em *John Wesley's Class Meeting: A Model for Making Disciples* (Nappanee, IN: Evangel, 1997), de D. Michael Henderson.
b Ibid., p. 83-125.
c Veja Marcos 3:13,14; Lucas 10:1-10; João 6:60.

A visão dos pescadores de homens

Jesus pode não ter tido um momento melhor para comunicar sua missão aos seus discípulos do que seu encontro com Mateus (Levi). "Depois disso, Jesus saiu e viu um publicano chamado Levi, sentado na coletoria, e disse-lhe: 'Siga-me'. Levi levantou-se, deixou tudo e o seguiu" (Lucas 5:27,28).

Esse encontro é incrível. Não temos nenhum registro de Jesus ter passado algum tempo com Mateus antes de ele levantar-se e segui-lo, e só isso já é digno de nota. Mas o que acontece a seguir é particularmente instrutivo para os outros discípulos:

> Então Levi ofereceu um grande banquete a Jesus em sua casa. Havia muita gente comendo com eles: publicanos e outras pessoas. Mas os fariseus e aqueles mestres da lei que eram da mesma facção queixaram-se aos discípulos de Jesus: "Por que vocês comem e bebem com publicanos e 'pecadores'?" Jesus lhes respondeu: "Não são os que têm saúde que precisam de médico, mas sim os doentes. Eu não vim chamar justos, mas pecadores ao arrependimento" (Lucas 5:29-32).

Caso você não entenda o contexto cultural aqui, você deve saber que os judeus desprezavam homens como Mateus (Levi), porque ele estava vendendo seu próprio povo aos romanos. Numa visão judaica extrema, os cobradores de impostos eram traidores da nação, e a traição nacional era uma blasfêmia porque Deus era seu Rei. Para além disso, Mateus tinha se tornado rico roubando o dinheiro do povo comum. Àquela altura, Jesus já tinha adquirido uma reputação como milagreiro. Antes do seu encontro com Mateus, ele tinha curado um paralítico. E o povo amou aquilo!

"Todos ficaram atônitos e glorificavam a Deus, e, cheios de temor, diziam: 'Hoje vimos coisas extraordinárias!'" (Lucas 5:26). Agora Jesus vai a uma festa com esse cobrador de impostos traidor. Tanto os líderes religiosos como os próprios discípulos de Jesus provavelmente se perguntaram uma coisa: "Por quê?".

É provável que Mateus tenha organizado uma grande festa para Jesus. E podemos supor que Jesus e seus discípulos estavam na festa comendo, bebendo, conversando e se divertindo muito. Essa situação por si só já teria sido uma experiência de arregalar os olhos para os pescadores judeus de Jesus. Posso imaginar alguns deles pensando: "Então é isso que é pescar homens. Isso não é o que eu esperava!". Consigo imaginar também o que alguns dos amigos de Mateus estavam pensando: "Considerando que é um rabino, um religioso, esse cara parece ser legal. Ele é algo novo, não é igual àqueles outros perdedores. Eu gosto dele". Não sabemos o que os amigos de Mateus realmente disseram, mas Lucas registra o que os fariseus disseram (Lucas 5:30). Eles se queixaram de que Jesus estava contrariando sua cultura religiosa ao comer com pecadores. Eles provavelmente pensaram que os discípulos estavam passando tempo demais com homens impuros.

Como resposta a isso, os discípulos veem mais um lado de Jesus — seu lado sarcástico. Jesus aproveita a cegueira espiritual dos líderes religiosos, deixando-os acreditar que eles são quem pensam ser — homens justos que não precisam do perdão de Deus. Ele lhes diz: Ei, não são os saudáveis (como vocês, fariseus) que precisam de um médico, mas sim os doentes. É por isso que eu vim, em benefício desses "pecadores hediondos", das pessoas com quem estou jantando.

Então, o que Mateus e seus amigos marginalizados e os discípulos de Jesus aprenderam com esse encontro? Que Jesus era alguém especial não só para os pobres judeus rurais. Ele também atraía a atenção dos ricos e dos "pecadores". Ele não só chamou um desses maiores pecadores para ser seu discípulo como também festejou com essas pessoas. Assim, os discípulos aprenderam muitas maneiras de alcançar as pessoas.

Os discípulos tinham testemunhado milagres e curas, bem como alguns confrontos bastante assustadores com os líderes religiosos e com demônios. Viram que pessoas humildes e contritas sempre eram bem-tratadas por Jesus. Ele reservava sua ira para os arrogantes, para aqueles que abusavam do seu poder e para aqueles que dificultavam a vida daqueles que controlavam.[202]

Na festa de Mateus, eles veem que Jesus está disposto a aceitar aqueles que estão genuinamente interessados naquilo que ele tem a dizer. Ao contrário dos líderes religiosos, Mateus e seus amigos estavam famintos por Jesus e pelas suas palavras. Os discípulos também viram a preocupação de Mateus com seus amigos e seu desejo de compartilhar Jesus com eles.

Os fariseus e líderes religiosos, por outro lado, aprenderam uma lição diferente — que Jesus seria uma ameaça permanente ao seu modo de vida e popularidade. Mas eles não puderam aprender mais devido ao seu orgulho, que bloqueia a graça de Deus e torna o ensino impossível.[203] Acredito que os discípulos de Jesus captaram seu sarcasmo e entenderam que aqueles que admitem ser pecadores recebem a ajuda dele — e não as pessoas arrogantes que não a aceitam. Pedro e companhia aprenderam que trabalhar com os famintos é o objetivo e que discutir com os orgulhosos é uma perda de tempo.

O primeiro período de discipulado que analisamos, "Venha e veja", conclui com uma introdução à Grande Comissão. Este segundo período,

---

202 Veja Mateus 23:1-10.
203 Veja 1Pedro 5:5-9.

"Venha e siga-me", encerra com Jesus mostrando aos discípulos como fazer discípulos. Esse período está também repleto de novos discípulos, ensinamentos, curas, debates e perguntas sobre a identidade e missão de Jesus. Agora, Jesus tinha firmado seus seguidores nos fundamentos. Ele tinha mostrado a eles o que significa segui-lo e tinha-lhes dado um curso intensivo sobre seus ensinamentos.

Enquanto a ira e o ódio dos líderes religiosos cresciam, Jesus encerrou esse período de treinamento recuando diante da ameaça: "Sabendo disso [de que os fariseus estavam conspirando para matá-lo], Jesus retirou-se daquele lugar. Muitos o seguiram, e ele curou a todos os doentes que havia entre eles, advertindo-os que não dissessem quem ele era" (Mateus 12:15,16). Isso não era um retiro para reflexão. Era um movimento de sobrevivência e um adiamento do confronto que inevitavelmente viria. A essa altura, os discípulos de Jesus entenderam que o seguir não era seguro.

Na terceira fase do treinamento para o discipulado, Jesus lança um novo apelo aos seus discípulos: "Venha para estar comigo". Esse período os levará à fase final de preparação para serem líderes de um novo movimento.

▶ FASE 3: "VENHA PARA ESTAR COMIGO"

Texto: Marcos 3:13,14
Participantes: Os doze discípulos
Tempo: 20 meses

Na terceira fase do treinamento, Jesus se concentra em preparar os doze para assumirem a responsabilidade da missão mundial. O princípio revolucionário nessa fase é que a função principal da liderança espiritual é equipar outros para ministrar, não executar o ministério em si. Segue o relato de como Jesus escolheu o grupo para o treinamento de liderança:

> Num daqueles dias, Jesus saiu para o monte a fim de orar, e passou a noite orando a Deus. Ao amanhecer, chamou seus discípulos e

> escolheu doze deles, a quem também designou como apóstolos: Simão, a quem deu o nome de Pedro; seu irmão André; Tiago; João; Filipe; Bartolomeu; Mateus; Tomé; Tiago, filho de Alfeu; Simão, chamado zelote; Judas, filho de Tiago; e Judas Iscariotes, que veio a ser o traidor (Lucas 6:12-16).

Marcos diz: "Escolheu doze, *designando-os como apóstolos, para que estivessem com ele [e] os enviasse a pregar*" (Marcos 3:14, grifo meu).

Depois de uma noite de oração e contemplação, Jesus escolheu doze homens dentre uma multidão. Observe que vários discípulos estavam reunidos naquele momento. "Jesus desceu com eles e parou num lugar plano. Estava ali *muitos dos seus discípulos* e imensa multidão procedente de toda a Judeia, de Jerusalém e do litoral de Tiro e de Sidom" (Lucas 6:17, grifo meu). Observamos que nenhum dos Doze é chamado de fariseu, rabino ou político. Tenho certeza de que alguns ficaram satisfeitos e que outros discípulos, que não foram escolhidos, ficaram decepcionados. Jesus escolheu dar a alguns dos seus muitos discípulos um lugar especial e um nome diferente. Mais do que apenas discípulos — aprendizes ou estudantes — eles agora eram apóstolos. A palavra grega traduzida como "apóstolo" significa "mensageiro" e sugere que os Doze têm um novo chamado e um novo papel. Serão enviados para assumir a liderança.

Devemos observar também que Jesus estava disposto a decepcionar centenas de discípulos por causa da sua missão. Provavelmente, ele poderia ter escolhido todos, e todos eles teriam respondido com um *sim*. Mas Jesus tinha um plano, pois ele sabia o que estava por vir e que ele só precisava de alguns para levar o DNA do seu movimento adiante. A maior parte do que temos nos relatos evangélicos se insere nessa terceira fase. Mas, em vez de analisar cada história, nós nos concentraremos especificamente nos caminhos e meios de Jesus, na forma como ele preparou esses homens para sua missão futura.

Jesus lançou esse período com seu manifesto do reino, o Sermão da Montanha. Ele deu seguimento a essa mensagem com ensinamentos sobre a natureza do reino, muitos dos quais ele comunicou em parábolas. À medida que Jesus ensinava, a pressão do sistema religioso se tornava ainda mais intensa e perigosa. Grande parte do seu trabalho continuou a ser a pregação e a cura no campo. Ele viajava de aldeia em aldeia e de cidade em cidade simplesmente sendo ele mesmo e envolvendo o povo.

Observe que, embora Jesus ensinasse nas sinagogas, ele não se sentava e esperava até que as pessoas aparecessem no sábado. Ele passava a semana nas ruas, envolvendo pessoas onde quer que elas estivessem:

> Jesus ia passando por todas as cidades e povoados, ensinando nas sinagogas, pregando as boas novas do Reino e curando todas as enfermidades e doenças. Ao ver as multidões, teve compaixão delas, porque estavam aflitas e desamparadas, como ovelhas sem pastor. Então disse aos seus discípulos: "A seara é grande, mas os trabalhadores são poucos. Peçam, pois, ao Senhor da seara que envie trabalhadores para a sua seara" (Mateus 9:35-38).

Essas palavras podem soar-lhe familiares, mas os ouvidos bem treinados ouvirão a diferença. Antes, após sua conversa com a samaritana, Jesus falou da grande colheita e da necessidade de trabalhadores (João 4:34-38). Mas, naquele momento, os discípulos eram meros noviços; não tinham visto e feito tudo o que Jesus lhes mostrou depois. Agora que Jesus é um fenômeno de classe mundial e as multidões são enormes, ele explica o método que seus discípulos precisam utilizar para colher essa colheita. Eles precisam orar ao Pai e pedir mais trabalhadores, porque o Pai é o responsável pelo projeto. Mal suspeitavam os discípulos que eles seriam a primeira resposta às suas próprias orações.

-- O comissionamento dos Doze

Com o novo título de apóstolos vieram novas responsabilidades. Mateus, Marcos e Lucas registram seu comissionamento formal para sua primeira missão — sem Jesus.[204] Estavam por conta própria, viajando

---

204 Mateus 10:1-42; Marcos 6:7-12,30; Lucas 9:1-6,10.

em pares pela zona rural da Judeia. Mais tarde, eles voltam e encontram Jesus muito ocupado. Na verdade, ele está tão ocupado que eles são obrigados a fugir da multidão para falar. O que podemos então aprender com o chamado de Jesus e o envio dos apóstolos?

Primeiro, acredito que devemos levar a sério o chamado de Jesus para orar por trabalhadores, mas não devemos parar por aí. Observe cuidadosamente o que Jesus fez aqui. Ele comissionou os apóstolos imediatamente e depois os enviou. Em outras palavras, os discípulos se tornaram a resposta às suas próprias orações, e o mesmo se aplica a nós.

Alguma vez você já levantou sua mão numa reunião para apontar uma necessidade, apenas para que o líder lhe atribuísse a tarefa de resolver o problema? De certa forma, Jesus agiu como esse líder. A chave para o sucesso da sua missão é expandir as responsabilidades dos discípulos. Mas Jesus não os enviou apenas para encontrar novos trabalhadores. Ele os enviou para que aprendessem a ministrar, para que praticassem todas as competências necessárias para o futuro ministério. Até agora, eles só tinham observado. Agora precisavam aprender fazendo.

-- **Aumentando a pressão**

Treinar os Doze era um trabalho diário. Mas aprender a ser um líder requer aprendizado em vários níveis, pois isso era mais do que apenas um treinamento cognitivo. As dinâmicas emocionais e psicológicas também faziam parte do aprendizado à medida que a pressão sobre Jesus aumentava. Os discípulos tinham opiniões diferentes sobre como deveria ser o Messias e como tudo se desdobraria. As multidões também fizeram várias tentativas para arrastar Jesus a Jerusalém para coroá-lo.[205] Frequentemente, Jesus se viu obrigado a corrigir seus discípulos, e, às vezes, as intenções deles eram claramente diferentes das de Jesus.

Por exemplo, quando Pedro proclamou Jesus como Messias, Jesus elogiou sua confissão (Mateus 16:15-19). Mas, quando Pedro se opôs a

---

205 Veja João 6:14,15.

Jesus falar da sua morte — "Pedro, chamando-o à parte, começou a repreendê-lo" (Marcos 8:31-33) —, será que Jesus oferece aqui uma palavra suave de correção? Não, ele repreende Pedro usando uma linguagem bastante dura, chamando-o de Satanás: "Você não pensa nas coisas de Deus, mas nas dos homens" (Marcos 8:33).

Esse foi um momento em que os discípulos perceberam que as coisas não iam acabar bem. Jesus continuou a ensinar o que significa segui-lo: "Se alguém quiser acompanhar-me, negue-se a si mesmo, tome a sua cruz e siga-me" (Marcos 8:34).[206] Durante esse período, Jesus falou da necessidade de colocar a fidelidade a ele acima de todas as coisas, incluindo a família (Lucas 14:25-33). A partir desse momento, grande parte do ministério público de Jesus passou a se vincular fortemente ao conflito, e ele proferiu algumas das suas palavras mais famosas no contexto do debate com aqueles que procuravam matá-lo.

Tudo isso leva à entrada triunfal de Jesus em Jerusalém. Os discípulos pensaram que Jesus entraria como um general conquistador na sua carruagem dourada adornada com uma coroa de louros. Em vez disso, vestiram Jesus à paisana e colocaram-no num burro. Através de tudo isso, Jesus estava tentando ensinar aos seus discípulos que o caminho para a glória passa pelo sofrimento.

A escola de Getsêmani

Parafraseando Samuel Johnson: a perspectiva da própria morte tem um jeito de focar a mente. Isso aconteceu também no caso de Jesus. Ao entrar na sua última semana de vida na Terra, ele estava incrivelmente concentrado. No seu discurso das Oliveiras, ele ensinou aos seus discípulos que o acontecimento-chave que traria o fim era a pregação do evangelho até os confins da terra (Mateus 24:14). Enquanto Jesus e seus discípulos celebravam juntos a ceia da Páscoa, ele acrescentou elementos de ensino, incluindo a lavagem dos pés dos discípulos para mostrar

---

[206] Trato desse tema no capítulo dois, entre outras qualificações gerais para se tornar um seguidor de Jesus.

que tipo de líderes eles deveriam ser. Ele também orou por si mesmo e por eles no final da ceia. Normalmente chamada de "a Oração do Sumo Sacerdote", Jesus falou com seu Pai sobre a obra que ele tinha realizado e o que aconteceria no futuro (João 17:1-26). Falou em entregar o trabalho aos seus discípulos e pediu ao seu Pai que os protegesse e os usasse. Jesus mostrou que ele os valorizava e os amava tanto como o Pai amava seu próprio Filho. Devemos levar essas palavras a sério, porque elas podem ser a maior afirmação do valor dos seres humanos em toda a Escritura.[207]

Jesus convidou três dos discípulos — Pedro, Tiago e João — a acompanhá-lo em sua oração angustiada no jardim. Claro que também temos o registro inglório de eles adormecendo enquanto ele lutava em oração.[208] Jesus entendeu sua fraqueza, é claro, dizendo: "O espírito está pronto, mas a carne é fraca" (Marcos 14:38). Ele estava falando com eles, mas talvez também consigo mesmo, afirmando que o esforço humano por si só não completaria a missão. Jesus gritou três vezes implorando ao seu Pai que considerasse outra forma de completar a obra. Sabemos que, dessa vez, a situação foi física e psicologicamente estressante, pois Jesus suou uma mistura de sangue e água, revelando a verdadeira angústia na sua alma.

Por que os discípulos adormeceram? Eles não queriam; em seu espírito, eles queriam completar a missão que Jesus lhes deu. Eles deram tudo de si, e Jesus até lhes disse como completar a tarefa: "Vigiem e orem para que não caiam em tentação. O espírito está pronto, mas a carne é fraca!" (Mateus 26:41). A razão pela qual não conseguiram completar essa tarefa foi porque eles ainda não tinham sido transformados. As boas intenções não são suficientes; a transformação da pessoa inteira, incluindo o corpo, é essencial. E, mesmo assim, os discípulos precisam de treino. Como Jesus disse, a preparação e a oração são necessárias para completar qualquer projeto que ele nos dê.

---

[207] Conte os pronomes e você se surpreenderá com o número de vezes que Jesus se refere aos seus primeiros discípulos e a nós, seus discípulos atuais.

[208] Veja Mateus 26:36-46; Marcos 14:32-42; Lucas 22:39-46.

Jesus também avisou os discípulos que eles fugiriam quando os problemas surgissem naquela noite, mas os discípulos negaram enfaticamente que fracassariam.[209] Eles não conheciam a si mesmos como Jesus. Mas ainda estavam operando em modo de sobrevivência, guiados pela carne e vivendo no medo da morte, por isso fugiram. Como observa Dallas Willard: "Os nossos corpos têm uma vida própria que ultrapassa em muito o que sabemos de nós mesmos".[210] Em outras palavras, como poderiam morrer por ele se nem sequer conseguiam ficar acordados por ele?

Todos nós devemos aprender essa lição básica de discipulado. Aqui está uma ilustração dela sob o aspecto da saúde física. A verdade é que muitos de nós têm dificuldade de perder meros três quilos de peso. Se alguma vez você já tentou fazer dieta, você sabe que a força de vontade por si só não basta. Podemos perder peso, mas logo em seguida nós o ganhamos de novo.

Não, devemos mudar completamente nossa alimentação e nosso exercício. Só se mudarmos nossos desejos, nosso pensamento e nossos hábitos poderemos tornar-nos o tipo de pessoa capaz de resistir à tentação. O mesmo vale para o discipulado. Aprendemos a ser como Jesus adotando as práticas, disciplinas e exercícios que ele seguiu, tais como solidão e silêncio, oração, jejum, adoração, estudo, companheirismo honesto e trabalho missionário. Como seus seguidores, aprendemos a confessar nosso pecado. Quando reconhecemos que ele nos conhece melhor do que nós mesmos, admitimos nossos fracassos. Só então estaremos verdadeiramente preparados para a missão que ele nos deu. Embora os melhores homens de Jesus não tenham conseguido ficar acordados, embora tenham fugido quando ele foi preso e se escondido depois de ele ter ressuscitado, eles estavam aprendendo lições poderosas que lhes permitiriam continuar sua missão depois de ele ter ascendido.

---

209 Veja Mateus 26:31-35; Marcos 14:27-31.
210 WILLARD, Dallas. *The Great Omission*. Nova York: Harper Collins, 2006. p. 86.

▶ FASE 4: "PERMANEÇA EM MIM"

Texto: João 15:5
Participantes: Os apóstolos e todos os discípulos que decidiram seguir Jesus
Tempo: Desde o Pentecostes até hoje

Essa terceira fase de treinamento, "Venha para estar comigo", terminou em tragédia. Os discípulos de Jesus — seus seguidores mais próximos e de maior confiança — fugiram da cena e o abandonaram. Embora ele soubesse que fariam isso, podemos ter certeza de que seu comportamento não foi fácil para ele. Esses homens tinham sido sua missão, seu plano para o futuro. Os três dias seguintes foram realmente sombrios para Jesus e seus seguidores. No nível humano, seu trabalho tinha sido um fracasso colossal.

Mas, como sabemos, esse não foi o fim da história. A cruz não é um sinal de fracasso, mas sim da conclusão da missão. Dentro de semanas, os discípulos a veriam numa luz diferente, seriam fortalecidos pelo Espírito Santo e começariam a pregar, a ensinar, a alegrar-se e a morrer pelo seu Senhor ressuscitado.

Contudo, antes de essas coisas acontecerem, eles precisavam experimentar uma última fase de discipulado. Precisavam aprender como estar com Jesus e o que significa permanecer nele. Num outro livro, escrevi sobre o período "Permaneça em mim" em que Jesus instruiu os discípulos na sala superior.[211] Aqui estou falando de modo mais genérico de um período de transição do Getsêmani para a Grande Comissão, que é a quarta fase do treinamento em discipulado. Os discípulos de Jesus tinham provado que eram fracassos bem-treinados.

Mas a ressurreição e as aparições pós-ressurreição de Jesus deram nova vida e confiança, bem como mais informações sobre como fazer discípulos dentre todos os povos (Mateus 28:18-20). Quando Jesus prometeu que estaria com eles até o fim dos tempos, eles agora acreditavam nele.

---

[211] HULL, Bill. *The Complete Book of Discipleship*. Colorado Springs: NavPress, 2006. p. 182.

Jesus subiu ao céu, mas os discípulos permaneceram. Como ele ordenou, eles oraram e esperaram pela chegada do poder do Espírito (Atos 1:12-14; 2:1-4). Jesus tinha comissionado esses apóstolos recém-formados a fazerem discípulos. E o que aconteceu? Nasceu a Igreja.

Antes de passarmos para nosso próximo tema, a Igreja, quero encerrar nossa análise sobre os caminhos e meios de fazer discípulos de Jesus com estas palavras de Elton Trueblood.

> Uma das passagens verdadeiramente chocantes do evangelho é aquela em que Jesus indica que não há absolutamente nenhum substituto para uma sociedade minúscula, amorosa, solidária e reconciliadora. Se falhar, ele dá a entender, tudo fracassa; não há outra forma. Ele disse à pequena irmandade que eles eram o sal da terra e que se esse sal falhasse, não haveria nenhum outro conservante adequado. Ele estava apostando tudo numa única jogada. [...] Uma das formas mais poderosas de voltar a lealdade das pessoas para Cristo é amar os outros com o grande amor de Deus. [...] Se, no nosso tempo, surgisse uma comunhão desse tipo, sem nenhuma artificialidade e livre do peso do passado, seria um acontecimento emocionante de grande importância. Uma sociedade de verdadeiros amigos amorosos, liberta da luta egoísta pelo prestígio pessoal e de toda a irrealidade, seria, sem dúvida, algo inestimável e poderoso. Uma pessoa sábia percorreria qualquer distância para se juntar a ela.[212]

CAVANDO MAIS FUNDO

▶ COMO WESLEY PREPAROU LÍDERES

Já analisamos vários modos de comunidade que John Wesley empregou para ensinar e equipar discípulos. Um modo adicional é geralmente conhecido como a companhia seleta, um grupo escolhido a dedo, concebido para modelar o que é o metodismo. Esse corpo de

---

212 Citado em NEWBY, James R. *The Best of Elton Trueblood*. Nashville: Abingdon, 1979. p. 26.

elite de entusiastas tinha passado por todos os modos de sociedade, reuniões de turma e bandas, e era considerado o que havia de melhor. Não existiam regras, nem líder, nem formato prescrito, e eles se reuniam com Wesley todas as segundas-feiras. Hoje chamaríamos esse grupo de o DNA da organização.

Wesley ensinou a esse grupo a escada da liderança, que mais tarde seria utilizada na formação pastoral na Igreja metodista. A continuação dessa escada mostra como os seguidores de Wesley aplicaram seus ensinamentos, que foram inspirados e fundamentados nos caminhos e meios de Jesus.

Cada ponto abaixo é um degrau da escada. À medida que os discípulos amadurecem, eles sobem a escada e assumem maiores responsabilidades.

1. Pregador de rua. Quando as pessoas são convertidas, espera-se que elas deem seu testemunho em público. Se provarem que são boas nisso, podem ir para o degrau seguinte.

2. Professor de escola dominical. Quando os professores conseguem comunicar verdades bíblicas simples e manter o interesse dos alunos na aula, eles podem avançar.

3. Pregador. Como pregadores, os candidatos podem liderar o culto e pregar de vez em quando. Se o pastor estiver satisfeito com seu desempenho, eles são promovidos.

4. Novo ponto de pregação. Quando os candidatos são enviados, seu sucesso é medido de uma forma objetiva — eles devem produzir convertidos. Se conseguirem sustentar esse sucesso, passam para o nível seguinte.

5. Obreiro cristão. No momento da candidatura, os candidatos são avaliados e aceitos como obreiros cristãos.

6. Pastor-diácono. Aos candidatos é atribuída uma área na qual se espera que plantem uma igreja. Se não ganharem convertidos e formarem um núcleo de uma nova igreja, eles não sobem nem recebem o título.

7. Pastor. Esse é o último teste. Para serem promovidos a pastores, os candidatos devem apresentar à Conferência Anual provas

suficientes de que podem renunciar ao trabalho secular, dedi-car-se em tempo integral ao ministério e ser apoiados financeiramente pela congregação que reuniram.[a]

Wesley acreditava que a principal função de um líder é equipar outros para liderar e ministrar, não desempenhar o ministério pessoal-mente. No século 18, o clero era um número limitado das elites culturais. Embora fosse um membro dessa elite, o sistema de Wesley estava aberto a pessoas comuns que podiam subir a escada. O sistema se baseava no privilégio conquistado — as pessoas precisavam produzir para avançar. Qual seria o resultado se nossas igrejas fossem lideradas apenas por aqueles que provaram ser eficazes na disciplina e no trei-namento dos outros?

As nossas igrejas ocidentais contemporâneas continuam dizendo às pessoas o que devem fazer. Mas o modelo de Jesus e de Wesley concentra-se em falar sobre o que já estão fazendo. Wesley treinou seus pastores para medirem seu sucesso pela forma como as pessoas que eles estavam treinando desempenhavam o ministério, e não pela forma como eles desempenhavam o ministério pessoalmente.[b] Você consegue imaginar a revolução que ocorreria nas nossas igrejas se esse fosse o padrão que usássemos para avaliar o ministério?

As nossas igrejas estão concentradas em fazer com que as pessoas venham assistir a um espetáculo. Jesus e Wesley treinaram as pessoas para saírem para o mundo e mostrarem aos outros que Jesus tinha mudado suas vidas.

----

a D. Michael Henderson, *John Wesley's Class Meeting: A Model for Making Disciples* (Nappanee, IN: Evangel, 1997), p. 152-153.
b Veja Efésios 4:11-16; 2Timóteo 2:2.

CAPÍTULO 7

A IGREJA

"

Não existem congregações "bem-sucedidas" nas Escrituras nem na história da Igreja.
— *Eugene Peterson,* Practice Resurrection

A ordem estabelecida pode, na verdade, impedir pastores e professores numa igreja de pensar em fazer discípulos.
— *Dallas Willard,* The Divine Conspiracy

A Igreja só é a igreja quando ela existe para os outros.
— *Dietrich Bonhoeffer,* The Cost of Discipleship

A Igreja norte-americana não deveria ter medo de morrer.
— *Rachel Held Evans, entrevista, Books and Culture*

"

A PROMESSA DAS NOSSAS IGREJAS modernas aos frequentadores tem sido algo parecido com isto: prometemos que, se praticarem certas disciplinas e o fizerem aqui na nossa igreja, vocês se tornarão cristãos maduros, o que trará glória a Deus e à igreja. Quem pode argumentar contra isso?

Bem, eu, por exemplo. Minha antipatia a essa promessa é semelhante à antipatia de Karl Bonhoeffer aos ensinamentos de Sigmund Freud. Bonhoeffer (pai de Dietrich Bonhoeffer) caracterizou a psicoterapia de Freud como "o fruto mau de pessoas que gostam de se ocupar consigo mesmas".[213] Meu problema com a abordagem contemporânea ao discipulado é seu ensinamento de que a maturidade espiritual tem principalmente a ver com a igreja. Sem dúvida alguma, é uma visão grandiosa, mas poucos chegam a dizer que atingiram a maturidade. Você conhece alguém que afirma ter chegado "à maturidade, atingindo a medida da plenitude de Cristo" (Efésios 4:13)?

Parte do problema é que nosso foco está, em grande parte, em nós mesmos. Nas nossas reuniões e pequenos grupos, perguntamos frequentemente "Como você está?", ou podemos querer prestar contas e perguntamos aos outros "Como estou indo?". Embora essas perguntas tenham seu lugar, elas tendem a separar nosso discipulado da nossa missão. A verdadeira questão no treinamento espiritual não é introspectiva — é uma preocupação com o bem-estar dos outros. Se as palavras

---

213 MARSH, Charles. *Strange Glory*: A Life of Dietrich Bonhoeffer. Nova York: Alfred A. Knopf, 2014. p. 384.

de Filipenses 2:5-8 nos dizem alguma coisa, elas ensinam que Jesus viveu para o bem dos outros.

Ele manteve as atitudes de humildade, submissão e sacrifício, e seu propósito era servir os outros. Portanto, embora "Como você está?" não seja uma pergunta errada, seu alcance é insuficiente. A verdadeira pergunta para um discípulo é esta: "Como você está amando as pessoas que Deus colocou na sua vida?". O objetivo da maturidade espiritual não é o autoaperfeiçoamento. É nossa transformação em pessoas que vivem para amar os outros.

Isso é uma correção necessária para a maneira comum de ver as disciplinas espirituais. Praticamos disciplinas espirituais para nos tornarmos o tipo de pessoa que ama e vive para os outros. Estudamos as Escrituras para podermos ganhar conhecimento, perspectiva e orientação para ajudar os outros. Tornamo-nos Cristo para os outros em todos os domínios da nossa vida. E, no processo de viver para os outros, acabamos nos tornando pessoas maduras em Cristo. A maturidade não é um fim em si mesmo. É um subproduto de seguir Jesus. Mantemos nossos olhos fixos nele e o seguimos e, como resultado, crescemos. Esse foco impede que os exercícios espirituais se tornem atividades sem sentido focadas em nós mesmos, e ele é consistente com os ensinamentos de Jesus. Encontramos nosso propósito e alegria quando desistimos da nossa vida, e, quando fazemos isso, salvamos nossa vida (Lucas 9:23-25).

▶ O ABENÇOADO BECO SEM SAÍDA

Cristo ainda não terminou sua obra na terra. Ele escolheu continuar sua vida através da sua Igreja. E não estou falando apenas da Igreja universal. Jesus opera por meio de corpos locais de cristãos que se reúnem em seu nome para aprender com sua palavra.

No mundo inteiro, o pior fracasso das igrejas tem sido a disparidade alarmante entre o que Cristo é e aquilo em que seus discípulos se transformam. Mas as igrejas existem com o objetivo principal de fazer discípulos, e esses discípulos devem ser um presente para o mundo. O objetivo das igrejas na multiplicação de discípulos de Jesus é permitir que eles possam reingressar no mundo e demonstrar uma maior qualidade de vida e um nível de habilidade na apresentação de Jesus em palavras e atos, que romperão a resistência natural das almas incrédulas. O povo de Deus deve amar o mundo como Jesus o ama, de formas concretas e sacrificiais que destroem os argumentos e pretensões da incredulidade.[214] Seu amor deve manifestar Jesus, deve ser um amor que faz a diferença e contra o qual não há argumentos.

Parte do problema em fazer discípulos como esses, é claro, tem sido a falta de bons ensinamentos sobre quem devemos ser e o que devemos fazer como discípulos. A maioria dos pastores supõe que fazer discípulos se refere principalmente a transformar os cristãos existentes em cristãos melhores. Como resultado, muitas igrejas estabeleceram expectativas baixas quanto ao que significa ser um bom discípulo. O que falta é a noção de que um discípulo faz outros discípulos. Não conseguimos comunicar aos crentes que eles mesmos devem fazer discípulos que serão capazes de fazer discípulos.[215] Essa é a ideia verdadeiramente revolucionária que deve informar nossa compreensão das igrejas e a razão pela qual elas existem.[216] Uma revolução exige uma mensagem e uma plataforma para comunicar essa mensagem. Nesse caso, o sistema de comunicação são os próprios discípulos. Quando eles respondem ao chamado de Jesus e fazem outros como eles, mostram ao mundo a Igreja como Jesus quis que ela fosse. Trata-se de uma fábrica de discípulos.

▶ QUEM, EU?

O chamado dos primeiros discípulos foi completamente inequívoco. "Siga-me", disse Jesus a Pedro, Tiago, João, André e Mateus, e eles

---

214 João 3:16,17.
215 Mateus 28:20; 2Timóteo 2:2. Você não pode revolucionar o mundo sem a expectativa intencional de que o fruto de um discípulo seja outro discípulo, para que o movimento se multiplique e espalhe até o evangelho ser pregado a cada pessoa no mundo.
216 Efésios 3:10,11.

largaram tudo e o seguiram. Eles não tinham dúvida em relação ao que Jesus estava pedindo deles.[217] É claro que, quando estava na terra, Jesus não convidou todos a segui-lo. Ele falou, curou e ajudou outros e os instruiu a irem ao templo ou a voltarem para sua casa. Na verdade, a maioria das pessoas que ouviram Jesus e receberam seu ministério não foi convidada a viajar com ele.[218]

Alguns usam esse aspecto do ministério terreno de Jesus para apoiar a ideia de que as igrejas têm um sistema de dois níveis de clero (professores profissionais) e leigos (cristãos regulares). Essa ideia leva as pessoas a dizer que nem todos são chamados para o discipulado mais profundo de estar com Jesus todos os dias. Isso vale apenas para o clero — os pastores. Mais uma vez, Dietrich Bonhoeffer nos ajuda a responder a essa pergunta.

> Há algo de errado com todas essas perguntas. [Ele está se referindo aqui a pessoas que procuram uma desculpa bíblica para fugir do discipulado]. Sempre que as fazemos, colocamo-nos fora da presença viva de Cristo. Todas essas perguntas se recusam a levar a sério que Jesus Cristo não está morto, mas vivo e ainda hoje fala conosco através do testemunho da Escritura. [...] É dentro da igreja que Jesus Cristo chama por meio da sua palavra e do seu sacramento. A pregação e o sacramento da igreja são o lugar em que Jesus Cristo está presente. Para ouvir o chamado de Jesus para o discipulado, não é necessária qualquer revelação pessoal. [...] Ninguém a não ser o próprio Cristo pode nos chamar para o discipulado. Em essência, o discipulado nunca consiste numa decisão por esta ou aquela ação específica; ele é sempre uma decisão a favor ou contra Jesus Cristo.[219]

---

[217] Veja Mateus 4:19; Lucas 5:1-11.

[218] João 6:1-15: Jesus permitiu que se dispersassem os 5 mil que estavam reunidos para ouvi-lo falar. João 9:1-41: O homem cego voltou para casa. João 11:1-25: Lázaro, Maria e Marta, como a maioria dos seguidores de Jesus, seguiram os ensinamentos dele, mas não se juntaram ao seu grupo de discípulos e não foram incluídos como apóstolos.

[219] BONHOEFFER, Dietrich. *The Cost of Discipleship*. Minneapolis: Fortress Press, 1996. (Dietrich Bonhoeffer's Works, v. 4). p. 202.

Em outras palavras, em vez de vermos os discípulos que viajaram com Jesus como exceção, deveríamos vê-los como a norma para todos os cristãos de hoje. O Senhor ressuscitado que envia o Espírito Santo para habitar nos cristãos chama todos eles para o discipulado tão claramente como ele chamou aqueles primeiros discípulos. Esse chamado se dirige a todos e não apenas a alguns. Não precisamos de uma revelação ou experiência especial para receber esse chamado. Se ouvirmos a palavra pregada, se participarmos dos sacramentos (ou seu equivalente de acordo com nossa tradição), Deus fala conosco por meio da sua palavra. Todos nós somos discípulos chamados para seguirmos Jesus.

▶ DECEPÇÃO, DISPARIDADE, DISTRAÇÃO

Como mencionei acima, muitos estão decepcionados com a Igreja. Veem e sentem uma disparidade entre o que esperam e o que a Igreja de fato oferece. E muitos são críticos em relação às nossas igrejas e aos seus líderes. Hoje em dia, os pastores se encontram frequentemente no papel de advogado de defesa, pedindo desculpas pelas falhas das igrejas e tentando explicar a decepção que os membros sentem.

Considero nossa situação semelhante à de um homem que tem problemas com seu carro. Ele não entende por que o carro não está funcionando bem, por isso o leva ao mecânico. O mecânico descobre rapidamente que o homem tem misturado água com o combustível. Já que o carro foi construído para funcionar com gasolina e não com água, o mecânico aconselha o homem a parar de acrescentar a água. Ele só deve utilizar o combustível prescrito para o carro — só isso funcionará. O mesmo vale para o desenvolvimento espiritual em Cristo. Um combustível prescrito é necessário para que uma pessoa cresça, prospere e amadureça. Se todas as pessoas estiverem usando um combustível adulterado, elas empacarão. Não podemos discipular as pessoas para discipular outras se não estiverem andando com o combustível certo. É por isso que devemos recuperar e alcançar o evangelho que Jesus e seus discípulos pregaram, ensinando nossos membros a pregar esse mesmo evangelho.

As palavras operacionais desse evangelho são "Siga-me". O ponto de partida para cada pessoa que quer crescer em Cristo é adotar a mentalidade de um aprendiz. O cristianismo é mais do que apenas a profissão de uma crença. Envolve trabalho, mudança e transformação contínuos. Envolve estudar, aprender, obedecer e uma vontade contínua de seguir Jesus para onde quer que ele o conduza, sem condições ou limites. No entanto, esse conjunto de padrões é bastante diferente do que geralmente se acredita e ensina nas nossas igrejas ocidentais. Como escreve Dallas Willard: "A crença dominante hoje entre os cristãos professos é que podemos ser 'cristãos' para sempre sem nunca nos tornarmos discípulos".[220]

Visto que as igrejas ocidentais tendem a exercer uma grande influência sobre o cristianismo global, nossa falta de um apelo ao discipulado e de um processo robusto para fazer discípulos que fazem discípulos ameaça diretamente o crescimento do cristianismo no resto do mundo. Sim, nós somos uma ameaça ao cristianismo global. Podemos prejudicar a vitalidade das igrejas no mundo inteiro se exportarmos nossos modelos e infectarmos outros com as mesmas doenças que nós temos. Essa questão é outra razão séria pela qual devemos corrigir as formas e meios das nossas igrejas.

Para esse fim, voltamos nossa atenção agora para o modelo da primeira igreja iniciada na cidade de Jerusalém. Nossa pergunta é simples: será que os discípulos de Jesus discipularam outros? Se a resposta a essa pergunta for *sim*, então queremos saber a resposta a uma segunda pergunta: como eles fizeram isso? Em que eles se basearam para fazer discípulos reprodutores?

▶ UMA OLHADA NA PRIMEIRA IGREJA

O primeiro dia da primeira igreja foi um sucesso enorme segundo os padrões atuais.[221] Essa igreja estava com tudo. Ela pregava o evangelho em dezesseis línguas diferentes.

---

[220] WILLARD, Dallas. *The Great Omission*. Nova York: Harper Collins, 2006. p. xi-xii.
[221] Para um tratamento completo desse tema, veja meu livro *The Disciple-Making Church* (Grand Rapids: Baker, 2010), p. 57 et seq.

Uma energia sobrenatural, uma vibração elétrica estava no ar. O apóstolo Pedro deu uma mensagem improvisada, e 3 mil pessoas acreditaram na história e foram batizadas. E o crescimento não terminou por aí. Nos meses seguintes, esses novos crentes aprenderam algumas práticas e formaram uma nova comunidade. O livro de Atos descreve essa igreja da seguinte forma.

> Eles se dedicavam ao ensino dos apóstolos e à comunhão, ao partir do pão e às orações. Todos estavam cheios de temor, e muitas maravilhas e sinais eram feitos pelos apóstolos. Todos os que criam mantinham-se unidos e tinham tudo em comum. Vendendo suas propriedades e bens, distribuíam a cada um conforme sua necessidade. Todos os dias, continuavam a reunir-se no pátio do templo. Partiam o pão em suas casas, e juntos participavam das refeições, com alegria e sinceridade de coração, louvando a Deus e tendo a simpatia de todo o povo. E o Senhor lhes acrescentava todos os dias os que iam sendo salvos (Atos 2:42-47).

Eu peguei você sobrevoando as palavras aí ou até mesmo pulando completamente a passagem? Talvez você já a tenha lido antes. Talvez até já tenha pregado sobre ela. Eu sei que sobrevoar algo familiar é normal. Mas quero que se concentre um pouco nessa passagem e pense comigo sobre os ensinamentos dos apóstolos. Ela não apareceu do nada, certo? O ensinamento dos apóstolos era simplesmente o ensinamento de Jesus, o que eles tinham aprendido com seu professor. Que mais poderia ter sido? Eles não tinham tido tempo suficiente para estragar tudo. Por isso, estavam apenas transmitindo o que lhes tinha sido ensinado, e assim estavam multiplicando a mensagem de Jesus.

A frase "todos os dias" é usada duas vezes nesse texto, o que nos diz que as práticas aqui eram rotineiras. Mas isso é uma coisa boa! Quando as atividades são rotineiras, elas formam nossos hábitos e se tornam práticas embutidas de uma comunidade, formando a cultura da comunidade e sua visão do mundo. Mesmo as igrejas ruins são boas em formar hábitos, só que formam hábitos ruins e criam culturas que cheiram a moralismo, legalismo e vergonha, e não a graça, disciplina e correção amorosa. Então, quais são alguns dos bons hábitos que os primeiros cristãos praticavam? O que moldou e informou seu discipulado?

1. Eles se dedicavam ao ensino dos apóstolos

Os ensinamentos dos apóstolos eram os ensinamentos de Jesus. Lucas é o autor dos Atos dos Apóstolos, que normalmente chamamos apenas de Atos. Lucas não esteve presente no primeiro dia da igreja de Jerusalém, mas acabou escrevendo grande parte do Novo Testamento, confiando em cartas, documentos e relatos orais de testemunhas oculares.

Na introdução a Atos, Lucas se refere ao seu evangelho: "Em meu livro anterior, Teófilo, escrevi a respeito de tudo o que Jesus começou a fazer e a ensinar, até o dia em que foi elevado ao céu, depois de ter dado instruções por meio do Espírito Santo aos apóstolos que havia escolhido" (Atos 1:1,2). Lucas entendeu perfeitamente o que Jesus tinha feito e ensinado, por isso faz sentido que, quando ele fala dos ensinamentos dos apóstolos, refira-se ao que Jesus tinha-lhes ensinado. Como eles comunicaram esse ensinamento? Em listas de regras ou proposições para decorar? Não, os apóstolos deram seus relatos como testemunhas oculares das atividades de Jesus e relataram suas parábolas e sermões. Os apóstolos eram mensageiros e testemunhas de Jesus e estavam empenhados em recontar tudo o que tinham visto e ouvido.

Seis grandes sermões registrados em Atos nos dão um bom resumo do ensino dos apóstolos. Sempre que se reuniam, eles recontavam os relatos, o que é essencial para qualquer fundamento.[222] Mesmo quando os discípulos eram avisados pelos líderes judeus para não falarem em nome de Jesus, eles se recusavam, dizendo: "Pois não podemos deixar de falar do que vimos e ouvimos" (Atos 4:20). Seu ensino não era teórico nem abstrato. Era sua experiência, e era obrigatório.

---

[222] Quando tinham 5 mil seguidores, Pedro e João também se apresentaram ao conselho religioso em Jerusalém e proclamaram o âmago do seu ensinamento. Veja Atos 4:1-22.

---------------------------------- 2. Eles se dedicavam à comunhão

Além de contarem histórias sobre Jesus e compartilharem o que ele tinha ensinado, todos os discípulos passavam tempo juntos. Já não há muita gente que fale de comunhão. A palavra saiu de uso, e a ideia foi rebatizada com expressões mais apelativas como "comunidade", "vida comunitária", "vida em conjunto" ou "fazer a vida em conjunto". Alguns voltaram à fonte e usam a palavra grega *koinonia*.

Mas o que é comunhão? Comunhão é a unidade do corpo de Cristo no Espírito Santo. Em um nível prático, devemos entender a comunhão como um verbo, que significa uma atividade. A comunhão está formando e aprofundando relações de tal forma que nós nos ajudamos mutuamente a manter nossos compromissos com Deus. Algumas pessoas chamam isso de responsabilidade. Qualquer que seja o termo que utilizemos, comunhão é o que fazemos e falamos e o que nos mantém unidos. Sem comunhão, o fundamento do ensino dos apóstolos desmoronaria.

A Igreja Primitiva se reunia num lugar, que poderia ter sido ao ar livre ou na área do templo. A área do templo equivale a 46 campos de futebol; quando visitar o lugar, verá muitos grupos orando, estudando e discutindo religião. As pessoas vendiam propriedades e compartilhavam o que era necessário para garantir que todos tivessem o necessário para viver. Também adoravam juntos no templo diariamente e se reuniam com regularidade em casas para compartilhar a Ceia do Senhor.

Muitos acreditam que os números acabaram excedendo os 5 mil, e a administração tornou-se um problema que os apóstolos precisaram resolver. Foi por isso que nomearam diáconos para garantir que as necessidades físicas fossem supridas (Atos 6:1-7). É possível que muitos cristãos tenham vivido em habitações temporárias após participarem do festival em Jerusalém. Assim, ocorreu uma diáspora natural quando esses discípulos voltaram para suas casas em determinado momento. A atmosfera geral era de alegria e generosidade, todos estavam "louvando a Deus e tendo a simpatia do povo" (Atos 2:47).

No entanto, não demorou para essa igreja perfeita começar a desmoronar. "Naqueles dias, crescendo o número de discípulos, os judeus de fala grega entre eles queixaram-se dos judeus de fala hebraica" (Atos 6:1). Esses rumores em Jerusalém foram um prelúdio para as muitas cartas corretivas que Paulo escreveria mais tarde às suas igrejas em toda a Ásia. O descontentamento sempre fez parte da experiência da Igreja, e uma razão é que as reivindicações e promessas do cristianismo estão fora do alcance da nossa própria capacidade de realizá-las. Eugene Peterson disse uma vez: "A igreja que queremos é o inimigo da igreja que temos". Nossa comunidade cristã idealizada está, muitas vezes, longe da realidade, e uma fixação nas deficiências das nossas igrejas apenas resultará numa desilusão constante.

Dietrich Bonhoeffer foi ainda mais direto ao falar dessa desilusão e da importância de reconhecê-la e de seguir em frente.

> Quanto mais cedo esse momento de desilusão alcançar o indivíduo e a comunidade, melhor para ambos. No entanto, uma comunidade que não consegue suportar e não consegue sobreviver a tal desilusão, agarrando-se em vez disso à sua imagem idealizada, justamente quando ela deveria ser eliminada, perde ao mesmo tempo a promessa de uma comunidade cristã duradoura. Mais cedo ou mais tarde, a comunidade desmoronará. Cada imagem humana idealizada que é trazida para a comunidade cristã é um obstáculo para a comunidade genuína e deve ser destruída para que a comunidade genuína possa sobreviver. [...] Aqueles que amam mais seu sonho de comunidade cristã do que a própria comunidade cristã se tornam destruidores dessa comunidade cristã, embora seus interesses pessoais possam ser sempre muito honestos, sinceros e sacrificiais.[223]

Quando temos uma imagem idealizada daquilo que a vida cristã em conjunto deveria ser que não corresponde à realidade que vemos

---

[223] BONHOEFFER, Dietrich. *Life Together*. Minneapolis: Fortress Press, 2005. (Dietrich Bonhoeffer's Works, v. 5). p. 36-37.

perante nós, nossos sonhos podem ser esmagados. É provável que corramos de lugar em lugar à procura da igreja "real" ou de uma comunidade melhor, sem nos darmos conta de que tal lugar não pode ser encontrado deste lado da eternidade. Nosso ideal só existe em pedaços dispersos, em fragmentos, em momentos em que recebemos uma amostra do que ainda está para vir. Devemos valorizar esses momentos, mas uma comunidade cristã duradoura e sustentável não é construída sobre eles. É construída sobre a verdade de que a vida cristã é uma batalha.

Devemos nos empenhar na luta, e precisamos que outros nos ajudem com isso. Quando erramos, quando falhamos, precisamos de alguém que nos puxe para trás, nos apoie e nos mantenha continuando em frente. Os dons e as graças dos nossos companheiros satisfazem nossa necessidade diária de graça.[224] Assim, o fundamento de uma igreja de discípulos consiste tanto no ensino dos apóstolos como na comunhão — naquelas relações imperfeitas, mas redentoras, que nos unem e nos permitem praticar e viver os ensinamentos de Jesus.

--- ### 3. Estavam cheios de temor

Lucas continua descrevendo a primeira igreja. "Todos estavam cheios de temor, e muitas maravilhas e sinais eram feitos pelos apóstolos" (Atos 2:43). A palavra grega traduzida aqui como "temor" é φοβος, ou "medo no fundo da alma". O que é esse medo ou sensação de maravilha sóbria que eles experimentaram? Se pensarmos no discipulado como uma luta que devemos travar, é útil considerar a diferença entre um treinamento de soldados com balas de festim e um treinamento com munição verdadeira. O soldado que treina com balas de festim pode ser motivado por um desejo de sucesso, mas ele sabe que sua vida não está em jogo. A adrenalina não flui tanto quando não estamos em perigo real. Mas o que esses primeiros cristãos estavam vendo, ouvindo e fazendo era real e perigoso — era literalmente uma questão de vida ou morte. Essa maravilha que eles sentiram é um indício da profundidade

---

224 Veja Gálatas 6:1,2, Tiago 5:16.

do seu envolvimento emocional. Já que suas vidas estavam em jogo, eles estavam dispostos a viver sacrificialmente, dando tudo o que tinham em prol da missão. Poderíamos descrever nosso sentimento de maravilha dizendo "Fiquei sem palavras", mas nosso verdadeiro sentimento é expresso nas nossas ações, naquilo que fazemos para mostrar nossa maravilha.

Os primeiros discípulos venderam o que tinham para que pudessem compartilhar o dinheiro com os outros. Essa é outra diferença fundamental entre a Igreja Primitiva e nossa abordagem ao discipulado. Hoje em dia, a ênfase tende a ser colocada em fazer com que as pessoas "se entusiasmem" por um pregador ou por um culto de adoração. O foco está na experiência subjetiva, em como as pessoas se sentem no momento. Mas muitas vezes as igrejas confiam em técnicas e tecnologias para dar às pessoas uma sensação sagrada. Já preguei em várias igrejas que usavam gelo seco para criar fumaça falsa. O objetivo aqui é fazer com que as pessoas aplaudam e gritem num ato sincero de louvor a Deus.

Técnicas e tecnologias têm seu lugar, e não há nada de errado em um pouco de gritos e aplausos. Mas esses não são indícios de que as pessoas estejam vivendo no temor de Deus. Quando as pessoas vivem uma vida espiritualmente insossa e inflada de materialismo, elas sempre terão dificuldades em adorar. *A atmosfera certa, uma música boa e um líder de adoração carismático não podem resolver os problemas espirituais profundos do coração.* Se o foco da adoração for satisfazer nossas necessidades como consumidores, não experimentaremos o temor e a maravilha do Senhor que conduz a uma mudança autêntica e obediência verdadeira. Infelizmente, muitas pessoas determinam a eficácia de uma igreja pela forma como pensam que suas necessidades são satisfeitas e pela forma como se sentem emocionalmente em relação ao culto de adoração. Mas essas coisas não têm nada a ver com discipulado. São os produtos de um evangelho de consumo e de um cristianismo egocêntrico.

Não podemos fazer discípulos criando ambientes de culto que respondam às necessidades percebidas pelas pessoas. A verdadeira obediência vem do coração e é vivida todos os dias. C. S. Lewis explica a conexão entre vida e adoração.

> Eu nunca tinha reparado que todo prazer transborda espontaneamente em louvor. [...] O mundo vibra com fãs do louvor que louvam suas amantes, com leitores que louvam seu poeta favorito, com andadores que louvam o campo, com jogadores que louvam seu jogo. [...] Penso que temos o prazer de louvar o que apreciamos porque o louvor não só expressa, mas completa o prazer; é chamado de consumo.[225]

Como escreve o salmista: "Como é bom cantar louvores ao nosso Deus! Como é agradável e próprio louvá-lo!" (Salmos 147:1 NLT). A qualidade do nosso culto — nossa maravilha diante de Deus e o que ele tem feito — será mais evidente na vida que vivemos. Uma vida de adoração é uma vida de discipulado sacrificial, em que nos oferecemos como uma oferta viva a Deus.[226]

-------------------------- **4. O Senhor lhes acrescentava todos os dias**

Como você mede sucesso? Você quantifica seus resultados? Albert Einstein disse uma vez: "Nem tudo que pode ser contado conta, nem tudo que conta pode ser contado". Com percepções como essa, suspeito que Einstein teria sido um ótimo político. O que aconteceu com a Igreja Primitiva, que seguiu os ensinamentos dos apóstolos, empenhou-se na comunhão e viveu no temor de Deus por meio de vidas de adoração constante? "E o Senhor lhes acrescentava todos os dias os que iam sendo salvos" (Atos 2:47).

Naturalmente, vemos as grandes igrejas como histórias de sucesso. As denominações têm reuniões especiais para pastores de congregações maiores. A maioria dos palestrantes nas conferências de líderes

---

225 LEWIS, C. S. *Reflections on the Psalms*. New York: Harcourt, Brace, Jovanovich, 1958. p. 94-95.
226 Romanos 12:1,2.

de igrejas é escolhida porque pastoreia uma igreja grande. E a Igreja Primitiva em Jerusalém certamente se qualificava como uma megaigreja. Dentro de algumas semanas, puderam gabar-se de terem mais ou menos 5 mil membros, sem contar mulheres e crianças (Atos 4:4). Assim, o número total pode ter chegado a 8 ou 10 mil. Diariamente, eles recebiam novos membros que se convertiam. Penso que é justo dizer que novas conversões deveriam ser a esperança de cada igreja. Queremos ver pessoas vindo a Cristo e sendo discípulos para fazerem discípulos, mas não veremos essas conversões se não tivermos os três primeiros elementos. O que aprendemos aqui é que não há uma solução imediata para o crescimento. Pelo contrário, ele requer uma combinação dos elementos que constituem uma igreja de discípulos saudável, mas imperfeita e difícil de administrar. Até essa primeira igreja teve dificuldades em levar a cabo a missão. Jesus instruiu seus seguidores que fossem suas testemunhas em Jerusalém, Judeia, Samaria e nas partes mais distantes do mundo (Atos 1:8). Então eles fizeram as malas e partiram? Não. Foi necessária uma perseguição para espalhá-los para que pregassem o evangelho às nações. Embora não seja claro quanto tempo passou entre Pentecostes e a perseguição, foi pelo menos um ano. Podem ter sido cinco.[227] Dando-lhes o benefício da dúvida, poderíamos dizer que, enquanto planejavam lançar sua estratégia evangelística de plantação de igrejas, essa estratégia emperrou no comitê.

▶ CRISTÃOS VERDADEIROS

Muitos anos atrás, um estivador chamado Eric Hoffer escreveu sobre pessoas que ele chamava de crentes verdadeiros.[228] Ele não estava falando de devotos religiosos, mas de fanáticos totalmente comprometidos com uma pessoa ou uma causa. Enquanto algumas personalidades

---

227 Veja Atos 8:1-4.
228 HOFFER, Eric. *The True Believer:* Thoughts on the Nature of Mass Movements. Nova York: Harper and Row, 1951. Seu livro não fala de religião, mas o autor diz que o cristianismo é um dos tipos de movimentos aos quais crentes verdadeiros se unirão.

apresentam uma predisposição ao fanatismo, uma pessoa não pode ser forçada a ser uma fã. O fanatismo vem de dentro, motivado pela paixão e pelo amor. Isso se aplica àqueles que se juntaram à primeira igreja em Jerusalém, e, a começar por Estevão, centenas, depois milhares, e agora milhões tornaram-se verdadeiros crentes em Jesus. Eles são fãs no melhor sentido da palavra — fanáticos por Jesus e dispostos a morrer em vez de se arrepender da sua fé. No momento em que escrevo isso, os noticiários estão cheios de cristãos que foram decapitados por se recusarem a negar sua fé.[229]

O que torna as pessoas dispostas a morrer por aquilo em que acreditam? Os cristãos na América do Norte se perguntam às vezes: *Teria eu esse tipo de fé? Será que eu passaria no teste?* Mas o teste de um crente verdadeiro não é apenas uma questão de confessar Cristo quando uma arma é apontada para sua cabeça. Às vezes, confessar Cristo implica perder riqueza ou segurança e conforto. A perseguição pode não ser uma arma apontada para você, mas uma sobrancelha levantada. A fé que se mantém firme em circunstâncias que ameaçam a vida é formada nas decisões do dia a dia para seguir Cristo.

Fé é mais do que um sentimento, e a crença verdadeira é mais do que uma mera resposta emocional a uma experiência. As primeiras semanas da primeira igreja de Jerusalém foram, provavelmente, adrenalina pura. Mas depois a realidade se instalou. Os cristãos deviam viver segundo aquilo em que realmente acreditavam, e não conforme se sentiam no momento. A crença verdadeira começa com o conhecimento de Deus e de nós mesmos, e esse conhecimento afeta e forma nossas reações emocionais às circunstâncias. É especialmente importante lembrarmo-nos desse conhecimento, uma vez que estamos disciplinando os outros: "Um dos piores erros que podem ser cometidos no ministério prático é pensar que as pessoas podem decidir acreditar e sentir de forma diferente".[230] Quando tentamos, através de técnicas ou ambientes

---

229 Notícias de casos documentados nos alcançam vindo do Iraque, da Síria e de outras partes do Oriente Médio.

230 WILLARD, Dallas. *Renovation of the Heart*. Colorado Springs: NavPress, 2002. p. 248.

manipuladores, levar as pessoas à ação com base na emoção, criamos discípulos instáveis. Eles desmoronam inevitavelmente sob pressão.

Em vez de tentar acreditar, discípulos agem com fé no conhecimento que temos e confiam em Deus, dando os primeiros passos. Depois nos aprofundamos nas Escrituras e permitimos que o conhecimento de Deus treine nossa vontade e forme nossos desejos para as coisas que, segundo ele, tornarão a vida melhor. Nossos desejos podem não ser bons quando começamos, mas apostamos naquilo que temos — fome de Deus e fé nas suas promessas. À medida que nos aprofundamos nas Escrituras, começamos a dominar nossa vontade (mudada) que foi treinada e moldada pelo conhecimento de Deus para escolher o que é certo.

O que é conhecimento de Deus? Verdade específica sobre Deus, é claro: quem Ele é, o que faz e o que nos revelou. Isso inclui o ensinamento de Jesus sobre como responder ao mal, retribuir o mal com o bem, e perdoar e orar pelos nossos inimigos. Abrange também nossas relações, por exemplo, ser leal ao nosso cônjuge, dizer a verdade mesmo quando isso nos custa algo e muito mais. Conhecimento de Deus significa estar ciente de que ele está transformando todos os elementos da vida em algo bom e que a felicidade vem através do serviço aos outros e do compartilhamento da nossa riqueza.

Conhecimento de Deus nos deve ser comunicado pelas nossas igrejas. Mas essa transferência de informação é mais do que uma simples pregação. Sim, a pregação é importante e necessária, mas formar verdadeiros crentes exige mais do que apenas uma mensagem uma vez por semana ao domingo de manhã. Meu amigo e pastor Robby Gallaty conta uma história sobre uma conversa que ele teve com Avery Willis. Robby sugeriu que sua tese de doutorado fosse sobre o papel da pregação na formação de discípulos. Willis lhe disse: "Robby, achar que você pode discipular pessoas através de sermões é como entrar num berçário, borrifar os recém-nascidos com leite e afirmar que você os alimentou". Em outras palavras, a pregação é um meio de compartilhar conhecimento de Deus, mas nem sempre aborda as nuances e particularidades das nossas circunstâncias individuais.

O exemplo da primeira igreja de Jerusalém demonstra que é preciso uma combinação de pelo menos quatro ingredientes para criar crentes verdadeiros. Além da pregação (o ensino dos apóstolos), precisamos de uma comunhão significativa e de um compartilhamento de vida e bens materiais com os necessitados. O terceiro ingrediente é a adoração compartilhada que gera um senso comum de que Deus está operando no nosso meio na forma de uma admiração pelo que ele tem feito. O quarto ingrediente é a evidência de que Deus está acrescentando pessoas à nossa comunidade, porque estamos empenhados em conversões de pessoas interessadas em seguir Cristo e juntar-se a nós. Como discípulos, estamos fazendo outros discípulos.

▶ OUTRA IGREJA FAZEDORA DE DISCÍPULOS: ÉFESO

Embora seja instrutiva para nós hoje, a primeira igreja em Jerusalém não foi a única igreja que fazia discípulos sobre a qual as Escrituras nos falam. Hoje podemos viajar para a Turquia, visitar a antiga cidade de Éfeso e sentar-nos entre as ruínas do seu anfiteatro, ouvindo uma orquestra sinfônica enquanto bebemos a bebida da nossa escolha. Dois mil anos atrás, o apóstolo Paulo também viajou até Éfeso, mas sua visita terminou com uma revolta nesse mesmo anfiteatro.[231]

Cidadãos irados protestaram contra sua mensagem e exigiram sua expulsão, porque ele e seus seguidores eram vistos como uma ameaça ao modo de vida de Éfeso. Na verdade, os ourives locais incitaram o motim porque os cristãos estavam tendo tamanho impacto sobre a comunidade que as pessoas estavam se convertendo a Cristo e deixando de comprar seus deuses de prata feitos à mão. Em outras palavras, a igreja de Éfeso era ruim para os negócios.

Creio que a igreja de Éfeso seja o melhor exemplo de uma igreja discipuladora que podemos encontrar no Novo Testamento. Podemos aprender muito com ela. Essa nova igreja foi iniciada do zero e experimentou sinais, maravilhas e milagres que certamente atrairiam as

---

231 Atos 19:1-41.

multidões carismáticas de hoje, além de ter tido um impacto social e econômico.[232] Por fim, ela valorizava o treinamento e o ensino. Paulo treinou, debateu e definiu estratégias com um fluxo constante de discípulos, novos e antigos, provenientes da cidade e das 27 províncias circundantes.[233] A retratação da igreja de Éfeso nas Escrituras ilustra bem como Paulo e seus seguidores entendiam as palavras de Jesus: "Vão e façam discípulos de todas as nações, batizando-os em nome do Pai e do Filho e do Espírito Santo, ensinando-os a obedecer a tudo o que eu lhes ordenei. E eu estarei sempre com vocês, até o fim dos tempos" (Mateus 28:19,20).

A visita de Paulo à cidade de Éfeso durou três anos, mais tempo do que qualquer outra parada nas suas três viagens missionárias. A igreja foi iniciada com doze homens que nunca tinham ouvido o evangelho de Jesus — eles só conheciam o ensinamento de João Batista. Então, Paulo explicou o evangelho de Jesus. Eles acreditaram, ficaram cheios do Espírito Santo e começaram a falar em línguas.

Em seguida, Paulo foi à sinagoga de Éfeso, onde pregou e debateu durante três meses. À semelhança da pregação de Wesley no campo, Paulo foi para onde as pessoas se reuniam. Eventualmente, essas reuniões se tornaram perturbadoras demais, e então Paulo levou os cristãos dali e começou a ensiná-los cinco horas por dia na sala de conferências de Tirano. Ele fez isso durante os dois anos seguintes, "de forma que todos os judeus e os gregos que viviam na província da Ásia ouviram a palavra do Senhor" (Atos 19:10). Em meu livro *The Disciple-Making Church*, procuro preencher as lacunas, desembrulhando o que Paulo e esses discípulos poderiam ter feito todos os dias durante essas cinco horas.[234] Aqui estão algumas das conclusões às quais podemos chegar.

1. Encontrar-se cinco horas por dia, seis dias por semana, durante dois anos, não significa que Paulo estivesse sempre falando.

---

232 Atos 19:13-22.
233 Atos 19:8-10. As 27 pessoas podem ser encontradas em *An Atlas of Acts,* de John Stirling (Londres: George Philip & Son Limited, 1966), p. 16-20.
234 HULL, Bill. *Disciple-Making Church*, p. 151-187.

Sabemos que ele utilizou o método de ensino socrático, portanto, as aulas provavelmente incluíam muito debate e discussão e não só palestras.

2. As aulas devem também ter incluído aplicação prática, já que Paulo tinha sido treinado no modelo educativo rabínico, que Jesus também utilizou. Sabemos que esse treinamento de fazedores de discípulos deu frutos.

   a) Esses seguidores fundaram seis novas igrejas que estão listadas em Apocalipse 2-3: Esmirna, Pérgamo, Tiatira, Sardes, Filadélfia e Laodiceia. Podemos também acrescentar à lista Colosso e Hierápolis. A carta de Paulo aos Efésios deve ter sido circulada e lida em todas as outras igrejas fundadas durante seu tempo em Éfeso.

   b) Os discípulos em Éfeso também aprenderam com outros professores e apóstolos. Sabemos que o apóstolo João viveu em Éfeso até sua morte, escrevendo o evangelho de João e três epístolas nessa cidade. Timóteo seguiu Paulo como pastor em Éfeso, quando Paulo lhe escreveu suas epístolas pastorais.

3. Deus fez muitos milagres entre os efésios, que contribuíram para a criação de uma grande congregação. Ele operou muito por meio de Paulo, a quem deu um poder especial para alcançar as pessoas. Atos conta como o povo respondeu.

> Quando isso se tornou conhecido de todos os judeus e os gregos que viviam em Éfeso, todos eles foram tomados de temor; e o nome do Senhor Jesus era engrandecido. Muitos dos que creram vinham, e confessavam e declaravam abertamente suas más obras. Grande número dos que tinham praticado ocultismo reuniram seus livros e os queimaram publicamente. Calculado o valor total, este chegou a cinquenta mil dracmas. Dessa maneira a palavra do Senhor muito se difundia e se fortalecia (Atos 19:17-20 NLT).

Compartilho tudo isso para dizer que, se os pós-evangélicos estiverem à procura de formas de impactar os outros, basta olharem para

Éfeso. Aqui temos tudo isso em toda a sua simplicidade. Construa uma igreja como a de fazedores de discípulos em Éfeso. O plano de Paulo para fazer discípulos era o que o próprio Cristo lhe ensinou (Gálatas 1:11,12). Paulo pregou, treinou, orou, enviou discípulos, acompanhou-os e depois treinou outros que se juntavam a ele em Éfeso. Ele planejou sua substituição por Timóteo e enviou correspondência para todo o novo mundo eclesiástico através de mensageiros. Paulo até escreveu a congregações em lugares onde nunca tinha estado, como Roma, por exemplo. Eugene Peterson disse uma vez: "Não existem congregações 'bem-sucedidas' nas Escrituras ou na história da igreja".[235] Concordo com ele... e discordo. Concordo que as primeiras igrejas tiveram grandes momentos, quase sempre seguidos de épocas de futilidade. O sucesso da igreja muitas vezes acaba criando inimigos e gerando problemas, o que aconteceu em Éfeso. Após um triênio de sucesso, o ministério de Paulo foi bruscamente encerrado por um motim e uma rebelião da cidade. Alguns meses depois, Paulo se encontrou com os presbíteros de Éfeso na ilha de Mileto para se despedir.[236]

O que Peterson quer dizer é que mesmo as igrejas "bem-sucedidas" experimentarão luta e decepção. Talvez você se lembre de que a igreja de Éfeso não estava pronta para aceitar Timóteo como pastor, e ele teve dificuldades em seguir Paulo.[237] Em Apocalipse, Jesus aponta que a igreja de Éfeso perdeu seu primeiro amor (Apocalipse 2:4-6). No entanto, Peterson coloca "sucesso" entre aspas porque ele se refere a uma definição inferior e externa de sucesso que não é de Deus.

Peterson continua com a descrição da igreja de Éfeso:

> Efésios é uma revelação da igreja que nunca vemos. A carta nos mostra o solo saudável e o sistema de raízes de todas as operações da Trindade, a partir do qual a igreja visível cresce. Ela não descreve as várias expressões do que cresce daquele solo na forma

---

235 PETERSON, Eugene. *Practice Resurrection:* A Conversation on Growing Up in Christ. Grand Rapids: Eerdmans, 2010. p. 29.
236 Atos 20:15.
237 2Timóteo 1:7.

de catedrais e catacumbas, missões de fachada e tendas de avivamento, tabernáculos e capelas. Também não trata das várias formas
em que a igreja toma forma em liturgia e missão e política. Pelo
contrário, é um olhar interno sobre o que está por baixo e por
trás e dentro da igreja que vemos onde e quando ela se torna
visível.[238]

Isso me parece correto. Veja bem, eu sempre estive mais apaixonado
pela igreja que quero do que pela igreja que tenho. O problema, é
claro, é que a igreja que eu quero não existe. A igreja que tenho está
sempre lá, com verrugas e tudo. Como ideia e sonho, a igreja pode ser
muito atraente. Nos parágrafos iniciais da carta de Paulo aos Efésios,
temos uma amostra dessa igreja ideal:

> Porque Deus nos escolheu nele antes da criação do mundo, para
> sermos santos e irrepreensíveis em sua presença. Em amor nos
> predestinou para sermos adotados como filhos por meio de Jesus
> Cristo, conforme o bom propósito da sua vontade, para o louvor
> da sua gloriosa graça, a qual nos deu gratuitamente no Amado. [...]
> E nos revelou o mistério da sua vontade, de acordo com seu bom
> propósito que ele estabeleceu em Cristo, isto é, de fazer convergir
> em Cristo todas as coisas, celestiais ou terrenas, na dispensação da
> plenitude dos tempos. Nele fomos também escolhidos, tendo sido
> predestinados conforme o plano daquele que faz todas as coisas
> segundo o propósito da sua vontade, a fim de que nós, os que
> primeiro esperamos em Cristo, sejamos para o louvor da sua glória.
> (Efésios 1:4-6,9-12).

Paulo sabe que ele está falando de algo nunca visto até então na
história, e ele estava grato por ter feito parte desse mistério revelador:

> [Fui escolhido para] esclarecer a todos a administração deste mis-
> tério que, durante as épocas passadas, foi mantido oculto em
> Deus, que criou todas as coisas. *A intenção dessa graça era que*

---

agora, mediante a igreja, a multiforme sabedoria de Deus se tornasse conhecida dos poderes e autoridades nas regiões celestiais, de acordo com o seu eterno plano que ele realizou em Cristo Jesus, nosso Senhor (Efésios 3:9-11, grifo meu).

Paulo fala das necessidades não satisfeitas do coração humano e das suas questões mais profundas.[239] Foram estas que levaram Nietzsche ao asilo e que fizeram outros teólogos alemães de grande importância construírem explicações elaboradas e bastante tolas da realidade que se lhes apresentava claramente. Paulo descreveu possibilidades e um campo de conhecimento que a elite intelectual nunca poderia imaginar. "Àquele que é capaz de fazer infinitamente mais do que tudo o que pedimos ou pensamos, de acordo com o seu poder que atua em nós, a ele seja a glória na igreja e em Cristo Jesus, por todas as gerações, para todo o sempre! Amém!" (Efésios 3:20,21).

Paulo nos apresenta o Deus que é a causa por trás da criação; que é pessoal, amoroso, onisciente e que tem um plano para todos os humanos. Paulo nos ensinou que podemos conhecer esse Deus em Cristo e falar com ele em oração. Explicou que o reino do conhecimento de Deus é tão grande que só uma vontade submissa e humilde pode ter acesso a ele. E esse Deus deseja fazer mais entre seu povo do que podemos imaginar.

Os seres humanos têm uma nova realidade por causa de Cristo. Quando falamos dessa realidade, as esperanças para nossas igrejas correm soltas e os sonhos são elevados. No entanto, se for malcompreendido, esse ideal pode causar grande desilusão e ser o inimigo das nossas igrejas. Em Efésios, Paulo mantém em estado de tensão a esperança para a igreja e as realidades da vida terrena. Ele descreve o ideal para inspirar a igreja com uma visão sublime, do tamanho de Deus, e dá esperança através de visões gloriosas da majestade, do poder e dos cuidados pessoais de Deus para cada pessoa. Em capítulos posteriores, e com uma dose de realidade crua da vida, Paulo ensina aos efésios como ir em

---

239 Veja Romanos 1:18-21.

direção a essas visões.[240] Essa tensão está no âmago das nossas igrejas. Juntos, somos uma comunidade de pecadores perdoados, pessoas destroçadas no processo de se tornarem aptas para o céu.[241]

▶ Trabalhando juntos

Paulo começa Efésios 4 analisando como o corpo de Cristo é um só e como seus membros devem trabalhar em conjunto para tornar inteiro tudo e todos. Ele instrui: "Sejam completamente humildes e dóceis, e sejam pacientes, suportando uns aos outros com amor. Façam todo o esforço para conservar a unidade do Espírito pelo vínculo da paz" (Efésios 4:2,3).

Tornar-se um discípulo maduro significa recusar-se a viver uma vida espiritual "minimalista" em isolamento (apenas eu e Jesus). Os discípulos maduros também rejeitam atalhos. Não há esteroides para o crescimento espiritual. É um processo em longo prazo que deve ser feito com outros, e é um desafio. As instruções de Paulo para a igreja são pessoais, mas não individualistas. Ele dá essas instruções à comunidade, não a indivíduos, porque eles devem aprender a treinar em conjunto.

Nossas igrejas deveriam ser o lugar em que aprendemos a amar, tanto nossos amigos como nossos inimigos. O amor são ações empreendidas em benefício dos outros. A ênfase aqui na carta de Paulo está em tornar-se uma pessoa humilde, paciente e amável. Não devemos colocar a responsabilidade de nos tratar bem nos outros. É nossa responsabilidade respondê-los com graça e amor. É claro que podemos encontrar formas de evitar esses desafios relacionais. Algumas pessoas pensam que pertencem a uma igreja quando vão ao culto no domingo de manhã e depois se despedem sem qualquer contato significativo. Na

---

240 Efésios 4:1-6:18.

241 É vital manter em mente que Paulo estava obedecendo à ordem de Cristo de instruir todas as pessoas a obedecerem a tudo que Cristo ordenou. Jesus instruiu Paulo, e Paulo instruiu os efésios, pessoalmente e por meio de sua carta, que os instruiu na época e nos instrui agora.

minha opinião, seria melhor perder o culto e ler o jornal de domingo. Seja como for, elas estão vivendo uma vida banal de egocentrismo.

Às vezes, nossas igrejas são lindas, e, às vezes, a feiura do pecado se manifesta através delas. Nunca fui tão bem-amado nem odiado tão profundamente quanto pelos meus companheiros seguidores de Cristo. Tenho passado muitas noites sem dormir lidando com conflitos na minha igreja. No entanto, no final, a maioria das coisas feias desapareceu da minha memória. Resolvemos nossos conflitos, e Deus os transformou em bem. Muitos gritam no meio da dor do conflito: "Eu não preciso disso!". Mas a Bíblia é clara de que precisamos dele. Deus usa a dor como combustível para nosso treinamento em Cristo.[242]

Quem foi humilde, paciente, bondoso, sacrificial e fez concessões às nossas falhas? Cristo, é claro.[243] Nossas igrejas deveriam se dedicar a moldar-nos para que nos tornemos iguais a ele. Não podemos alcançar esse objetivo sem tomarmos sobre nós nossa própria cruz e sofrimento. Tornar-nos maduros leva tempo, e não podemos ser apressados. Por isso, os líderes que criam o ambiente certo são essenciais para a transformação.

▶ LÍDERES CRIAM O CARÁTER COMUNAL

Continuando em Efésios 4, vemos que o foco de Paulo se volta para os dons que Cristo deu para servirmos seu corpo, a igreja. Primeiro ele menciona os líderes: apóstolos, profetas, evangelistas, pastores e professores.[244] Esses dons também são funcionários de que nossas igrejas precisam para serem o que Deus quer que as igrejas sejam. Os apóstolos lideram.[245] Os profetas encorajam, exortam e confortam o povo de Deus.[246] Os evangelistas abrem novos caminhos e proclamam o evangelho no mundo.[247]

---

242 Veja 1Pedro 1:6-9.
243 Veja Filipenses 2:5-8.
244 Veja também 1Coríntios 12:28.
245 Efésios 2:20.
246 1Coríntios 14:3.
247 Romanos 1:16-18; 2Timóteo 4:5.

Os pastores conduzem a congregação,[248] enquanto os professores instruem os membros nas Escrituras.[249] Lembre-se: se você estiver procurando um lugar fora da igreja para fazer discípulos, esqueça! Pois, fora da igreja, você não encontrará esses dons, que são o complemento completo dos recursos que Deus provê para cada congregação.[250]

Sobre esses líderes, Paulo escreve: "[Sua responsabilidade é] preparar os santos para a obra do ministério, para que o corpo de Cristo seja edificado" (Efésios 4:12). A palavra "responsabilidade" é inferida aqui, mas é uma adição apropriada. O trabalho é equipar των αγιων, "os santos", pessoas que Deus chamou e destacou para o serviço. O foco, portanto, não é o desempenho dos líderes dotados. O foco é o resultado final, equipando e preparando os santos para o ministério. E esse "equipar" é mais do que apenas ensinar habilidades — também implica um crescimento do caráter. A linguagem aqui utilizada é importante. A palavra grega traduzida como "preparar" é também utilizada em referência ao conserto de uma rede de pesca desgastada, à cura de um osso partido ou à preparação de um atleta para a competição. E a palavra διακονιας, traduzida como "obra", refere-se a serviço ou ministério. O objetivo desse "preparo" é que cada santo possa criar outros santos. *Assim, a avaliação responsável do trabalho de um líder é a seguinte: ele ou ela produz ministros eficazes a partir de santos comuns?*[251]

É assim que sabemos se uma igreja está realmente funcionando como Deus pretendia: os santos estão sendo equipados para servir? A igreja é uma comunidade luminosa, situada no topo de uma colina. As multidões são atraídas pela sua luz. O objetivo elevado de servir esse mundo é vital porque nos tira do egocentrismo e nos conduz para o propósito libertador de servir os outros. Ainda assim, o processo nunca é absolutamente claro. Na verdade, é bastante confuso, mas o resultado vale o esforço. Isso continuará

---

248 Atos 20:28; 1Pedro 5:1-5.
249 Lucas 6:40; 2Timóteo 2:15,16; Tiago 3:1.
250 Romanos 12:4-8; 1Coríntios 12:4-12.
251 Jesus disse: "Meu Pai é glorificado pelo fato de vocês darem muito fruto; e assim serão meus discípulos" (João 15:8).

até que todos alcancemos a unidade da fé e do conhecimento do Filho de Deus, e cheguemos à maturidade, atingindo a medida da plenitude de Cristo. O propósito é que não sejamos mais como crianças, levados de um lado para outro pelas ondas, nem jogados para cá e para lá por todo vento de doutrina e pela astúcia e esperteza de homens que induzem ao erro (Efésios 4:13,14).

Quanto tempo esse processo levará? O tempo necessário está vinculado à necessidade e ao objetivo. Em outras palavras, demora o tempo necessário até que o objetivo seja alcançado. E o objetivo é sublime. Procuramos a unidade na fé, no conhecimento e na maturidade para cumprir os padrões de Cristo. Se você quer desistir, você não está sozinho. Como pode alguém alcançar esse ideal?

Acredito que esses objetivos são alcançáveis, e somos encorajados em vários outros lugares nas Escrituras.[252] A Bíblia fala frequentemente em crescer até a maturidade e contrasta isso com a fase da imaturidade, com ser "como crianças".

É notório que Paulo espera um crescimento que leve seus discípulos para além da imaturidade, para a maturidade. Sabemos que os cérebros das crianças se desenvolvem fisicamente enquanto crescem até a idade adulta, mesmo que um processo de poda ocorra durante a adolescência, quando a capacidade de raciocinar está se desenvolvendo, mas ainda é limitada. Os cérebros só terminam de amadurecer no final da adolescência e por volta dos vinte anos.[253] Apesar dessas descobertas científicas, os pais sabem desde a Idade da Pedra que, à medida que

---

[252] Veja Mateus 11:28,29; 1Coríntios 2:9-16; 11:1; Filipenses 2:2-14; 3:8-14; 1Pedro 2:21-24.

[253] "Os lobos frontais do cérebro responsáveis pelo raciocínio de alto nível só alcançam a maturidade plena por volta dos vinte anos de idade, como afirma Deborah Yurgelun-Todd, uma neurocientista no Brain Imaging Center da Harvard. Existe um período em que a parte infantil do cérebro foi podada, mas a parte adulta ainda não se formou completamente. Existe um período intermediário. O cérebro é informado, mas não está preparado". ELMORE, Tim. The Marks of Maturity. *Psychology Today*, 2012. Disponível em: http://www.psychologytoday.com/blog/artificial-maturity/201211/the-marks-maturity. Acesso em: 12 ago. 2022.

crescemos, nossas faculdades e nossa compreensão mudam. O mesmo vale para nosso desenvolvimento espiritual. Claro que não devemos culpar os jovens por serem imaturos, pois isso é natural para as crianças. No entanto, devemos esperar que eles cresçam. Em momentos de exasperação, os pais costumam dizer: "Quando é que o Bill vai crescer?".

Mas também devemos entender que o crescimento leva tempo. Algumas pessoas empacam, ficam presas na adolescência. Esse é um problema comum na nossa cultura narcisista, cuja marca registrada é a obsessão em ganhar e gastar, em vez de se multiplicar. A cultura nos diz que devemos viver melhor sem crescer.[254] Para esse fim, as empresas, a indústria do entretenimento e mesmo o governo gastam milhares de milhões de dólares todos os anos para financiar truques, astúcias e esquemas enganosos. O mais angustiante é que nossas igrejas fazem o mesmo. E a situação certamente não está melhorando.[255]

Nossas igrejas têm sido desviadas de várias formas espertas. Contentamo-nos facilmente com o sucesso superficial e avaliamos esse sucesso pelo crescimento numérico. Essa forma de pensar é sem dúvida sedutora, como uma tigela de M&Ms de amendoim na nossa escrivaninha. De vez em quando, precisamos nos mimar, certo? No entanto, há perigos nesse mimo. Primeiro, avaliar de acordo com esse padrão superficial é viciante. Ver grandes multidões nos cultos tende a tornar-nos dependentes delas para que possamos ser felizes. Uma vez habituados a vê-las, viver sem elas se torna impossível.

Estreitamente relacionada a esse vício está a crença comum de que um certo tipo de personalidade de liderança é a chave para o sucesso. Se você acha que não se trata de uma crença oculta, pesquise o que os comitês procuram e os currículos que os candidatos enviam. Mesmo se não acreditarmos no jogo dos números, podemos acreditar que um pastor bem-sucedido se sobressai na pregação, e, se ele o fizer bem, isso basta. Mas essa crença tende a minimizar a forma como o pastor deve ser um modelo de discipulado pessoal para a igreja. Uma boa

---

254 Ideia de Peterson, 2010, p. 180-181.
255 Ibid., p. 180.

pregação não é uma garantia de que um pastor saiba fazer discípulos que fazem discípulos.

Isso nos leva à grande mentira que infecta nossas igrejas. O membro mediano de uma igreja mediana não se vê como um ministro. Ele acredita fazer parte do elenco de apoio ao grande espetáculo, o culto dominical. Mesmo que uma igreja possa falar com seus membros sobre como realizar o ministério, ele se limita a convidar pessoas que eles conhecem para os cultos dominicais para que elas possam se juntar à igreja. Em outras palavras, a igreja mediana não tem qualquer expectativa de que os membros comuns façam discípulos.

A razão pela qual os membros não conseguem fazer discípulos não é a falta de ensino ou treinamento. É porque os pastores e líderes não estão fazendo discípulos, nem esperam que as pessoas nas suas igrejas o façam. Certamente, existem exceções, mas são raras. Em geral, a falta de pastores e igrejas discipuladores é o que imobiliza a igreja internacional. E é por isso que nunca alcançamos Efésios 4:15,16: "Antes, seguindo a verdade em amor, cresçamos em tudo naquele que é a cabeça, Cristo. Dele todo o corpo, ajustado e unido pelo auxílio de todas as juntas, cresce e edifica-se a si mesmo em amor, na medida em que cada parte realiza a sua função".

Veja bem, o objetivo é não permanecer imaturo. O objetivo é crescer, amadurecer e assumir uma vida madura. Observe que esse é um processo comunal. É mais do que apenas um ou dois indivíduos fazendo discípulos. É uma igreja que faz discípulos, o corpo que se forma perfeitamente à medida que cada membro usa seu dom.

Observe o que os membros devem fazer: "seguindo a verdade em amor". Um discurso honesto e amoroso como esse requer um ambiente especial, ou ele dilacera a comunidade e seus membros. Requer tanto discípulos que tenham uma compreensão profunda do evangelho como uma sensibilidade graciosa criada pelo Espírito Santo. Sem esses elementos, nossas igrejas podem ser lugares muito perigosos. Os membros serão danificados em seu pecado e acabarão quebrando tudo no seu caminho. Para que os membros cresçam até a maturidade para fazer discípulos e para que as igrejas se tornem discipuladoras, devemos criar ambientes em que possamos falar a verdade em amor. Só podemos crescer até a maturidade como igreja se os membros puderem confessar seu pecado e expor seu quebrantamento e ainda assim serem amados e aceitos, pois a ocultação é o grande inimigo da maturidade espiritual.

▶ O GRANDE INIMIGO

Entre 1935 e 1940, Dietrich Bonhoeffer liderou uma comunidade de jovens pregadores na Alemanha nazista. O seminário não tinha apoio governamental e foi fechado pela Gestapo em 1937. No entanto, ele continuou como um seminário ilegal durante os três anos seguintes. Nesse tempo, Bonhoeffer escreveu uma pequena joia de discernimento espiritual, explicando as lições que ele e seus estudantes tinham aprendido vivendo juntos nessa comunidade. O livro se chama *Life Together*, e nele Bonhoeffer compartilha várias ideias-chave que deveriam formar o fundamento de qualquer comunidade cristã. Uma das mais importantes é a ideia de que nunca devemos estar sozinhos no nosso pecado:

> Aqueles que permanecem sozinhos com o seu mal são deixados completamente sós. É possível que os cristãos permaneçam sozinhos apesar da adoração diária em conjunto, da oração em conjunto e de toda a sua comunidade através do serviço [...], pois a comunidade piedosa não permite que ninguém seja pecador. [...] Não nos é permitido ser pecadores. Muitos cristãos ficariam horrorizados se, de repente, um pecador verdadeiro aparecesse entre os piedosos. Assim, ficamos sozinhos com nosso pecado, presos em mentiras e hipocrisia, pois a verdade é que somos pecadores.[256]

Bonhoeffer expressa a triste verdade de que, em muitas das nossas igrejas, não nos é permitido ser pecadores. Ainda que a igreja seja o único lugar na terra onde o pecado deve ser confessado e a graça estendida, muitas vezes não é o que acontece. Em muitas igrejas, as pessoas

---

256 BONHOEFFER, 2005, p. 108.

encobrem e escondem seus pecados. Ou confessam pecados "aceitáveis" enquanto escondem pecados piores durante anos. O objetivo do nosso inimigo é simples e claro. Se os cristãos mantêm a boca fechada e escondem seus pecados, eles continuam sofrendo culpa e vivendo na derrota e na vergonha.

Nossas igrejas precisam recuperar a prática de falar a verdade em amor. Isso significa ser honesto acerca do pecado, mas também criar uma cultura de graça e amor. No momento em que saímos do esconderijo, começamos a viver à luz do perdão e da comunhão (1João 1:7-9). Falar a verdade em amor significa que crescemos através de conversas, falando especificamente sobre o pecado e as lutas e pedindo ajuda. Mas devemos usar as palavras adequadas para fazer isso. Paulo instrui: "Nenhuma palavra torpe saia da boca de vocês, mas apenas a que for útil para edificar os outros, conforme a necessidade, para que conceda graça aos que a ouvem" (Efésios 4:29).

A Bíblia fala da igreja como uma comunidade com relações de confiança e um ambiente gracioso. A graça exige que nos tratemos como Deus nos tratou, o que significa: melhor do que merecemos. Crescemos até a maturidade à medida que aprendemos e praticamos habilidades de comunicação maduras, por exemplo, falando sobre quem Deus diz que somos em vez de usarmos os rótulos e identidades do mundo ou as mentiras em que acreditamos sobre nós mesmos.[257] Deus diz que cada cristão é dotado, cada um tem uma importante contribuição a fazer, e cada um é um santo e ministro. Um cristão não pode dizer a outro: "Não preciso de você" (1Coríntios 12:21). Todos devem ser tratados como alguém que Deus valoriza.

Mas isso não significa apenas ser simpático com os outros. Significa ouvi-los quando nos confrontam e livrar-nos dos maus hábitos que os prejudicam. Paulo enumera vários maus hábitos do coração que devem ser expostos e confrontados: "Livrem-se de toda amargura, indignação e ira, gritaria e calúnia, bem como de toda maldade" (Efésios 4:31). Livrar-se dessas coisas não é algo que se pode fazer no vácuo. O

---

257 Veja Efésios 2:10.

processo começa com a palavra de Deus entrando na nossa mente, depois requer compartilhar as palavras dele uns com os outros e pô-las em prática na nossa comunidade de cristãos. Desistir de palavras duras e adotar palavras amáveis é um hábito que devemos adquirir e desenvolver com a ajuda do Espírito Santo.

Bonhoeffer prossegue: "Tal como nosso amor por Deus começa quando ouvimos a palavra de Deus, o início do amor por outros cristãos é aprender a escutá-los".[258] Escutar os outros pode ser o maior presente de amor que lhes podemos dar. E ouvir é sempre necessário, porque não podemos realmente ajudar alguém se não entendermos sua necessidade. Bonhoeffer ressalta: "Os cristãos que já não conseguem ouvir uns aos outros em breve deixarão de ouvir a Deus; estarão sempre falando, mesmo na presença de Deus".[259] Se não conseguimos aprender a ouvir em silêncio, então não podemos aprender a falar corretamente. Na verdade, nossa fala será distorcida e impulsionada pelas nossas próprias necessidades não satisfeitas. Nossa comunicação será sobre nós e a satisfação das nossas necessidades, não para ajudar os outros.

Mais uma vez, deixem-me ressaltar que o que se faz necessário aqui não é apenas ser uma pessoa simpática. Ficamos irritados quando nosso pecado é confrontado. Ficamos na defensiva. Não gostamos quando as pessoas falam dos nossos assuntos. Mas esse confronto é uma parte necessária do nosso discipulado, é assim que aprendemos a viver nossa vida como se Jesus a estivesse vivendo. Falar a verdade em amor também requer estar disposto a receber a verdade em amor. Bonhoeffer nos lembra: "Nada pode ser mais cruel do que a clemência que entrega os outros ao seu pecado. Nada pode ser mais compassivo do que a severa repreensão que chama outro cristão na sua comunidade de volta do caminho do pecado".[260]

Algumas comunidades religiosas são como um grupo de pessoas afogadas que não fazem o que é necessário para se salvarem porque

---

258 BONHOEFFER, 2005, p. 98.
259 Ibid., p. 99.
260 Ibid., p. 105.

ninguém quer ser o primeiro. Mas falar a verdade em amor é amor em ação, e é um trabalho necessário.

Crescer até a maturidade como comunidade só é possível quando as partes do corpo estão trabalhando corretamente. Só então nossas igrejas poderão crescer em plenitude e saúde. A grande mentira continuará a sobreviver enquanto os pastores e os líderes das igrejas evitarem o processo de discipulado. A pregação por si só não mudará nossas igrejas. Os bons métodos de liderança também não o farão. A mudança requer pastores que façam discípulos que façam discípulos e formem comunidades autênticas que possam modelar esse processo para os outros. Esse é um projeto comunitário.

▶ O QUE É MATURIDADE ESPIRITUAL?

Podemos definir o objetivo de várias maneiras. Algumas dicas já foram dadas. Aqui, apenas ofereço três características de maturidade espiritual pessoal. Dallas Willard descreve uma pessoa espiritualmente madura desta forma: "O aprendiz é capaz de fazer, e fazer rotineiramente, aquilo que sabe ser correto perante Deus, porque todos os aspectos da sua pessoa foram substancialmente transformados".[261] Seguem referências práticas e observáveis que indicam que uma pessoa está crescendo na semelhança de Cristo.[262]

1. *Cristãos maduros não se defendem quando se verifica que estão errados*. Na verdade, estão gratos por serem descobertos e cumprirão o provérbio: "Repreenda o sábio, e ele o amará" (Provérbios 9:8). Essa reação se destaca no nosso mundo porque todos queremos nos defender, explicar nossos motivos e racionalizar nosso comportamento. Além disso, pessoas semelhantes a Cristo não se defendem contra falsas acusações. Dizem o que é necessário para estabelecer os fatos, para que se possa fazer justiça, mas não ficam obcecados em defender sua reputação. Se forem injustiçados, aceitam isso e confiam a justiça final a Deus.

---

261 WILLARD, 2002, p. 226.
262 Os três pontos são extraídos de ibid., p. 226-228.

Nisso, seguem o modelo de Jesus que não se importou com sua reputação.[263] Nossa reputação é algo de que desistimos quando decidimos seguir Jesus.

2. *Cristãos maduros não sentem que perdem algo por não pecarem.* "Melhor é o pouco do justo do que a riqueza de muitos ímpios" (Salmos 37:16). As pessoas maduras não amam o pecado. Isso não significa que já não estejam mais sujeitas à tentação ou que sejam perfeitas. Significa que não são atraídas pelos prazeres temporários e destruidores da alma. Não se sentem privadas, como se Deus lhes estivesse negando algo bom. Não lhes dói que os malfeitores — ou mesmo a população semicristã distraída — vivam em riquezas e desfrutem de muitos prazeres. O homem maduro não pensa que está perdendo por não cobiçar nem se envolver em pornografia. Os afetos dos maduros mudaram, e seus corações estão sintonizados com um tipo de alegria melhor. Desenvolveram o gosto por outros prazeres e encontram a felicidade na santidade. Essa mudança é a chave para deixar para trás os comportamentos pecaminosos.

3. *Cristãos maduros acham mais fácil e natural fazer a vontade de Deus do que não a fazer.* Levam a sério o que Jesus disse: "Tomem sobre vocês o meu jugo e aprendam de mim, pois sou manso e humilde de coração, e vocês encontrarão descanso para as suas almas. Pois o meu jugo é suave e o meu fardo é leve" (Mateus 11:29,30). Ser formado para alcançar o tamanho da estatura de Cristo significa que queremos fazer sua vontade porque nossa vontade está sendo moldada na dele. Cada vez mais, não achamos que seja tão difícil obedecer. Em algumas áreas, obedecer é mais fácil e traz mais alegria do que fazer qualquer outra coisa.

Entendo que alguns não acreditam que essa atitude seja possível, e admito que já fiz parte deles. Não nego a luta contínua da vida cristã. Ainda estamos envolvidos na guerra e devemos travar intensas batalhas espirituais. Mas, em última análise, a obediência é o que queremos no nosso coração. Devemos sofrer muitas mortes durante a viagem. Jesus nos diz que devemos assumir o fardo do desempenho religioso, tomar

---

263 Filipenses 2:5-8.

seu jugo e caminhar com ele. Ele também nos promete que seu jugo será leve e fácil de suportar. Viver na graça de Deus e fazer sua vontade não é oneroso.

▶ LIBERTEM OS SANTOS

Você já ouviu falar da Nupedia? Em 2000, Jimmy Wales e Larry Sanger acreditavam que poderiam revolucionar a forma como as pessoas acessam conhecimento. Sua ideia era desenvolver uma nova enciclopédia *on-line*. Há anos, os vendedores itinerantes tentavam vender a *Encyclopaedia Britannica*, um conjunto de volumes bem impressos com as informações mais atualizadas sobre uma grande variedade de assuntos. Essa série tornou-se uma das mais vendidas (mas talvez menos lidas) de todos os tempos. A ideia de Wales e Sanger era reunir conhecimentos, tendo os melhores e mais brilhantes professores, historiadores e investigadores como autores de artigos e, após uma revisão cuidadosa, fazer o *upload* do material para um *website*.

No entanto, depois de três anos, eles desistiram do projeto. O trabalho era incrivelmente enfadonho. E eles ficavam presos na fase de revisão, presos em conflitos ideológicos. Após três anos de trabalho, só tinham conseguido publicar vinte e quatro artigos. Desesperados, Wales e Sanger se perguntaram se conseguiriam resolver seus problemas desenvolvendo um sistema *feeder* para a Nupedia. Em vez de gerarem eles mesmos os artigos, recrutariam homens e mulheres comuns apaixonados por um assunto para submeterem artigos voluntariamente. Dessa forma, não teriam que pagar pessoas dispostas a escrever os artigos. No final do primeiro ano, Wales e Sanger tinham publicado vinte mil artigos. Este projeto ficou conhecido como Wikipedia. Agora, ela tem mais de vinte milhões de artigos e é a enciclopédia mais acessível do mundo. Infelizmente, muitas igrejas no mundo inteiro operam como a Nupedia. Alguns poucos especialistas contratados produzem alguns resultados, mas o trabalho é enfadonho, lento e nunca atingirá o objetivo pretendido. E o problema é óbvio: as igrejas não são destinadas a trabalhar como uma Nupedia. Elas são concebidas para funcionar como a Wikipedia. Devemos remover o gargalo, restabelecendo a prioridade do discipulado.

O plano de Paulo apresentado em Efésios 4 depende de duas coisas. Primeiro, os líderes devem se comprometer a equipar os santos comuns para que possam fazer o ministério. Em segundo lugar, cada santo deve participar. Mas os líderes devem abandonar seu medo de perder o controle, e os santos devem enfrentar seu medo de constrangimento ou fracasso.

A função principal da liderança espiritual/educacional é equipar outros para liderar e ministrar, não executar pessoalmente o ministério. E se os líderes espirituais nas igrejas e em outros ministérios se tornassem especialistas em equipar outros e considerassem suficientes as recompensas de fazê-lo para satisfazer seu desejo de significado? Esse é um projeto em longo prazo. Não acontecerá de um dia para o outro e exigirá muitas almas corajosas. Mas precisa acontecer se quisermos ver nossas igrejas restauradas ao seu verdadeiro propósito como comunidades de discípulos.

Eu costumo dizer às pessoas: "Pensem em santos, não em campanários". O que quero dizer com isso? Não devemos mais pensar no prédio da igreja como o local principal do ministério. Devemos encontrar formas de ativar os santos já presentes, mas não ativos, em todos os domínios da sociedade. Não pense que estou minimizando os ministérios na igreja reunida. O que estou realmente dizendo é: "Pense nos santos, não *apenas* nos campanários".

Isso não é uma varinha mágica nem uma ideia nova. É a visão que Jesus deu aos seus primeiros discípulos para serem pescadores de homens, lá fora no mundo, pregando e disciplinando os novos convertidos. É sua visão da colheita: pessoas no mundo à espera de serem discípulos. "Vocês não dizem: 'Daqui a quatro meses haverá a colheita'? *Eu lhes digo: Abram os olhos e vejam os campos! Eles estão maduros para a colheita*" (João 4.35, grifo meu). Em outras palavras, Jesus diz: "Olhem para o que já está diante de vocês". Se simplesmente der uma olhada naquilo que você já tem, a estratégia é simples. Leve as pessoas que já estão vivendo com as outras que pretendem alcançar e equipe-as lá". Isso é o que nossas igrejas devem fazer e o trabalho que nossos líderes foram chamados a fazer. Jesus nos chamou para fazermos discípulos que se reproduzam. Esse é o plano, e nossas igrejas são a peça central, os lugares onde os discípulos são feitos. As igrejas existem para o discipulado, e os discípulos são o presente das igrejas para o mundo.

A pergunta não é *se* isso funcionará; a pergunta é: estamos dispostos a fazê-lo?

► CAPÍTULO **8**

O PASTOR

"

Pelo amor de Deus, faça algo corajoso.

— Ulrico Zuínglio

Portanto, que todos nos considerem como servos de Cristo e encarregados dos mistérios de Deus.

— 1Coríntios 4:1

"

IMMANUEL KANT CONTINUA SENDO UMA força eminente na história intelectual ocidental, porque ele abordou questões importantes e deu respostas que agradaram a muitos. Mas suas respostas não foram muito boas nem na época dele nem na nossa. Esse homem baixinho (com uma vida muito monótona) convenceu o mundo de que, no fundo, não podemos saber nada com qualquer grau de certeza. Kant também ensinou que a religião é apenas um produto da nossa mente, algo que desenvolvemos para lidar com a vida e dar-lhe sentido. A crença religiosa é subjetiva, não podendo ser avaliada empiricamente, ao contrário da verdade científica, que pode ser testada e verificada. Dado o alto padrão de prova de Kant, existe pouquíssimo que alguém possa saber de verdade, e certamente não existe muito que seja necessário para a vida real.

Indiretamente, porém, Kant desempenhou um papel importante no desenvolvimento daquilo que alguns chamaram de o evangelho do diabo. Jesus ensinou que o diabo é um ladrão que vem para roubar, matar e destruir (João 10:10). Por meio dos ensinamentos de Kant, o diabo tem tentado roubar de nós aquilo que sabemos, que sabemos de verdade, coisas que não podem ser provadas cientificamente, como o conhecimento de Deus ou a verdade do evangelho.

Como você pode adivinhar, a dúvida resultou numa crise de confiança. As pessoas se perguntam: *Existe alguma coisa que podemos saber? O conhecimento religioso não é uma forma inferior de conhecimento? Ele não depende da fé, que é realmente apenas uma preferência pessoal e um pensamento ilusório?* Infelizmente, muitos acreditam em tudo isso, e esse fenômeno explica em grande parte por que os pastores já não são mais considerados guardiões do conhecimento nem vistos como autoridades. No passado, o conhecimento religioso era valorizado, e a teologia era considerada a "rainha das ciências". Mas não mais.

No entanto, Deus não mudou seu chamado de pastores. Como Paulo afirma de maneira tão profunda ao falar de si mesmo e de outro pastor: "Portanto, que todos nos considerem como servos de Cristo e encarregados dos mistérios de Deus" (1Coríntios 4:1). Pastores e professores são chamados exclusivamente para guardar a verdade sobre Deus, um corpo de conhecimento que é tão sério e relevante como qualquer outro conhecimento. No passado, outras instituições (escolas, governos, comunidades) se juntavam às igrejas para reter e transmitir esse conhecimento, mas hoje a maioria delas abandonou seu posto e deixou a tarefa para as igrejas. Infelizmente, até as famílias abdicam desse papel. Os pais negligenciam sua responsabilidade espiritual de ensinar seus filhos e a delegam a voluntários da igreja.

Tudo isso significa que os pastores enfrentam duas escolhas. Eles ensinarão o que lhes foi transmitido nos últimos 2 mil anos? Ou procurarão mudar esse depósito da verdade para que pareça mais relevante, para que as pessoas queiram ouvir? A maioria dos pastores não escolhe um dos extremos que apresentei aqui. Eles são algo confuso no meio dos dois extremos, agarrando-se em grande parte a doutrinas básicas, mas, ao mesmo tempo, confiando em belos contos devocionais, técnicas de contar histórias e ilustrações interessantes para alcançar as pessoas emocionalmente e motivá-las. As pessoas adoram ser comovidas, e os palestrantes adoram comovê-las, por isso todos vão embora sentindo-se bem. Até que os sentimentos passem e algo novo apareça.

Pouquíssimos estão dispostos a tentar o que muitos dizem ser impossível — ensinar as pessoas a fazer tudo que Jesus ordenou.[264] O diabo certamente não quer que os pastores façam isso, porque as pessoas que

---

[264] Mateus 28:20.

são ensinadas a fazer o que Jesus ordenou ganham conhecimentos que destruirão os planos dele. E ele não quer que seus cativos sejam libertados. Assim, a estratégia mais eficaz que ele tem é convencer os "mordomos dos mistérios de Deus" — chamados para serem pastores e líderes — de que a Grande Comissão não pode ser realizada. Cada pastor pode se tornar um pastor discipulador? Creio que cada um pode. Na verdade, deve.

▶ DISTRAÇÕES

Os pastores estão sempre lutando para decidir como utilizar seu tempo da melhor maneira possível. Estou convencido de que seu obstáculo diário mais persistente é a distração. O pastoreio é um tipo de trabalho que traz a necessidade de fazer escolhas o tempo todo. Para utilizarmos nosso tempo de maneira eficiente, devemos ter uma filosofia que oriente nosso ministério e nos ajude a estabelecer prioridades. Precisamos de uma imagem daquilo que queremos realizar, algo suficientemente claro para que possamos lembrá-lo e explicá-lo aos outros. Recentemente, um pastor compartilhou comigo um mantra diário que ele criou como antídoto para a distração: "Sou um pastor que faz discípulos que fazem outros discípulos". Ele recita essa frase para si mesmo várias vezes ao dia; sua equipe faz o mesmo.

Nossa visão deve certamente incluir a pregação, que é um componente-chave do ministério pastoral, mas devemos ampliá-la para que inclua o desenvolvimento das pessoas da forma ordenada por Jesus. Aos pastores foi confiada essa responsabilidade, e, como ressalta Paulo: "O que se requer destes encarregados é que sejam fiéis" (1Coríntios 4:2). Mas há um problema. Para fazer discípulos confiáveis e fiéis, o mestre deve primeiro ser digno de confiança e fiel.[265]

Tendo servido como pastor e trabalhado com pastores durante muitos anos, sei que muitos lutam com distrações e um excesso de expectativas. Como reação a isso, alguns dão prioridade à pregação;

---

265 Veja Lucas 6:40; 2Timóteo 2:2.

outros tentam ser bons em ajudar as pessoas com suas necessidades; e outros dirigem programas ou se concentram em liderar sua equipe. A tendência é tornar-se ou um especialista com foco limitado ou um generalista que faz apenas um pouco de tudo.

Além disso, o ministério pastoral é, muitas vezes, específico e detalhado porque se concentra em pessoas individuais, e cada pessoa é única. Os pastores não gostam de pessoas "de forma geral" — eles ministram para indivíduos específicos que têm necessidades diferentes, o que requer um nível altíssimo de atenção e detalhe.

Finalmente, muitos pastores concordam que fazer discípulos é uma boa ideia, mas nunca se comprometeram de forma *específica* com pessoas *específicas*. Delegam o trabalho real de discipular pessoas a outros que, em geral, recebem um salário menor, decidindo que esse trabalho simplesmente não é uma tarefa essencial do seu ministério pastoral.

Mas tudo isso revela um problema mais profundo. Como já vimos, o trabalho principal de uma igreja é fazer discípulos. Assim, se o pastor está conduzindo a igreja a cumprir sua missão, tudo que o pastor faz deve necessariamente se enquadrar nesse chamado primário. Deixe-me ser direto: tenho certeza de que não fazer discípulos é pecado. E, até que os pastores e líderes cheguem a ver que qualquer outra coisa que não seja a total devoção a essa tarefa é uma negação do seu chamado por Deus e um pecado grave, é pouco provável que uma mudança real aconteça na sua vida e na sua igreja.

Onde, então, começa a mudança da igreja? Na alma dos pastores. A palavra "alma" inclui a mente, o espírito e a vontade. A mudança numa igreja deve começar na alma dos pastores porque, mais do que qualquer outra coisa, os pastores precisam da restauração da alma que fortalece e satisfaz. Por quê? Para permitir que eles combatam o fascínio da distração e desenvolvam um foco único. Uma alma satisfeita não é facilmente desencorajada ou distraída. Ela não se deixa intimidar na busca pelo objetivo. Alguma vez você já teve tanta sede ou fome que não conseguiu se concentrar numa conversa ou tarefa? Uma coisa semelhante acontece quando nossa alma está insatisfeita. Procuramos outras coisas para nos preencher, e essas distrações acabam dominando nosso ministério.

Pastores são iguais a qualquer outra pessoa, é claro. Mas sua alma importa, pois eles afetam diretamente o resto da congregação. A alma de um pastor insatisfeito torna a alma congregacional insatisfeita. Se os pastores estiverem satisfeitos e forem claros quanto ao seu chamado e propósito, eles podem resistir ao *fast-food* espiritual que a cultura oferece. Eles terão a paciência e a perseverança necessárias para fazer discípulos. Conseguirão resistir à tentação de adotar métodos de crescimento espiritual supostamente rápidos para aumentar a igreja. Eles não procuram fama para si mesmos. Não estão famintos pelos aplausos dos outros.

Por outro lado, um vazio corrói a alma de muitos pastores e causa problemas reais. Alguns pastores sabem que deveriam estar disciplinando outros, por isso lançam programa após programa para aumentar sua igreja. Eles operam em modo de crise contínua, e o único descanso espiritual que encontram é quando iniciam um novo programa ou veem um culto bem visitado no Natal ou na Páscoa. No resto do tempo, eles estão lutando, frustrados e estressados. Todas as semanas parecem muito cheias e difíceis. Falam muito sobre o quanto precisam de um retiro ou de algum seminário ou experiência especial, porque pensam que essas coisas renovam sua energia.

Então, como lutar contra essa fome por mais? *A primeira coisa que digo aos pastores é que não confiem nas multidões. Elas são perigosas e inconstantes, e mentem para você.* Eugene Peterson diz algo útil sobre esse assunto. Numa carta a um colega pastor que tinha deixado uma igreja para ir para uma maior, Peterson perguntou se essa era realmente uma decisão boa:

> Existem três maneiras clássicas em que os humanos tentam encontrar a transcendência: através do êxtase do álcool e das drogas, através do êxtase do sexo, através do êxtase das multidões. Os líderes da Igreja alertam com frequência contra as drogas e o sexo, mas, pelo menos na América do Norte, quase nunca contra as

multidões. Provavelmente porque seu ego obtém tantos benefícios através das multidões.[266]

Peterson continua descrevendo os males de viver para as multidões. Tal como o excesso de bebida e o sexo despersonalizado, viver para as multidões nos afasta de nós mesmos e gera uma sensação de transcendência — mas não nos leva até Deus. Na realidade, faz o contrário. Além disso, nunca somos confrontados com a pessoa real que somos. Mantemo-nos ocupados para não nos vermos em momentos de monotonia e aborrecimento. Mas viver para a multidão é um exercício de transcendência falsa. Os pastores não podem fugir das multidões, é claro. Somos chamados a amar e servir as pessoas, especialmente quando elas são como ovelhas sem pastor.

Em vez disso, os pastores devem aprender a cultivar uma alma satisfeita que descansa no amor de Cristo. Os pastores que fazem isso são livres para viver como Cristo, para servir os outros. Uma alma satisfeita pode aceitar ou deixar a multidão e é dedicada a fazer e desenvolver discípulos. A multidão se torna uma congregação, e os pastores se tornam pastores verdadeiros do seu povo, e não apenas palestrantes ou líderes carismáticos.

Mas como é que nós, pastores, fazemos discípulos? Começando em pequena escala, com apenas algumas pessoas. O discipulado não é um programa que lançamos. É um estilo de vida que abraçamos.

▶ PRONTO PARA A JORNADA DO DISCIPULADO?

Certa vez falei com um pastor que tinha acabado de assistir a uma conferência sobre discipulado com sua equipe. Ele estava muito motivado, então se aproximou de mim para buscar meu conselho.

— Depois desta semana, preciso fazer algo — disse ele. — Tenho oito dos meus pastores comigo, e precisamos ir para casa e pensar em algo que tenha impacto na nossa congregação. O que você sugere?

---

[266] PETERSON, Eugene. *The Pastor*: A Memoir. Nova York: Harper One, 2011. p. 157.

Esperei cerca de trinta segundos antes de responder. Depois, disse-lhe que esperasse um pouco mais enquanto pensasse e orasse sobre sua situação. Após vários minutos, respondi.

— Nada — eu lhe disse. — Não inicie nenhum programa, não faça anúncios e não faça nada publicamente.

Ele me pareceu intrigado e confuso.

— O que quer dizer com isso, Bill? Não fazer absolutamente nada? Eu expliquei:

— Você deve ir para casa, reunir-se em torno de uma mesa com seus oito pastores e convidá-los para uma jornada pessoal de discipulado durante um ano inteiro. Então, se achar que seu desejo é real e que você realmente tem algo a oferecer à igreja, convide outros a se juntarem a você nessa jornada.

Eu disse isso porque sabia que caminhar com seus oito pastores exigiria paciência, autodisciplina, moderação, vulnerabilidade, submissão, graça, confiança, confissão e uma grande dose de conexão. Esse ano de atividade seria também um ato de coragem, porque, aos olhos da maioria das pessoas, não pareceria que estivessem fazendo muito. Seriam apenas oito pessoas, e não um programa ou evento novo e vistoso no qual centenas poderiam se inscrever.

Mas é por aqui que começamos como pastor discipulador. É a coisa mais difícil que devemos fazer para descobrir se estamos de fato interessados em fazer discípulos em longo prazo. Comece em escala pequena. Discipule poucos. E você revelará o estado da sua alma enquanto abrir sua vida para outros. Você será exposto de formas que, de outra forma, nunca seria exposto. Na minha experiência, a maioria dos pastores simplesmente não está preparada para isso.

▶ MAIS DO QUE BOAS INTENÇÕES

A esta altura, você já deve ter percebido que acredito que todos os pastores são chamados para fazer discípulos. Acredito também que praticamente todos desejam fazer discípulos. De alguma forma, a maioria acredita que já está fazendo isso. Mas tal como outros trabalhos na vida, você sabe se o trabalho de discipulado está sendo feito pelo fruto que ele produz. Nosso desejo de fazer discípulos é muito semelhante ao de estar em forma, de alimentar-nos bem, de dormir bastante e de desenvolver uma agenda menos estressante. O desejo existe, mas, sem um plano, acabamos perdendo a forma, ganhamos peso, ficamos rabugentos e estressados. E arranjamos desculpas para não vivermos com essa culpa constante. Precisamos de um plano intencional para fazer discípulos. Se não tivermos um plano, não há qualquer chance de discipulado. Não haverá frutos.

Nesse momento, alguns inventarão desculpas, e muitas delas são verdadeiras. Dirão que nunca chegarão a fazer discípulos por causa de outras questões urgentes. A maioria dos pastores acredita que as realidades quotidianas na supervisão de uma congregação provam ser o maior obstáculo. Mas ter uma razão não significa que se tenha uma desculpa válida. Quando se trata de fazer discípulos, os pastores são como o solo na parábola do semeador.[267] Muitos ouvem a mensagem e simplesmente não a entendem.

Durante anos, os pastores ensinaram que fazer discípulos significa evangelizar o mundo. Ignoram o imperativo de Jesus na Grande Comissão de "fazer discípulos" e prestam pouca atenção à frase: "ensinando-os a obedecer a tudo o que eu lhes ordenei. E eu estarei sempre com vocês, até o fim dos tempos" (Mateus 28:20).

Outros pastores se animam para fazer discípulos e tentam isso com muito entusiasmo, mas se deparam com problemas. Assim que a coisa fica difícil e o preço se torna muito alto, eles abandonam a ideia. Claro que, de vez em quando, você pode ter alguma dificuldade, mas esse não é o foco do seu ministério.

Uma terceira categoria de pastores são aqueles que ouvem o chamado para fazer discípulos e tentam, mas a natureza mundana e ordinária da obra faz com que ela perca seu apelo. Esses pastores são levados a tentar abordagens mais rápidas, fáceis e programáticas. Eles

---

[267] Mateus 13:18-23.

ouvem que algo está funcionando em outra igreja e mudam seus planos, abandonando o trabalho diário e contínuo de formar discípulos pessoalmente. Não é que esses pastores estejam distraídos. Eles apenas ficam aborrecidos.

A quarta categoria de pastores são aqueles que ouvem e entendem. As sementes do discipulado criam raízes e produzem uma colheita de trinta, sessenta, ou mesmo cem vezes mais através do compromisso de fazer discípulos que fazem mais discípulos que fazem ainda mais discípulos.[268]

O DNA de um pastor discipulador

O DNA do discipulado é implantado pelo Espírito Santo e desenvolvido através da leitura das Escrituras. É ainda alimentado pela influência daqueles que nos ensinam. Jesus o disse bem: "O discípulo não está acima do seu mestre, mas todo aquele que for bem-preparado será como o seu mestre" (Lucas 6:40). Às vezes, ele é alimentado através do entusiasmo de outro que defende o discipulado como forma de vida e de trabalho.

Fui abençoado por ter sido ensinado desde o início que a Grande Comissão deveria ser a peça central do meu ministério pastoral. Também fui inspirado pelo exemplo de John Wesley. Sua filosofia era começar levando as pessoas a se comportarem de certa forma e a permitir que crença e razão se desenvolvessem a partir disso. Entender isso no meu próprio ministério apenas aprofundou minha convicção de dar prioridade à formação de discípulos.

Também li muito e fui influenciado por muitos livros. O seminário foi uma peça importante na equação, não tanto para me ensinar a filosofia do discipulado, mas para me ensinar como estudar e pesquisar, algo que utilizei durante toda a minha vida. Mas meu aprendizado mais importante foi nas igrejas, trabalhando com as pessoas, vendo o que elas precisavam e me adaptando às circunstâncias.

---

268 2Timóteo 2:2.

Com o tempo, o DNA para multiplicar discípulos se desenvolveu dentro de mim. O que é esse DNA? Ele possui oito componentes-chave, listados abaixo. A maior parte deles é abordada em algum momento neste livro.

1. A primeira prioridade de um pastor é garantir que cada membro da igreja cresça e se torne um discípulo maduro e reprodutor.

2. Cada pessoa chamada para a salvação é chamada para o discipulado.

3. O evangelho espera que todos os discípulos façam outros discípulos.

4. Todas as atividades ministeriais devem ser avaliadas pela sua contribuição para o crescimento de discípulos maduros que reproduzem discípulos.

5. O método deve ser a forma como Jesus pessoalmente fazia discípulos que fazem outros discípulos.

6. O sucesso deve ser medido não pelo número de discípulos que são feitos, mas pelo número de discípulos que fazem outros discípulos.

7. Nossas igrejas existem para fazer discípulos, que são um presente de Deus para o mundo.

8. O objetivo final de fazer discípulos é a revolução mundial. Quando o evangelho for pregado a todos os povos, o fim chegará.[269]

Para resumir tudo isso, tomo emprestadas as sábias palavras de Pat Morley. "Um pastor que faz discípulos tem uma visão para discipular cada pessoa na sua igreja, uma determinação para fazer isso acontecer e um sistema para sustentá-lo".[270]

---

[269] Mateus 24:14.

[270] Pat Morely, anotações que fiz depois de uma conversa, agosto de 2014.

--- **Por onde você deve começar?**

Digamos que você esteja a bordo. Você quer ser um pastor discipulador, aquele quarto tipo que entende a visão e quer se comprometer com a jornada.

Por onde você começa? Como reescreve o contrato que tem atualmente com sua congregação, mudando seu foco e reformando seu chamado? Como você começa a comunicar o que significa ser um cristão que é discípulo de Cristo?

Bem, uma vez que o ponto de contato mais visível que você tem com sua congregação é a pregação, você deve começar no púlpito, pregando o evangelho bíblico. Como expus nos capítulos anteriores, o evangelho que você prega deve deixar claro que *todos que são chamados para a salvação são também chamados para o discipulado; não há exceções, não há desculpas.* Já que esse evangelho não costuma ser apresentado, fazê-lo pode ser um novo ponto de partida que exigirá que você reconstrua o evangelho, palavra por palavra, desde o início. Isso deve ser feito lenta e cuidadosamente.

Em 2007, a Willow Creek Community Church publicou seu relatório REVEAL.[271] Willow Creek encomendou um estudo da sua congregação, bem como de várias outras igrejas na Willow Creek Association. O estudo mostrou que eles não tinham sido muito eficazes no desenvolvimento de seguidores maduros que reproduziam seguidores de Jesus. Quando ouvi falar do relatório pela primeira vez, almocei com Dallas Willard. Discutimos uma vasta gama de questões nesse dia, mas, pouco antes de eu partir, Dallas me perguntou se eu tinha lido o estudo REVEAL. Eu lhe disse que ainda não. Dallas compartilhou que ele o tinha, e que tinha uma opinião sobre ele, mas primeiro queria que eu o lesse e lhe dissesse o que pensava. Depois ele me diria a opinião dele.

---

271 HAWKINS, Greg L.; PARKINSON, Cally; ARNSON, Eric. *REVEAL: Where Are You?* Chicago: Willow Creek Resources, 2007.

CAVANDO MAIS FUNDO

▶ **UMA CARTA DE DALLAS WILLARD**

27 de dezembro de 2007

Querido Bill:

Lamento ser tão lento em responder, e espero que me perdoe. Na verdade, tive que resolver uma papelada imensa e depois fiquei obcecado com alguns capítulos difíceis no que espero seja mais um livro. Penso que suas observações sobre REVEAL acertam em cheio.

Você foi muito gentil, como devia ser, e acredito que eu também serei. Na verdade, gostaria de ser bastante indireto. Amo e admiro o pessoal da Willow Creek, como imagino que você também ame, e não quero ofendê-los de forma alguma. Se eles pedissem minha opinião, eu seria mais direto e minucioso. Mas não o fizeram, e por isso direi simplesmente algumas coisas das quais você pode extrair conclusões sobre o relatório.

A maior dificuldade da "vida na igreja", tal como a conhecemos, e que se revela como praticamente intransponível para a maioria das igrejas, se apresenta *na forma como as pessoas são trazidas para a igreja. Ou devo dizer "caminhos", pois, na verdade, eles vêm por vários caminhos diferentes ou com entendimentos diferentes sobre seu significado.* (Normalmente ninguém processa de forma cuidadosa seu entendimento com elas.) *O que de fato importa aqui é como elas entendem aquilo com o que, estando lá, estão empenhadas.* Isso significa, entre outras coisas, o que elas concordaram em deixar a equipe fazer com elas. Como resultado, acreditam que, se assistirem aos cultos principais com alguma regularidade e contribuírem com alguma quantia, estão fazendo sua parte, e o pastor não tem mais nenhuma exigência a fazer a elas. Uma pequena percentagem de membros da igreja poderia pensar que deveria fazer alguns cursos ou seminários extras, se estiverem de acordo com seus interesses, e uma percentagem ainda menor poderia assumir algum ensino ou algum trabalho de custódia ou comitê. Mas essas atividades quase nunca têm qualquer efeito sobre seu

crescimento naquilo que uma leitura franca do Novo Testamento suge-
riria: por exemplo, assumir realmente o caráter de amor, como vemos
em 1Coríntios 13 ou 1João 4. Ou livrar-se do antigo e vestir o novo,
como Paulo diz em Colossenses 3, ou "revestir-se com o Senhor Jesus
Cristo", como em Romanos 13,14 (na realidade, 8-14).

E então, muito naturalmente, a igreja pode fazer pouquíssimo com
pessoas que estão lá com um entendimento tão superficial do que é ser
cristão. Acabam pensando que o envolvimento com as atividades da
igreja levará a uma transformação espiritual. Mas, na verdade, elas não
esperam que isso aconteça e não fazem nada que possa cultivá-la. Não
podem. Suas mãos estão atadas pela suposição básica do que é ser
cristão. E, quando desafiam essa suposição, podem ser acusadas de
trocarem os bens anunciados, de acrescentarem à graça e de heresia
pura e simples. Isso se deve ao que ouviram como evangelho quando
entraram pela porta.

O ensino sobre a salvação, que agora é um artefato cultural norte-
-americano, é que você confessa fé na morte de Jesus em seu lugar e
depois se junta a um grupo que está tentando fazer com que outros
façam o mesmo. Só isso importa. Por isso, é isso que se pensa e ensina.
O "crescimento espiritual" não é exigido nesse esquema, e não há uma
provisão real para ele. A salvação é gratuita, o que significa que não é
preciso fazer mais nada senão "aceitar". Então também você pode cantar *Amazing Grace*. Veja quem canta *Amazing Grace* nos dias de hoje
e em que circunstâncias. Você nem sequer precisa aceitar, basta cantar.
Ou nem mesmo isso. É totalmente passivo.

Para lidar com essa situação, é preciso começar com o que se prega
como mensagem de salvação e o que você acredita que ela seja. Salvação é uma transformação espiritual, que não é uma opção para
aqueles que têm interesses especiais. A graça está situada nessa "salvação". Se você tivesse um grupo e quisesse ver neles essa salvação, teria
que começar desde o início e ensinar de perto. Faça um estudo bíblico
indutivo sobre "graça" e todos os outros termos centrais do discurso da
nossa igreja e construa sua pregação e ensino em torno daquilo que
descobrir.

Lembre-se de incluir "arrependimento" e "fé". Provavelmente, você perderia muita gente e teria que reconstruir seu trabalho. Isso foi feito com grande sucesso no passado. A Igreja Primitiva é a melhor ilustração do processo doloroso e do sucesso que pode acompanhá-lo. Discipulado genuíno no contexto da igreja de hoje é muito semelhante ao discipulado de Jesus na religião judaica da sua época.

Graça, fé, arrependimento e salvação não são coisas da igreja. São coisas da vida, e a transformação espiritual é algo que só acontece quando as pessoas, inteligente e resolutamente, levam toda a sua vida para o reino de Deus. *Creio que o estudo REVEAL não prossegue nessa linha, mas espera fazer com que a "igreja" trabalhe para uma transformação honesta à semelhança de Cristo, sem alterar os pressupostos fundamentais.* Sem dúvida alguma, estou errado em muitas coisas. Oro para que Deus nos ensine e nos dê poder para fazermos sua vontade à sua maneira.

As melhores saudações em Cristo,

Dallas

Algumas semanas mais tarde, terminei a leitura do relatório e enviei a Dallas um *e-mail* com oito pontos que cobriam meus pensamentos e opiniões sobre o estudo. Nunca esquecerei o que ele me disse em sua resposta (para mais informações, veja a carta na seção Cavando mais fundo). Ele compartilhou que não se sentia muito otimista em relação à capacidade da Willow Creek de resolver seus problemas e de se tornar uma igreja fazedora de discípulos. Sua razão?

> Para cada pessoa sentada num banco, há um evangelho representado. Algumas pessoas têm evangelhos diferentes em momentos diferentes, por razões diferentes. A menos que [os líderes de Willow Creek] estejam preparados para reconstruir seu evangelho e treinar seu povo com um evangelho que abrace o discipulado, não estou otimista em relação à sua capacidade de mudar seu curso.[272]

---

272 Dallas Willard, anotações pessoais. Existe mais correspondência relacionada a essa questão que envolve a REVEAL, de 27 dezembro de 2007.

O que Dallas estava sugerindo é uma recuperação necessária do evangelho. Tal como compartilhei no capítulo 1, isso requer a restauração da compreensão da salvação que caracterizou o evangelismo desde seus primórdios até Lutero. Como isso pode ser feito? Como disse Dallas (citado anteriormente), isso "precisa ser principalmente um trabalho de *interpretação das Escrituras e uma reformulação teológica*, mas também será necessária uma modificação das práticas enrijecidas pelo tempo. Serão necessárias *mudanças radicais* no que fazemos como 'igreja'".[273]

> ▶ **Considerações a partir da carta de Willard**
>
> ▶ Um grande problema são as várias formas como as pessoas são trazidas para as igrejas.
> ▶ Devemos perguntar novamente: "O que significa ser cristão?".
> ▶ Que reivindicação e autoridade o pastor e a igreja têm sobre a vida de um membro?
> ▶ O que pode ser feito no ensino, no treinamento e na transformação se eles forem limitados por uma compreensão superficial do evangelho e do discipulado?
> ▶ O evangelho contemporâneo é um artefato cultural norte-americano, ou seja, você pode tornar-se cristão e não seguir Jesus. O discipulado é opcional.
> ▶ O evangelho terá de ser cuidadosamente reconstruído do zero e precisará mudar alguns dos nossos pressupostos fundamentais.

Recuperar o evangelho do zero é a "interpretação das escrituras e reformulação teológica" a que Dallas se refere. Pregar o evangelho à congregação e ensinar-lhe novas formas de pensar e seguir Jesus é a "modificação das práticas enrijecidas pelo tempo". Inevitavelmente, sofreremos resistência quando chegarmos às "mudanças radicais no que fazemos como 'igreja'". Em outras palavras, isso não será fácil!

---

273 WILLARD, Dallas. *Spiritual Formation as a Natural Part of Salvation*. Transcrição de uma palestra feita no Wheaton College, 2008. p. 19, grifos meus.

O que torna essa recuperação especialmente difícil é que, durante tanto tempo, pastores e pregadores confiaram em explicações lindamente embrulhadas das boas novas. Se você está começando do zero e construindo sua compreensão a partir das Escrituras, é possível que você seja desafiado e que sinta algum desconforto. Para ajudá-lo, deixe-me sugerir que você comece com cinco passos.

1. *Estude 1Coríntios 15:1-28*. Esse é o melhor "esqueleto" para entender o evangelho. Abarca a história que está no centro da mensagem: Jesus nasceu; viveu; pregou; foi crucificado, morreu, foi sepultado e ressuscitou; e voltará para estabelecer seu reino, acabar com o pecado e julgar o mundo. Essa é a história básica. Lembre-se de que é uma história que leva tempo para contar em contexto. Adicionei algumas coisas extras à história mencionada, mas, normalmente, mais se faz necessário para que as pessoas apreciem plenamente o significado dos ensinamentos, da vida, da morte e da ressurreição de Cristo no contexto.

2. *Refine as palavras em seu vocabulário da salvação*. Certifique-se de que você entende o que quer dizer quando usa palavras como fé, crença, confiança, pecado, graça, obras, arrependimento, confissão, obediência e conversão. Estude como as palavras são utilizadas nas Escrituras e como estão ligadas ao contexto.

3. *Pregue sobre os sermões apostólicos no livro de Atos*. Esses sermões são o mais próximo que você pode chegar daquilo que os apóstolos pensavam que o evangelho era. Considerando que tinham acabado de passar quarenta dias com o Cristo ressuscitado após três anos de observação e instrução, esses sermões dos apóstolos são sua fonte mais confiável. Os sermões são apresentados num contexto principalmente judeu, portanto, vincular a história de Jesus à história de Israel é crucial para inserir o evangelho no contexto completo da história redentora. Um sermão em Atos é útil para aprender a apresentar o evangelho num contexto não judaico. É o sermão de Paulo no Monte de Marte, dado aos atenienses e registrado em Atos 17:16-34.

4. *Pregue com base nos quatro evangelhos*. Contemple as palavras de Scot McKnight: "Creio que a palavra *evangelho* foi sequestrada pelo

que acreditamos sobre a salvação pessoal, e o próprio evangelho foi remodelado para facilitar a tomada de decisões. O resultado desse sequestro é que a palavra *evangelho* já não significa no nosso mundo o que originalmente significava tanto para Jesus como para os evangelhos".[274]

Quando entende o evangelho, você conhece toda a história da humanidade, desde a criação até a consumação. Os Evangelhos narram história após história sobre Jesus, sobre seu poder, sua glória, sua vida e seu ensino. Eles nos ajudam a entender como e por que Jesus veio e o que ele fez, e contêm suas orientações para o que seus discípulos deveriam fazer depois da sua partida.

Agostinho explicou os Evangelhos desta forma: "Nos quatro evangelhos, ou melhor, nos quatro livros do único evangelho".[275] Os autores dos Evangelhos não se viam como historiadores, mas como testemunhas. Por isso, você deve lê-los como testemunhos; sature sua mente com as histórias, conte-as repetidas vezes e depois anuncie à congregação: "Este é o evangelho!". Os Evangelhos nos dizem que Jesus é o libertador prometido de Israel e falam-nos da sua vinda, vida, morte, ressurreição, do comissionamento dos seus seguidores, do regresso prometido e da sabedoria de vida. Está tudo ali.

5. *Ensine ao seu povo como reconhecer os "evangelhos" populares que costumam ser ensinados.* Como apresentei no capítulo 1, hoje são pregados pelo menos seis evangelhos comuns. É importante que seu povo aprenda a ver e entender o evangelho bíblico, não só pelo que ele é, mas também pelo que não é. Assim, aponte o que cada um dos outros evangelhos está dizendo naturalmente e para onde cada um conduz naturalmente. Por exemplo, se uma congregação puder ver como o evangelho do consumidor nunca produzirá discípulos semelhantes a Cristo, ela entenderá melhor como o evangelho bíblico o faz.

O processo de aprender o novo evangelho recuperado inevitavelmente criará confusão e desorientação; por isso, o ensino deve ser feito

---

274 MCKNIGHT, Scot. *The King Jesus Gospel.* Grand Rapids: Zondervan, 2011. p. 26.
275 Agostinho, *Tractates on the Gospel according to St. John,* 36.1.

com cuidado. Há um velho ditado: "Uma névoa no púlpito é um nevoeiro nos bancos". Nos tempos em que ainda não existiam microfones, os púlpitos eram posicionados bem acima dos bancos para ajudar a projetar a voz do pregador. Se você sabe alguma coisa sobre nevoeiros, você sabe que ele tende a se condensar nas regiões mais baixas. Portanto, o significado do ditado é simples: se um pregador estiver confuso, não há esperança para a congregação.

Tenha isso em mente ao substituir ilustrações e frases velhas que você utilizou durante anos e ao trocá-las por novas formas de comunicar aquilo que conecta organicamente a conversão ao discipulado. O que você não quer é uma rebelião baseada em acusações e equívocos. Lembre-se daquilo que Paulo disse a Timóteo: "Ao servo do Senhor não convém brigar mas, sim, ser amável para com todos, apto para ensinar, paciente. Deve corrigir com mansidão os que se lhe opõem, na esperança de que Deus lhes conceda o arrependimento, levando-os ao conhecimento da verdade" (2Timóteo 2:24,25).

Lembre-se também de que não estamos necessariamente corrigindo heresias que se encontram fora do escopo da ortodoxia. Na maioria das vezes, estamos apenas acrescentando nuances, pontuando direções erradas na forma como as pessoas pensam e esclarecendo pressupostos confusos ou enganosos. O que temos hoje é uma *corrupção* do evangelho que tem obstruído muito nossas igrejas, mas o evangelho não se perdeu completamente. Corrigir esses equívocos exigirá bondade, gentileza e paciência — e não acusações de heresia.

► IMPLEMENTE SEU PLANO

Depois de tudo isso vem a criação e, depois, a implementação de um plano. *Lembre-se: se não tiver um plano, no fundo, você não pretende fazer nada. E se seu plano não tiver um cronograma, ele não será um plano de verdade.* Ao ler este livro, talvez você perceba que algumas coisas precisam mudar na sua vida, no seu ministério e na sua igreja. Mas ter os conceitos certos na sua cabeça e acertar na terminologia não basta para conseguir fazer o trabalho.

Conheço alguns pastores que imediatamente tentam fazer as coisas acontecerem. Eles avançam, esperando que, com trabalho árduo e energia suficiente, a mudança acontecerá. Outros são mais cautelosos, confiando na oração, mas adotando uma abordagem passiva. Afinal, se Deus quer mudanças, ele pode trazer mudanças, certo? Ao pensar no seu plano, pense na sua própria atitude e qual dessas direções você tende a seguir. Para aguçar seu raciocínio, talvez seja útil entender melhor a relação entre graça e disciplina.

-- **Graça e disciplina**

"O que Deus uniu, o homem não separa". No passado, essas palavras serviam como conclusão tradicional de uma cerimônia de casamento cristão. No casamento, o homem e a mulher se tornam um, o que é um grande mistério. O casamento une duas pessoas diferentes — homem e mulher — numa só.

Acredito que o casamento seja uma imagem adequada para refletir sobre a relação entre graça e disciplina. Para alguns, a graça parece ser naturalmente oposta à disciplina, portanto, os dois opostos não poderiam ser unidos.

No entanto, graça e disciplina precisam uma da outra e têm dificuldade em funcionar separadas uma da outra. Na verdade, quando uma delas funciona separada da outra, a alma é danificada. Podemos tirar essa conclusão a partir das palavras de um homem que foi muito disciplinado, mas que também foi o grande defensor da graça.

Na sua segunda carta, o apóstolo Paulo fala ao seu jovem aluno Timóteo (que teve a tarefa pouco invejável de ser seu sucessor) dos deveres e desafios pastorais que o aguardavam. Ele dá ao seu jovem discípulo alguns conselhos valiosos: "Por essa razão, torno a lembrar-lhe que mantenha viva a chama do dom de Deus que está em você mediante a imposição das minhas mãos. Pois Deus não nos deu espírito de covardia, mas de poder, de amor e autodisciplina" (2 Timóteo 1:6,7). Quando Paulo fala de autodisciplina, o que ele tem em mente é o poder daquilo que chamamos de autocontrole.

Algumas versões traduzem essa expressão como "uma mente sã", referindo-se à capacidade de pensar claramente sob pressão. Timóteo estava sob muita pressão, por isso Paulo menciona uma disciplina da qual Timóteo precisava para permanecer concentrado e não se distrair. O que Paulo exigia de Timóteo — treinar discípulos confiáveis capazes de instruir outros — necessitava muita disciplina.

Ao mesmo tempo, Paulo sabia que Timóteo precisava de muita graça. A graça é o favor de Deus e o fato de ele fazer por nós aquilo que não podemos fazer por conta própria. Assim, Paulo começa a parte prescritiva dessa carta dizendo: "Portanto, você, meu filho, fortifique-se na graça que há em *Cristo Jesus*" (2Timóteo 2:1, grifo meu). Em Cristo encontramos tudo que precisamos, incluindo a graça.

Como é que essas duas coisas combinam? Para Paulo, ser disciplinado não se opõe a viver na graça. Precisamos de ambos. Quando vivemos na graça que Deus nos dá, encontramos a disciplina necessária para trabalhar arduamente. Seremos motivados pela visão de Deus, pelas suas prioridades, e nosso coração ansiará por fazer seu trabalho.

-- **A natureza da tarefa**

Então Paulo lembra Timóteo daquilo que ele aprendeu e viu Paulo fazer nos vários lugares pelos quais viajaram juntos. "E as coisas que me ouviu dizer na presença de muitas testemunhas [...]" (2Timóteo 2:2a). Se você se perguntar em que consistia esse ensino, lembre-se do que lemos em Efésios, Romanos e Gálatas. Essas são as coisas que Timóteo ouviu Paulo ensinar, pois ele nos diz na sua carta aos Coríntios que ensinou as mesmas coisas a todos sem grande variação.[276] Na verdade, Timóteo conhecia tão bem os ensinamentos de Paulo que este o enviou em missões especiais para ensinar exatamente o que ele lhe tinha ensinado. Timóteo aprendeu esse ensinamento observando e ouvindo, e

---

[276] 1Coríntios 4:17. Ele diz aos coríntios que está enviando Timóteo para lembrá-los de seus caminhos em Cristo, não só num nível pessoal ou de caráter, mas também em termos de conteúdo.

aprofundou-o na sua mente, ensinando-o a outros. Então Paulo instrui Timóteo a confiar esse ensinamento "a homens fiéis que sejam também capazes de ensinar a outros" (2Timóteo 2:2b).

Observe que esses alunos novos devem estar dispostos a ensinar os outros, ser capazes disso e ser dignos de confiança. Muitas vezes, aceitamos pessoas nas nossas igrejas com base na sua vontade e procuramos voluntários que nos ajudem quando podem. Mas Paulo está falando de algo bem diferente aqui — que apenas as pessoas que provaram ser fiéis devem ser ensinadas, para que então lhes seja dada a responsabilidade de ensinar os outros.

Alguns acreditam que as instruções de Paulo a Timóteo aqui se aplicam apenas aos líderes, não ao cristão mediano. Mas não encontro qualquer restrição na passagem, e isso se encaixa no que sabemos do discipulado em geral: espera-se que cada discípulo faça outros discípulos. Como vimos anteriormente, toda a população salva está sob o comando da comissão do nosso Senhor, porque todos devem ser discípulos que o seguem.[277]

Portanto, as instruções e o método são claros. A matemática simples mostra que, assim como Paulo ensinou Timóteo a fazer discípulos, Timóteo deve ensinar outros a fazer o mesmo, e os discípulos de Timóteo devem fazer o mesmo e assim em diante. É assim, em poucas palavras, que fazer discípulos leva à revolução mundial e traz o fim de todas as coisas.[278]

Devemos reconhecer que ensinar fidelidade e obediência a tudo que Cristo ordenou é um trabalho frustrante que requer mais daquilo que não temos. É aqui que precisamos dessa mistura única de disciplina e graça. Precisamos de muita disciplina, e todo o processo deve ser banhado pela graça de Deus. Em outras palavras, Deus precisará fazer muito por nós que nós mesmos não podemos fazer. Mas também devemos fazer muito!

---

277 Veja Mateus 28:18-20; 2Coríntios 5:17-22.

278 "E este evangelho do Reino será pregado em todo o mundo como testemunho a todas as nações, e então virá o fim" (Mateus 24:14).

Algumas coisas só Deus pode fazer, como, por exemplo, plantar o interesse e o desejo de seguir Jesus no coração de uma pessoa, ou dar às pessoas a vontade de serem responsáveis e de submeterem toda a sua vida a uma comunidade cristã. Mas parte da graça de Deus requer o esforço de indivíduos, porque ela se manifesta através do amor aos outros numa comunidade eclesial. Esses membros da igreja precisam ter a perseverança de continuar no processo quando as pessoas falham. E aqueles que falham precisam do encorajamento dos outros para enfrentarem seus medos e dúvidas.

Numa carta à igreja de Corinto, Paulo exorta e fala da sua própria experiência usando a analogia de uma corrida:

> Vocês não sabem que dentre todos os que correm no estádio, apenas um ganha o prêmio? Corram de tal modo que alcancem o prêmio. Todos *os que competem* nos jogos *se submetem a um treinamento rigoroso*, para obter uma coroa que logo perece; mas nós o fazemos para ganhar uma coroa que dura para sempre. Sendo assim, não corro como quem corre sem alvo, e não luto como quem esmurra o ar. *Mas esmurro o meu corpo e faço dele meu escravo*, para que, depois de ter pregado aos outros, eu mesmo não venha a ser *reprovado* (1Coríntios 9:24-27, grifos meus).

Destaquei algumas palavras para mostrar que fazer discípulos é um trabalho árduo: *treinamento, os que competem, reprovado.* Mas viver produtivamente para Deus também inclui um elemento de mistério. Usamos todo o nosso esforço humano a ponto de transformar nossos corpos em sacrifícios vivos e escravos através de disciplina e treinamento rigoroso.[279] Mas a graça de Deus se junta a essa disciplina e esforço através da oração, um coração disposto e obediência ao que Cristo nos ensinou.

Um dos meus ditados favoritos é: "A obediência é onde o Espírito Santo nos encontra".[280] Quando agimos em fé, independentemente do

---

[279] Veja Romanos 12:1,2; Colossenses 1:28,29.
[280] Dallas Willard, anotações pessoais, 30 de junho de 2012, Long Beach, Califórnia.

grau de dificuldade, Deus vem ao nosso encontro com os recursos dele. Mas, se não estivermos dispostos a agir, nunca experimentaremos esse encontro e nem sequer acreditaremos que seja possível.

Os atletas devem seguir as regras, caso contrário não ganharão prêmio nenhum. Muitas vezes, quando nossos esforços de fazer discípulos não produzem frutos, a razão é que violamos as regras. Por exemplo, permitimos a entrada de pessoas infiéis no ambiente de treinamento. Ou não responsabilizamos os discípulos e diminuímos a expectativa de que eles ensinem e afetem os outros. Ou não ficamos do lado deles quando falham e querem desistir. Ou fomos brandos demais com eles sob o pretexto da misericórdia. Ou deixamos de amá-los, aliviando a pressão quando isso era a última coisa de que precisavam. Assim como os agricultores que esperam que suas colheitas amadureçam, esse trabalho exige paciência. Quando trabalhamos com pessoas com dedicação e disciplina, devemos também esperar que Deus opere em seu ritmo, e Ele produzirá uma safra.[281]

▶ Implemente seu plano

Esta planilha é uma oportunidade de pôr no papel o que você realmente acredita em relação a vários dos conceitos-chave que abordamos no livro.

1. O que é um discípulo?

A definição deve ser específica o suficiente para permitir que você responda à próxima pergunta — "Como você faz discípulos?" —, que depende inteiramente da sua resposta aqui. Por exemplo, digamos que você defina um discípulo como alguém que tem cinco características, algo como:

---

281 Gálatas 6:9.

a) Um discípulo conversa com Deus através da palavra e da oração.

b) Um discípulo revela Cristo diariamente, dando fruto.

c) Um discípulo responde a Deus diariamente em obediência.

d) Um discípulo tem alegria e um espírito satisfeito.

e) Um discípulo ama os outros como Cristo amava os outros.[a]

Fazer com que uma pessoa com essas características se desenvolva provavelmente exigirá exercícios espirituais específicos e atividades numa comunidade de espíritos semelhantes, em que todos queiram que as mesmas qualidades sejam desenvolvidas neles.

2. Como fazemos discípulos?

Essa resposta exige que você pense em como proporcionar ambientes, grupos e atividades com liderança treinada, bem como horários, objetivos e outros aspectos organizacionais.

3. Que diferença farão esses discípulos?

Descreva como o mundo em sua volta e em geral será impactado se seu esforço de fazer muitos discípulos for bem-sucedido. Como é você saberá que o plano funcionou?

----

a Extraído de João 15:7-13.

▶ CONCLUSÃO: OS PASTORES DEVEM CONHECER DEUS

Houve uma época em que John Wesley era pároco na Igreja Anglicana. No entanto, ele passou a maior parte da sua vida como pastor de uma congregação mundial. Uma estátua de Wesley se encontra no pátio da sua última paróquia na City Street, em Londres. A inscrição aos pés da estátua diz: "O mundo é minha paróquia". Wesley impactou o mundo não só por meio do seu ensino oral, mas também por meio da sua escrita e organização de pessoas em grupos e comunidades transformadoras.

Como dissemos no início deste capítulo, os pastores são os guardiães do conhecimento de Deus. São o último grupo da nossa sociedade que tem a liberdade de ensinar esse conhecimento, e a responsabilidade de fazê-lo deve pesar sobre eles. Pastores bem-educados são vitais para a saúde e o bem-estar tanto das igrejas como da sociedade. No seu "Discurso ao Clero", John Wesley disse:

> Não deveria um ministro ter, em primeiro lugar, uma boa compreensão, um entendimento claro, um bom juízo e uma capacidade de raciocínio em alto grau para o trabalho do ministério? Caso contrário, como seria capaz de entender os vários estados dos que estão sob seus cuidados; ou de conduzi-los através de mil dificuldades e perigos, até o paraíso. Isso é necessário com respeito aos numerosos inimigos que ele encontrará. Seria um tolo capaz de lidar com todos os homens que não conhecem Deus e com todos os espíritos das trevas? [...] Em segundo lugar, não menos necessário é um conhecimento das Escrituras, que nos ensina a ensinar aos outros, sim, um conhecimento de todas as Escrituras; ver que a Escritura interpreta a Escritura; que uma parte fixa o sentido da outra.[282]

Conhecimento de Deus não é necessário apenas para o discipulado. É essencial para pastores e líderes, porque estamos travando uma guerra espiritual contra um inimigo que se opõe a tudo que fazemos. Como ensina Paulo:

> Pois, embora vivamos como homens, não lutamos segundo os padrões humanos. As armas com as quais lutamos não são

---

[282] WESLEY, John. *An Address to the Clergy*. Wesley Center Online, 1872. Disponível em: http://wesley.nnu.edu/?id=215. Acesso em: 12 ago. 2022. p. 482-483.

humanas; pelo contrário, são poderosas em Deus para destruir fortalezas. Destruímos argumentos e toda pretensão que se levanta contra o conhecimento de Deus, e levamos cativo todo pensamento, para torná-lo obediente a Cristo (2Coríntios 10:3-5).

A guerra que travamos é uma guerra de conhecimento. Assim como Elias encara os profetas de Baal, os pastores estão com a Bíblia na mão e falam a verdade à realidade da vida. Embora já não invoquemos um fogo literal, nossas palavras ditas e ensinadas devem arder dentro do coração das pessoas. E, à medida que os ventos do Espírito sopram sobre as centelhas da Palavra de Deus, as chamas do avivamento podem arder mais uma vez nas nossas igrejas e no mundo.

Para muitos pastores da nossa cultura pós-cristã, falar a verdade está se tornando cada vez mais perigoso, porque a moralidade cultural popular é considerada superior à moral cristã, e o evangelho da tolerância é celebrado.[283] Jesus Cristo, a luz do mundo, foi substituído pela razão humana que rejeita a revelação. Os pastores devem lutar contra essas ideias enquanto ensinam e discipulam nas suas congregações.

Recentemente, um pastor amigo meu fez um sermão sobre a sexualidade humana, apresentando o ensino direto da Bíblia, o mesmo ensino básico que tem sido apresentado há dois mil anos. Sua mensagem básica era clara: não importa se as pessoas sejam homossexuais ou heterossexuais, sexualmente ativas fora do casamento ou não; se frequentam sua igreja, elas são bem-vindas e amadas por Deus e pela congregação.

Mas o pastor também foi claro ao dizer que Deus criou a sexualidade como um dom para o casamento entre um homem e uma mulher. Ele explicou por que o sexo antes do casamento, adultério, divórcio e formas aberrantes de sexualidade são pecados, por que são rebelião contra Deus.[284] Seu ponto de vista era que todos nós somos pecadores, mas ele

---

283 Essa ideia veio de *Renovation of the Heart*, de Dallas Willard (Colorado Springs: NavPress, 2002), p. 230-231.

284 Romanos 1:18-32 foi a passagem do Novo Testamento primária usada nesse sermão.

foi claro que não podemos tolerar qualquer pecado ou aceitar o pecado como norma. Sua mensagem era ao mesmo tempo honesta e compassiva.

Mas assim que a mensagem foi publicada na internet, o pastor foi escoriado pela imprensa local. As manchetes dos meios de comunicação social incluíam: "Pastor local se recusa a se arrepender da homofobia" e "Pastor extremista diz que todos os gays devem ser mortos". Essas manchetes desonestas viralizaram, e o pastor e sua família receberam ameaças de morte. De acordo com a moralidade cultural, discordar do comportamento sexual de alguém é considerado julgador, mesquinho e intolerante. As trevas estão realmente sendo declaradas como luz, e a luz está sendo remetida para as trevas.

Os pastores discipuladores devem enfrentar de cara desafios como esse. Eles devem falar a partir da Palavra de Deus quando definem o que é normal. Ao fazê-lo, eles definem o mundo e a Igreja, explicando quem nós somos e como devemos viver para representar Cristo. Pastores, como professores das nações, revelam um conhecimento que é mistério para a maioria e que não pode ser compreendido de fora — ele é revelado, não descoberto.

300 mil "papas" evangélicos

Os pastores são um dos últimos grupos de pessoas na América do Norte que têm autoridade e proteção constitucional para falar a verdade. Essa autoridade pastoral é muito semelhante à do papa católico romano. Ele não tem um exército e não possui nenhum poder estatal que alguém leve a sério. No entanto, quando fala, suas palavras são transmitidas para o mundo inteiro e ocupam as manchetes das primeiras páginas dos jornais. Os pastores na América do Norte têm acesso a cerca de um quarto da população da América semanalmente. As pessoas entram em todos os tipos de prédios, desde catedrais a lojas com cadeiras de plástico, apenas para ouvir seus pastores. Para a população cristã, os pastores ainda têm poder e autoridade.

Mas, para a população incrédula, os pastores são vozes de oposição a que se devem opor. Eles não têm poder político nem governamental, mas têm o poder de Deus. Os pastores podem explicar às pessoas por que elas estão vivas, para que serve a vida e como a vida deve ser vivida.

Os pastores devem ouvir de novo as palavras do reformador Ulrico Zuínglio, que apelou aos pastores por volta de 1500. No meio de conforto e passividade, Zuínglio exclamou:

> Por amor de Deus, façam algo corajoso! O mais corajoso é pregar o evangelho, e esse evangelho deve incluir a expectativa de que todo o povo de Deus é discípulo que deve fazer discípulos. Sim, preguem que somos encarregados de usar as palavras que trazem vida espiritual para a eternidade com Deus, que começa agora. Mas não negligenciem a pregação de que Jesus chama as pessoas para serem seus discípulos. E depois façam algo além da pregação. Conduzam seu povo na jornada do discipulado. Conduzam-nos para fora da porta do seu local de encontro e mostrem-lhes como viver, ser testemunhas e ser relevante para as necessidades dos que os cercam. Ensinam-nos a serem pessoas que iluminam a escuridão, que vivem com clareza moral, que amam os outros e que vivem para servir os outros.

Fazer tudo isso pode exigir algumas mudanças na forma como você vive e lidera. Mas você não pede ao seu povo todas as semanas que faça mudanças semelhantes? Não baixe o padrão para si mesmo. Seja um discípulo que faz discípulos. Essa é a vocação de cada pastor.

▶ CAPÍTULO **9**

O FIM

"

Que não nos enganemos. Ao enviar seus estagiários para o mundo, ele pôs em marcha uma revolução mundial perpétua: uma revolução que ainda está acontecendo e que continuará até que a vontade de Deus seja feita na terra como no céu. Quando essa revolução alcançar o auge, todas as forças do mal conhecidas pela humanidade serão derrotadas, e a bondade de Deus será conhecida e aceita com alegria em todos os aspectos da vida humana. Ele escolheu realizá-lo com e por meio dos seus alunos.

— Dallas Willard, Renovation of the Heart

E este evangelho do Reino será pregado em todo o mundo como testemunho a todas as nações, e então virá o fim.

— Jesus (Mateus 24:14)

"

A TESE DESTE LIVRO É que todos os que são chamados para a salvação são também chamados para o discipulado. Não há exceções, e não temos desculpas. Estou convencido de que, se as igrejas acreditassem nisso, os pastores o ensinassem e as pessoas o aceitassem, o resultado seria um mundo inundado de discípulos semelhantes a Cristo, o que transformaria o mundo.

Jesus nos diz que nossos esforços para compartilhar o evangelho e fazer discípulos conduzirão ao "fim". Quando o mundo for alcançado com suas boas novas, ele voltará.[285] A mente secular não consegue entender esse conceito. Os humanos tendem a pensar que a terra e as leis da natureza são determinantes, que nós somos temporários — estamos aqui hoje e amanhã desaparecemos. Mas o oposto é verdade.

De acordo com os propósitos e planos de Deus, os seres humanos durarão para sempre, enquanto o mundo que vemos não durará. Os céus e a terra serão transformados, refeitos e restaurados quando chegar a hora certa. O Deus presciente sabe quando esse tempo virá — quando o conjunto completo de almas for finalmente salvo.[286] Paulo diz: "Israel experimentou um endurecimento em parte" e rejeitou o Messias, "até que chegasse a plenitude dos gentios" (Romanos 11:25).[287] Assim,

---

[285] Veja Mateus 24:14; 28:18-20; Romanos 10:5-15.

[286] 2Pedro 3:1-13; Apocalipse 21:1-7.

[287] Paulo continua: "E assim todo o Israel será salvo, como está escrito: 'Virá de Sião o redentor que desviará de Jacó a impiedade'" (Romanos 11:26).

enquanto a Bíblia nos dá alguns sinais para nos guiar, só Deus sabe quando seu projeto evangélico estará terminado e o fim chegará.

É inevitável que este mundo acabe e que um novo mundo o substitua.[288] Por isso, devemos nos perguntar: mais pessoas entrarão no céu e o mundo virá a ser um lugar melhor porque nossas igrejas cumpriram sua missão? Se a resposta a essa pergunta não for *sim*, então Deus nos enviou numa missão ilegítima.

▶ REVOLUÇÃO MUNDIAL

Em seu livro *Renovation of the Heart*, Dallas Willard escreve: "Que não nos enganemos. Ao enviar seus [discípulos] para o mundo, ele pôs em marcha uma revolução mundial perpétua: uma revolução que ainda está acontecendo e que continuará até que a vontade de Deus seja feita na terra como no céu".[289] Como discípulos de Cristo, somos mais do que apenas residentes neste mundo; somos revolucionários. Fomos enviados, como diz Bonhoeffer, para o "mundo amadurecer". Vivemos num mundo onde a ciência, a filosofia, a psicologia, a tecnologia e os meios de transporte transformaram o mundo numa aldeia global. Este mundo está de pernas para o ar, pois a luz foi declarada escuridão e as trevas foram declaradas luz. Neste ambiente, é vital que não estejamos em conflito ou confusos sobre nossa missão, porque sofreremos muita resistência.[290]

Ao ler este livro, talvez você tenha percebido minha afinidade com Dietrich Bonhoeffer. Bonhoeffer era intelectual e aristocrático, e seu entendimento da revolução era elitista. Ele defendia uma nobreza pastoral completamente livre e treinada, que pudesse pregar a Palavra de Deus e discernir os espíritos da época. Ele escreveu: "Eles seriam uma falange da elite intelectual adequada para combinar a astúcia com o 'espírito da época'. Formariam uma aristocracia de responsabilidade — uma nobreza de praticantes justos e peregrinos em oração".[291]

---

288 Veja 2Pedro 3:7-13.
289 WILLARD, Dallas. *Renovation of the Heart*. Colorado Springs: NavPress, 2002. p. 14-15. "[discípulos]" é "estagiários" no original.
290 Veja João 16:33.
291 MARSH, Charles. *Strange Glory*. Nova York: Alfred A. Knopf, 2014. p. 378.

Embora eu adore a ideia de Bonhoeffer e tivesse adorado ser incluído nos seus planos, acredito que suas ideias simplesmente não foram a fundo o bastante. Esses pastores só teriam desencadeado uma revolução entre os intelectualmente dotados, e Bonhoeffer supôs que as massas seguiriam seus líderes intelectuais. As massas alemãs tinham seguido seu *Führer*, Bonhoeffer raciocinou, então por que eles não seguiriam um líder justo se Hitler estivesse fora do caminho? Nunca saberemos se os planos de Bonhoeffer teriam dado frutos, pois seu sonho foi interrompido quando a Gestapo encerrou sua grande experiência e a maioria da sua elite intelectual foi recrutada pelo exército alemão e enviada para a frente russa, onde morreu.

Peter Drucker disse: "A cultura sempre acaba devorando a estratégia". O plano de Bonhoeffer foi interrompido porque a heresia ariana demoníaca dominava a Alemanha. Mas a comissão de Jesus — seu plano de discipulado para mudar o mundo — é muito mais ampla e poderosa. Sua visão é de uma revolução perpétua que continuará, inalterada, até que a "vontade de Deus seja feita, assim na terra como no céu" (Mateus 6:10). O plano de Jesus é flexível, capaz de se adaptar a diferentes culturas e épocas, e foi concebido para crescer, se multiplicar e se espalhar pela terra. Ele é sustentável, capaz de durar séculos. O plano de Jesus leva em consideração que, para sustentar um movimento como este, o objetivo — o objetivo final — deve ser muito claro.

Jesus alertou seus discípulos de que deveriam manter em mente esse objetivo claro para se precaverem contra lealdades concorrentes: "Ninguém pode servir a dois senhores; pois odiará a um e amará o outro, ou se dedicará a um e desprezará o outro. Vocês não podem servir a Deus e ao dinheiro. [...] Busquem, pois, em primeiro lugar o Reino de Deus e a sua justiça, e todas essas coisas lhes serão acrescentadas" (Mateus 6:24,33).

Prevendo alguns dos nossos desafios atuais, Bonhoeffer falou com aprovação sobre o desenvolvimento daquilo que ele chamou de "cristianismo sem religião", referindo-se a um discipulado sério liberto de toda a bagagem hipócrita e incapacitante das igrejas institucionais. A Igreja Evangélica Alemã dos anos 1930 era um modelo de capitulação, de concessões e de hipocrisia. Uma inundação de discípulos de Cristo, porém, enviados para o lamaçal que é a sociedade é uma cura para seus males. Mas esses discípulos, acima de tudo, devem conhecer Deus e ser cheios do Espírito Santo. Devem também conhecer a Palavra de Deus e ter sua mente e coração libertados de tudo que não seja o próprio Cristo.

▶ CRISTO ACIMA DE TODOS OS OUTROS

O sociólogo Peter Berger afirma "que a revelação de Deus em Jesus Cristo (que é o objeto da fé cristã) é algo muito diferente da religião".[292] Jesus é maior do que qualquer religião, maior até do que a religião cristã. C. S. Lewis escreveu: "A igreja existe apenas para atrair os homens para Cristo, para fazer deles pequenos cristos. Se não o fizer, todas as catedrais, o clero, as missões, os sermões, até mesmo a própria Bíblia são simplesmente uma perda de tempo. Deus se tornou homem para nenhum outro fim".[293] No final, Jesus ocupa a posição preeminente acima de todas as coisas. Ele se destaca e está acima de todas as religiões e filosofias porque ele é Deus, e ninguém mais pode se comparar a ele.

Isso significa que os discípulos de Jesus devem seguir a ele, não as instituições eclesiásticas, os sistemas teológicos ou suas próprias preferências culturais. Alguns chamam Jesus de o Cristo cósmico porque ele pode ser visto e conhecido, apesar de todos os impedimentos que as religiões têm criado nas tentativas de escondê-lo ou mudá-lo. Neste "mundo amadurecido", seus discípulos devem mostrar esse Cristo ao mundo que os observa. E o primeiro lugar em que o mundo o vê é na qualidade de vida compartilhada entre seus discípulos.

O apóstolo Paulo descreve Cristo na sua posição cósmica de uma forma muito gloriosa.

---

292 BERGER, Peter. *The Precarious Vision*. Garden City, NY: Doubleday, 1961. p. 163.
293 LEWIS, C. S. *Mere Christianity*. Nova York: Macmillian, 1952. p. 30. Também encontrado em BERGER, 1961, p. 60.

> *Cristo é a imagem do Deus invisível, o primogênito de toda a cria-*
> *ção, pois nele foram criadas todas as coisas nos céus e na terra, as*
> *visíveis e as invisíveis, sejam tronos ou soberanias, poderes ou auto-*
> *ridades; todas as coisas foram criadas por ele e para ele. Ele é antes*
> *de todas as coisas, e nele tudo subsiste.*
> — Colossenses 1:15-17

A sabedoria de Jesus é inigualável. Sua visão crítica da sociedade, do coração humano e das instituições deste mundo mostra a profundidade da sua compreensão.

Numa mensagem cuja leitura leva treze minutos, o Sermão da Montanha, ele desmascarou o mundo e o desmontou. Jesus deixou claro que os seres humanos precisam de uma justiça — uma forma correta de viver — que é melhor do que a dos líderes religiosos de Israel (Mateus 5:20). É como Dallas Willard comenta: "Os seus ensinamentos, mesmo mutilados e fragmentados, têm um poder incrível de perturbar os sistemas humanos, incluindo os que afirmam ser seus proprietários. Ele é o desajustado, e isso está à disposição de todos aqueles que o procuram".[294] Afinal, "ele é a cabeça do corpo, que é a igreja" (Colossenses 1:18).

Um dos pontos fortes do movimento cristão é que Jesus é o mais forte crítico das nossas tendências religiosas. Não só no Sermão da Montanha, mas também nas suas palavras às sete igrejas na Ásia Menor, Jesus mostra que está preparado para disciplinar, repreender e corrigir seu povo.[295] A Igreja não é nossa; ela pertence a Cristo. Willard afirma: "Jesus está no seu povo, mas não se deixa prender por ele. Ele nos chama estando simplesmente aqui no nosso meio. Não há nada igual a ele. As pessoas nas igrejas também têm a opção de conhecê-lo e de segui-lo para seu reino, embora isso raramente seja o que estão fazendo".[296]

Fico maravilhado diante daquilo que Jesus sabe, que é muito mais do que nós sabemos, mesmo com nosso conhecimento científico e

---

294 WILLARD, Dallas. *Knowing Christ Today*. São Francisco: Harper One, 2009. p. 147.
295 Veja Apocalipse 2-3.
296 WILLARD, 2009, p. 147.

estudo psicológico. Jesus criou este mundo; ele esteve aqui antes mesmo de haver um *aqui*. Ele fez tanto o que podemos ver como o que não podemos ver, embora a parte invisível do mundo seja igualmente real. É onde são travadas as batalhas espirituais, e Paulo as descreve em vários lugares.[297] Quando consideramos o conhecimento e a compreensão de Jesus e o alcance do seu poder e autoridade, lembramo-nos de que ele não está limitado a trabalhar através dos seus discípulos. Jesus permanece ativo tanto dentro como fora das nossas igrejas e vem operando no mundo inteiro há mais de 2 mil anos.

A obra de Jesus se estende a áreas da vida que nós, com nossa secular visão do mundo ocidental, não costumamos ver como religiosas. Ele é Senhor sobre a medicina, filosofia, política e psicologia. Em certo sentido, podemos dizer que toda a vida é inerentemente religiosa porque toda a vida está sob o domínio e o reinado do Cristo ressuscitado. Da mesma forma, Paulo disse ao conselho ateniense:

> Atenienses! Vejo que em todos os aspectos vocês são muito religiosos, pois, andando pela cidade, observei cuidadosamente seus objetos de culto e encontrei até um altar com esta inscrição: AO DEUS DESCONHECIDO. *Ora, o que vocês adoram, apesar de não conhecerem, eu lhes anuncio. O Deus que fez o mundo e tudo o que nele há* é o Senhor do céu e da terra, e não habita em santuários feitos por mãos humanas. Ele não é servido por mãos de homens, como se necessitasse de algo, porque ele mesmo dá a todos a vida, o fôlego e as demais coisas (Atos 17:22-25, grifo meu).

Muitas pessoas adoram um Deus desconhecido. A repórter Sally Quinn escreveu há pouco tempo uma coluna religiosa para o *Washington Post* sobre os 25 milhões de norte-americanos que dizem ser espirituais, mas não religiosos. A própria Quinn percorre diariamente um labirinto

---

[297] Veja Efésios 6:10-16. Jesus Jesus também o revelou através do relato de seu encontro com Satanás em Mateus 4:1-11, e através das visões registradas no livro do Apocalipse.

espiritual que é significativo para ela, mas não se concentra em nenhum deus específico e não acredita que bondade requeira um deus.

Acredito que nosso discipulado precisa reconhecer que Jesus tem estado e continua a estar trabalhando em torno de pessoas como Sally, apesar de, atualmente, ele estar escondido dela. Para estender plenamente nossa conversão a Cristo para o discipulado, devemos integrar a regra de Jesus em toda a vida, o que inclui reconhecer que ele é tão grande e magnífico que não podemos sondar a natureza abrangente da sua obra. Tal como Paulo em Atenas, devemos avaliar a situação, compreender a cultura e depois dizer-lhe a verdade do evangelho. O poder da nossa mensagem não está numa religião genérica, mas sim no evangelho — em Jesus e na sua história.

▶ CONHECEMOS DEUS ATRAVÉS DE JESUS

A descrição de Jesus por Paulo continua.

> *Pois foi do agrado de Deus que nele habitasse toda a plenitude, e por meio dele reconciliasse consigo todas as coisas, tanto as que estão na terra quanto as que estão no céu, estabelecendo a paz pelo seu sangue derramado na cruz.*
> — Colossenses 1:19,20

Não há maneira de conhecer Deus plenamente a não ser através de Jesus. E tenho grande confiança de que Jesus encontrará todas as pessoas que precisam dele e o querem. Jesus está operando em público e nos bastidores de sistemas, filosofias e pessoas danificados e distorcidos. No final, ele reconciliará todas as coisas consigo mesmo. Deus permitirá que todos os que suportarem isso entrem no céu.

Agora, algumas pessoas acreditam que isso significa que Jesus trará todos para o céu, mas eu discordo. Embora não possamos dizer que todos serão salvos, podemos dizer que seu sacrifício na cruz criou os meios para que cada pessoa se reconciliasse com Deus. Sabemos também que, voluntariamente ou não, um dia "ao nome de Jesus se dobre todo joelho, no céu, na terra e debaixo da terra, e toda língua confesse que Jesus Cristo é o Senhor, para a glória de Deus Pai" (Filipenses 2:10,11). Sabemos que todo o juízo foi dado a Jesus, e toda a criação, a visível e a invisível, acabará se submetendo a ele e passará pelo seu escrutínio perfeito.[298]

O caráter de Jesus é o caráter de Deus.[299] O Deus Trino contém mais do que apenas Jesus, mas nosso foco aqui é o fato de Deus como um todo ter designado Jesus para ser nosso líder, guia e exemplo.[300] Isso significa que, se quisermos conhecer Deus — quem ele é, seu caráter e sua personalidade — basta olharmos com cuidado para Jesus. Para conhecer a vontade de Deus, não precisamos consultar outra fonte. O verdadeiro discipulado não segue apóstolos ou professores carismáticos, segue apenas Jesus. Não há nada que ele não saiba, e ele não deixa nada de fora das suas instruções. Ele envia a todos nós para fazermos seu trabalho, que ele planejou usando seu perfeito conhecimento de todas as coisas, e ele controla todas as coisas. Quando queremos ver Deus, olhamos para Jesus e vemos Deus na cruz sacrificando-se pelos outros. É este que queremos apresentar ao mundo. Jesus é a boa nova.

▶ O QUE TORNA UMA REVOLUÇÃO BEM-SUCEDIDA?

Para que qualquer revolução possa ser bem-sucedida, ela precisa ser reproduzida perpetuamente.

Ela deve invadir todos os domínios da sociedade: entretenimento, governo, esportes, artes, meios de comunicação, educação, casa, igreja e grupos comunitários e organizações de voluntários. Alguns revolucionários tentam fazer isso artificialmente, mas as revoluções bem-sucedidas ocorrem naturalmente, penetrando todos os domínios pelo poder da sua mensagem. É por isso que uma revolução é mais do que uma simples

---

298 Veja Apocalipse 20:11-15; João 5:21-23.
299 WILLARD, Dallas. *The Divine Conspiracy*: Rediscovering Our Hidden Life in God. San Francisco: HarperCollins, 1998. p. 334.
300 João 1:1-14.

greve na frente de uma corporação ou nos degraus do congresso. Você pode até fazer uma declaração dessa forma, mas não pode dizer que tenha penetrado ou transformado qualquer coisa. Ou talvez você pense em evangelizar na frente de um centro cívico durante uma convenção. Essa atividade é menos eficaz do que ter defensores dentro da organização que promovam a causa ativamente.

Muitas vezes nossas igrejas têm tentado trazer mudanças de fora sem penetrar os domínios da sociedade. Sentimo-nos bem conosco mesmos porque fizemos algo, mas o que alcançamos de verdade? A maioria das pessoas ignora o que dizemos. Apenas se lembra de que a incomodamos e pode até estar grata por não ser igual a nós.

Ao longo da história da Igreja, cristãos muito capazes têm feito uma variedade de tentativas para obter um impacto significativo no mundo. Uma dessas tentativas foi feita pelo imperador romano Constantino. Creio que podemos aprender com seus erros e evitar aquilo que alguns chamaram de "a tentação constantiniana". Scot McKnight a define como "a tentação de levar o Estado a combinar seus poderes com os poderes da igreja para realizar, institucionalizar e legalizar o que é percebido como objetivos divinos".[301] Essa tentação ainda está muito viva. Sempre que os líderes da igreja abandonam os caminhos de Jesus e confiam no poder do Estado para realizar seu trabalho, estamos todos em perigo de sucumbir a essa tentação. Através do édito de Milão em 313, Constantino legalizou o cristianismo no Império Romano. Vários anos mais tarde, em 380, Teodósio fez dela a religião oficial do Estado e uniu a igreja ao Estado.

Embora suas intenções fossem boas, a Igreja teve que fazer concessões, e o resultado foram séculos de declínio na vitalidade espiritual cristã. Ao longo dos séculos que se seguiram, a Igreja europeia tornou-se mais opressiva ao comprometer o evangelho com o poder secular, levando à revolução que chamamos de Reforma Protestante.[302]

---

301 MCKNIGHT, Scot. *The Kingdom Conspiracy*. Grand Rapids: Baker, 2014. p. 260.
302 Muitos historiadores bons têm escrito sobre esse tema. MCKNIGHT, 2014, p. 260, é um bom ponto de partida.

Nos Estados Unidos, já não temos mais o casamento da Igreja com o Estado, que era a norma na Europa. Mas temos os evangelhos da esquerda e da direita.[303] Ambas as versões são vítimas de uma variação da tentação constantiniana. Como diz McKnight,

> os esquerdistas de hoje se preocupam com a mistura da direita religiosa com a igreja e o Estado e, não sem razão, a direita teme que a esquerda religiosa faça a mesma coisa com sua versão de uma praça pública nua. Qualquer tentativa de levar o governo ou o Estado a legislar aquilo em que os cristãos acreditam e, portanto, a impor as crenças cristãs através da lei é, de uma forma ou de outra, constantiniana.[304]

Tanto a direita como a esquerda cristã tentam levar o governo a promover certos comportamentos e a proibir outros. Praticamente todos concordam que toda lei é baseada em algum tipo de norma moral. A questão é se normas morais devem ser aplicadas através da autoridade do direito civil e se devem ser punidas pelo Estado. A direita quer leis que proíbam o casamento gay e o aborto, enquanto a esquerda quer leis que promovam a justiça social e punam o discurso do ódio. Mas ambos os lados erram quando fazem do direito civil e da aplicação governamental o jogo final. A verdadeira mudança não se faz através de leis externas, mas sim através da transformação do caráter humano. Não veremos uma revolução duradoura quando buscamos uma mudança por lei, porque Jesus não está operando para nos transformar em pessoas morais e religiosas. Ele está operando para nos transformar em pessoas que não odeiam e não matam porque não têm raiva, e que não roubam porque respeitam a propriedade alheia.

Só para ser claro, acredito que é possível defender com bons argumentos que se promova a moralidade através da ação governamental. E as pessoas boas devem promover o bem através do governo. Mas não

---

303 Ambos são descritos no capítulo 1 desta obra.
304 MCKNIGHT, 2014, p. 262.

devemos confundir ter boas leis com criar boas pessoas. A bondade que faz boas nossas leis é Deus, pois Deus é a fonte do bem.[305] Um resto da sua bondade ainda reside em cada ser humano, porque fomos feitos à imagem de Deus. Mas essa bondade pode ser reprimida, o que resulta na cauterização da consciência. Por causa da natureza humana caída, não devemos esperar mudar o mundo através do sistema legal e do poder do governo.

O mundo só pode ser mudado pelo poder do evangelho. McKnight cita Carl Henry para fundamentar esse ponto.

> Os cristãos têm uma razão bíblica para procurarem uma sociedade predominantemente regenerada. Mas será que eles [...] têm também razão quando querem impor todos os princípios bíblicos às instituições públicas, incluindo o governo e as escolas? Os cristãos não ficarão desiludidos e, na verdade, desacreditados se, por meios políticos, procurarem alcançar objetivos que a Igreja deveria promulgar através da pregação e do evangelismo?[306]

A história tem mostrado que os ganhos obtidos pela direita religiosa têm sido de curta duração. Por exemplo, embora algumas leis tenham sido aprovadas a nível estadual definindo o casamento entre um homem e uma mulher e restringindo o aborto, na sua maioria, as leis se deslocaram para a esquerda. E mesmo quando os estados fizeram leis que apoiam a moralidade conservadora, os tribunais as derrubaram.

Embora o trabalho necessário deva ser feito nas esferas política e jurídica, nossas igrejas não devem ser confundidas quanto ao seu chamado e missão. Travamos uma batalha espiritual, uma guerra pelo caráter do povo, e confiamos principalmente na influência de Jesus e do testemunho dos seus discípulos — não em leis externas ou movimentos políticos.

Você caiu vítima da tentação constantiniana? Pergunte-se: seria melhor se nossas igrejas controlassem nosso governo? E se a Igreja internacional governasse o mundo? Será que as coisas melhorariam?

---

305 Veja Marcos 10:18, onde Jesus diz que só Deus é bom.
306 MCKNIGHT, 2014, p. 266.

Minha resposta é um retumbante *não*. Creio que, antes que a Igreja possa assumir o governo do mundo, Cristo deve assumir a Igreja. Nossas igrejas não estão preparadas para esse nível de poder e autoridade — se é que estarão antes de Cristo voltar — porque elas não têm a maturidade de discípulos adultos de Jesus.

Mas e se nossas igrejas melhorassem seu jogo? E se fizéssemos um trabalho melhor de desenvolvimento à semelhança de Cristo nos nossos membros? E se fôssemos tão apaixonados como Paulo pelo trabalho de discipulado?[307] Em algum momento, seria uma boa ideia a Igreja como organização ter autoridade sobre o mundo de alguma forma? Continuo a pensar que a resposta é *não*, pelo menos até Jesus voltar e assumir seu legítimo lugar como governante do reino de Deus na terra.[308] Em qualquer caso, recomendo que não tentemos governar o mundo antes da sua chegada. Mas esse tema nos leva a outra questão. Se a revolução bem-sucedida não é uma questão de tomar o poder do governo e governar politicamente, ela é o quê?

▶ A IGREJA É UMA TESTEMUNHA FIEL?

Uma ideia popular de revolução é expressa numa frase cunhada por James Davison Hunter: a Igreja é uma testemunha fiel.[309] A opinião de Hunter é de que a Igreja não tem o poder de alcançar objetivos políticos e noções grandiosas de transformação do mundo. Qual é a alternativa? A alternativa que eu recomendaria é adotar o plano de Jesus de ser uma luz para o mundo — em outras palavras, fazer discípulos que depois façam ainda mais discípulos (Mateus

---

307 Colossenses 1:28,29.

308 Alguns acreditam que, quando Jesus retornar, ele reinará a partir de Jerusalém por mil anos. Isso não seria interessante? Obviamente, ele terá a autoridade e o poder de fazê-lo. Mesmo assim, a Bíblia nos diz que muitos rebelarão. Isso significa que nem o próprio Deus consegue ser totalmente bem-sucedido governando o mundo enquanto ainda houver pecado nele? Veja Apocalipse 20:4-10.

309 James Davison Hunter, numa fala ao Trinity Forum, 21-22 de junho de 2003. Resumida por Jay Lorensen em 10 de junho de 2006, em Leadership Movements: Marks of a Movement, *www.onmovements.com*.

28:18-20; 5:14-16). Obviamente, esse método não é um método que trará mudanças rápidas. Leva tempo. Não conquista as manchetes. É uma abordagem pessoa por pessoa. Contamos aos outros as boas notícias e as pessoas são publicamente batizadas. Depois lhes ensinamos a fazer tudo que Jesus nos ensinou, incluindo como fazer mais discípulos, até que a história seja contada na terra inteira. Quando a história estiver completa, Jesus afirma que voltará e deixará tudo como deve ser.[310]

Ser um revolucionário silencioso não é cintilante nem complicado. É simplesmente viver uma vida autêntica e um testemunho cristão incrustado na sociedade, preservando e iluminando a verdade de Deus até que ele volte para estabelecer seu reino. Defendo que a influência pessoal é a chave para mudar a cultura. Hunter apresenta uma abordagem diferente, que envolve elites culturais e redes poderosas. Hunter e eu concordamos que somos chamados para sermos testemunhas fiéis. Mas vejo que o ponto de partida é a mudança de caráter — discípulos que fazem outros discípulos. Depois, quando a multiplicação começa, ela cria o que Hunter descreve como mudança social ou cultural. Hunter apresenta quatro formas de mudança social, que ele vê como mais determinantes do que o compromisso de fazer discípulos e de ensinar a todos tudo que Jesus ordenou (Mateus 28:20). Jesus nos instruiu a fazermos discípulos e não disse quase nada sobre a sociedade e as redes.

Segundo Hunter, o ator-chave na história não é o gênio individual, mas a rede. Novas instituições são criadas a partir de redes. Como exemplo, Hunter aponta para a ilegalização da escravidão na Inglaterra. A maior parte argumentaria que essa vitória se deveu ao caráter de William Wilberforce. Hunter, no entanto, diz que se deveu ao Clapham Circle, uma poderosa rede de abolicionistas cristãos, da qual Wilberforce era membro. Eu diria que foi o caráter de Wilberforce que levou ao envolvimento do Clapham Circle.

Hunter, um sociólogo, observou as seguintes tendências:

---

310 Mateus 24:14; 28:18-20.

1. *Os indivíduos, redes e instituições mais envolvidos na produção de cultura operam no centro, onde o prestígio é mais elevado.* O poder está no centro, não na periferia, onde o *status* é baixo. Por exemplo, se o presidente da Harvard acreditar na coisa certa, ele terá mais impacto do que seu encanador local.

2. *A mudança cultural em longo prazo ocorre sempre de cima para baixo.* É o trabalho das elites, dos guardiões, que fornecem direção e gestão criativa às principais instituições da sociedade. Acredito que, embora existam exemplos de elites e guardiões que mudam a sociedade, a mudança começa na base. Poderíamos argumentar que o pastor Rick Warren lidera uma poderosa igreja e uma rede mundial e que é essa a razão pela qual as pessoas o ouvem. Isso é verdade na sua manifestação atual, mas a influência do pastor Rick se baseia no seu caráter e no fato de ser uma testemunha fiel. Primeiro houve Rick Warren, e durante um período de trinta anos, a Igreja Saddleback tornou-se uma grande força, e depois vieram *The Purpose Driven Church* e *The Purpose Driven Life*. Meu ponto de vista é que tudo começa com a pessoa, que depois cria o efeito, a rede ou o movimento que depois um sociólogo reconhecerá como elite ou um centro de poder.

3. *A mudança mundial é mais intensa quando as redes de elites e as instituições que elas lideram se sobrepõem.* De acordo com Hunter, é um padrão consistente que o impulso, a energia e a direção para mudar o mundo são maiores onde os recursos culturais, econômicos e muitas vezes políticos se unem num objetivo comum.[311]

Para ser claro, o que Hunter está defendendo é diferente da forma de transformação de Jesus através do evangelismo pessoal e do discipulado. Se Hunter estiver certo, então o plano de Jesus está errado, e nossas igrejas estariam perdendo tempo na tentativa de mudar o

---

311 HUNTER, *Trinity Forum.*

mundo trabalhando com pessoas comuns. A principal estratégia da Igreja deveria ser voltada para os principais agentes culturais. Embora Hunter possa estar de certa forma correto em seu primeiro ponto, uma vez que as elites sociais lideram instituições e redes importantes, seus pontos restantes tendem a minimizar o papel que as pessoas comuns desempenham na economia de Deus.

Contrariando seu segundo ponto, certo carpinteiro de Nazaré parece ter quebrado essa regra. O historiador Randall Balmer escreve: "Minha leitura da história religiosa norte-americana é que a religião funciona sempre melhor a partir das margens da sociedade e não nos conselhos de poder".[312] Assim, enquanto Hunter, um sociólogo, vê o principal potencial de mudança no centro, Balmer diz que a Igreja fez seu maior trabalho longe dos holofotes, às margens. Em outras palavras, a Igreja teria alcançado seu melhor quando tinha o mínimo.

Quanto ao terceiro ponto de Hunter, poderíamos argumentar que os movimentos de base realmente provocam a maior mudança. Hunter defende que o Renascimento, a Reforma, os Grandes Reavivamentos, o Iluminismo, o triunfo do capitalismo e todas as revoluções democráticas no Ocidente começaram entre as elites e depois se espalharam pela sociedade maior. Em outras palavras, mesmo que a reprodução de discípulos seja o sal da terra e a luz do mundo, não veremos uma revolução até que as elites culturais se envolvam.

Para ser justo, acredito que Hunter concordaria que Jesus não nos disse que devemos governar o mundo ou dominá-lo ou controlá-lo de qualquer maneira. Nosso papel é sermos testemunhas fiéis até que ele volte. Mas acredito que Jesus definiu um padrão mais alto no seu plano e tipo de revolução, que Dallas Willard caracteriza desta forma:

> Que não nos enganemos. Ao enviar seus [discípulos] para o mundo, ele pôs em marcha uma revolução mundial perpétua: uma revolução que ainda está acontecendo e que continuará até que a vontade de Deus seja feita na terra como no céu.

---

312 BALMER, Randall. *God in the White House*. San Francisco: Harper One, 2008. p. 167, citado em MCKNIGHT, 2014, p. 267.

Quando essa revolução alcançar o auge, todas as forças do mal conhecidas pela humanidade serão derrotadas, e a bondade de Deus será conhecida e aceita com alegria em todos os aspectos da vida humana. Ele escolheu realizá-lo com e por meio dos seus alunos.[313]

Willard diz especificamente: "até que a vontade de Deus seja feita na terra como no céu". Isso fala da revolução que culminará na volta de Cristo, quando ele derrotará as forças físicas e espirituais do mal. Esse é o momento do julgamento, quando Cristo finalmente estabelece seu domínio sobre todos e cria os novos céus e a nova terra. Assim, embora tenhamos um papel na sua revolução, não somos nós que a completamos. Nosso papel é parcial, mas crucial e significativo, porque somos os meios que Deus utiliza na revolução de hoje.

Nós iniciamos a revolução, e Jesus a completa. Compreende-se que não podemos, em última análise, procurar governar até Cristo voltar, porque ele é o único que governa. Balmer tem razão. Nossas igrejas serão comunidades perseguidas e sofridas até o retorno de Cristo, quando a autoridade que temos deve ser exercida a partir das margens da sociedade. McKnight também tem razão ao dizer que o poder político é fraco demais. E Willard tem razão ao lembrar que temos um papel importante a desempenhar como Igreja.

Acima de tudo, porém, Jesus está certo. A forma como provocamos mudança é sendo seus discípulos e fazendo discípulos. O que eleva fazer discípulos acima de tudo é a realidade de que só nossas igrejas podem fazê-lo. Se não fizermos discípulos, mais ninguém o fará. Os cristãos devem estar envolvidos na política, nos negócios, nos meios de comunicação e entre as elites culturais. Deveríamos trabalhar entre os pobres e nas margens da sociedade. Mas em todo nosso trabalho, não podemos esquecer nossa missão principal. Temos um chamado único para fazermos discípulos que fazem discípulos. E isso, acima de tudo, deve ser nosso foco.

---

[313] WILLARD, 2002, p. 14-15. A primeira ocorrência de "[discípulos]" é "estagiários" no original, e a segunda é "alunos".

CAVANDO MAIS FUNDO

▶ **UMA QUESTÃO DE MOTIVO**

Sabemos que Jesus nos enviou ao mundo como seus discípulos para fazermos mais discípulos. Mas o mundo está nos fazendo uma pergunta sobre essa missão: Será que se pode confiar na nossa mensagem e no nosso Deus? A oferta da graça de Deus — o fato de podermos conhecer Cristo, ser salvos das consequências do nosso pecado e ganhar a vida eterna em Deus — é realmente legítima?

No fundo, os cristãos acreditam que servimos um Deus que é justo e santo. Mas algumas representações de Deus o retratam como desinteressado e mesmo feliz por entregar grandes porções da humanidade à condenação. Ou eles enfatizam um Deus cuja vontade é feita independentemente da escolha humana. Haverá uma forma de pensar em Deus e no seu plano que enfatiza a responsabilidade humana ao mesmo tempo que reconhece nossa necessidade desesperada de um Salvador?

Admito que há um elemento de mistério em tudo isso, e eu não tenho a pretensão de resolver essa questão. Independentemente da nossa posição teológica particular sobre a escolha humana e o livre-arbítrio, em algum nível, todos nós devemos reconhecer que nossas escolhas são importantes. Talvez nunca cheguemos mais perto de conhecer a resposta final a esse dilema (que reside apenas em Deus). Mas, como uma questão prática quando fazemos discípulos, devemos agir e viver como se nossas escolhas fossem escolhas reais e que somos, em última análise, responsáveis pelo que dizemos e fazemos. Podemos concordar em relação a tudo isso — seja você calvinista ou arminiano. Mesmo os discípulos mais fervorosos do determinismo sabem que devem escolher sair da cama, escolher usar certas roupas, escolher comer algum tipo de comida e até optar por assumir uma atitude particular. Todos oramos a Deus para nos ajudar a tomar nossas decisões, mas sabemos que nossas decisões não são tomadas por nós. Somos responsáveis por elas.

O coração de Deus se revela na verdade de que ele quer que todos venham ao arrependimento e sejam salvos (2Pedro 3:9). Portanto, o fato de muitos não serem salvos diz mais sobre a depravação do pecado humano do que sobre a natureza de Deus. Deus leva nossas decisões a sério. O preço da nossa escolha de rejeitar Deus é o mal do pecado. Mas também podemos optar por nos arrepender e obedecer a Deus e desfrutar das bênçãos de nos relacionarmos com nosso Criador. Podemos amar e ser verdadeiramente amados. Como disse Tomás de Aquino: "Deus causa e move nossa vontade, mas, ainda assim, sem que a vontade deixe de ser livre". [a]

---

a DAVIES, Brian. *The Thoughts of Thomas Aquinas*. Oxford: Clarendon, 1992. p. 267.

► ## O EVANGELHO QUE PREGAMOS DETERMINA O QUE NOS TORNAMOS

O Jesus em que eu acredito e o evangelho que eu prego determinam o tipo de pessoa em que me torno e o tipo de discípulos que farei. Gosto das palavras de E. Stanley Jones: "Se Deus não for como Jesus, ele deveria ser". Jesus é minha motivação para o discipulado. Ele é meu mestre, meu líder, meu Senhor e meu Deus; ele é a revelação exclusiva de Deus. A carta aos Hebreus coloca isso desta forma:

> Há muito tempo, Deus falou muitas vezes e de várias maneiras aos nossos antepassados por meio dos profetas, mas nestes últimos dias falou-nos por meio do Filho, a quem constituiu herdeiro de todas as coisas e por meio de quem fez o universo. *O Filho é o resplendor da glória de Deus e a expressão exata do seu ser, sustentando todas as coisas por sua palavra poderosa.* Depois de ter realizado a purificação dos pecados, ele se assentou à direita da Majestade nas alturas, tornando-se tão superior aos anjos quanto o nome que herdou é superior ao deles (Hebreus 1:1-4 ESV, grifo meu).[314]

Quando pensamos em Deus, devemos ver Jesus na cruz. Esse é nosso Deus que se sacrifica, vive e morre por amor aos outros. Ele se

---

314 Veja também João 1:1-3; Colossenses 1:15-20.

preocupa de tal maneira que não retém nada de si próprio. "Porque Deus tanto amou o mundo que deu o seu Filho Unigênito, para que todo o que nele crer não pereça, mas tenha a vida eterna. Pois Deus enviou o seu Filho ao mundo, não para condenar o mundo, mas para que este fosse salvo por meio dele" (João 3:16,17). Em última análise, é por isso que devemos responder à sua ordem de ir e fazer discípulos entre todos os povos. Jesus deu tudo de si; agora devo dar tudo de mim por ele. Todos os que são chamados para a salvação são chamados para seguir Jesus como seus discípulos. Sem exceções. Sem desculpas. Jesus não reteve nada, e nós também não devemos reter nada.

Recentemente, um bom amigo meu e colega de trabalho no Projeto Bonhoeffer estava trabalhando com alguns líderes pastorais na Bolívia. Ele lhes ensinou essencialmente a mensagem deste livro.

1. Todos os que são chamados para a salvação são chamados para o discipulado. Sem exceções. Sem desculpas.

2. O evangelho que pregamos e em que acreditamos dita o tipo de discípulos que somos e o tipo de discípulos que fazemos.

3. Se tentarmos fazer um discípulo semelhante a Cristo a partir de um evangelho não discipulador, falharemos. Faremos um discípulo, mas do tipo errado.

4. Se formos verdadeiramente salvos, decidiremos matricular-nos na escola de Jesus e aprender com ele como seu aluno.

5. Um discípulo aprende, cresce, muda e faz outros discípulos. A esterilidade espiritual não é aceitável.

6. Os métodos de Jesus são tão importantes quanto sua mensagem. Nossas igrejas aceitam sua mensagem, mas ignoram seus métodos e criam um cristianismo sem discipulado que não tem um impacto sério.

7. Nossas igrejas existem para o discipulado, e os discípulos são o sistema de levar Deus ao mundo. Quando as igrejas invertem esse processo e tentam fazer com que o mundo venha até elas em vez de enviar discípulos para o mundo, o resultado é o caos.

8. Os pastores devem ser avaliados e recompensados com base no número de discípulos que produzem e no tipo de pessoas que sua igreja envia para o mundo.

9. Se nossas igrejas melhorarem seu jogo e aumentarem o número de discípulos treinados que enviam para o mundo, mais pessoas virão para o reino de Deus. Mais sal e luz e mais alegria em Cristo serão distribuídos e mais perseguição sofrerão. Mas quanto mais cedo a missão estiver completa, mais cedo chegará o fim.

10. Cristo vive para os outros, a Igreja é apenas Igreja quando existe para os outros. Qualquer plano que não crie discípulos que vivam para os outros é um fracasso.

Os pastores bolivianos disseram ao meu amigo:

— Sempre tentamos fazer discípulos e experimentamos todos os programas, mas sempre falhamos.

Meu amigo perguntou:

— Por que você acha que falhou com os melhores programas do mundo inteiro?

— Porque não tínhamos coração; não entendíamos o porquê. Porque ensinávamos um evangelho sem discipulado. Ensinávamos o discipulado como um complemento para a salvação.

Jesus nos instrui que fazer discípulos é sua forma de salvar o mundo: seu plano, seu método e seu sonho para sua Igreja. O discipulado que segue o caminho de Jesus não falhará porque é uma missão que flui diretamente do coração de Deus, o grande criador de discípulos. Ao seguirmos seu exemplo, veremos vidas, igrejas e comunidades transformadas pelo evangelho.

PROJETO BONHOEFFER

BILL HULL

Bill é cofundador do Projeto Bonhoeffer. A paixão de Bill é ajudar a igreja a retornar para suas raízes fazedoras de discípulos, e ele se considera um evangelista do discipulado. Esse desejo dado por Deus se manifestou em 20 anos de pastoreio e muitos livros. Dois de seus livros mais importantes, *Jesus Christ Disciplemaker* e *The Disciple-Making Pastor* são vendidos há mais de 20 anos.

BRANDON COOK

Brandon é cofundador do Projeto Bonhoeffer e pastor principal da Long Beach Christian Fellowship. Ele estudou no Wheaton College (IL), no Jerusalem University College, na Brandeis University e no Oxford Centre for Hebrew and Jewish Studies. Brandon se convenceu de que seu trabalho – e o trabalho da igreja – deve se dedicar totalmente ao discipulado e à criação de fazedores de discípulos.

OBJETIVO

O objetivo do Projeto Bonhoeffer é encorajar cada participante a se tornar um líder fazedor de discípulos. Assim que essa decisão é tomada, o participante deve receber o conhecimento necessário para executar um plano para fazer discípulos que também farão discípulos. O Projeto Bonhoeffer acredita firmemente que a melhor maneira de fazer isso é numa comunidade de pessoas com o mesmo objetivo – é por isso que o projeto se descreve como Comunidade.

PLANO

Fazer discípulos exige intencionalidade. Em seu livro *A Serious Call to a Devout and Holy Life*, William Law afirma: a razão pela qual as pessoas não mudam seu comportamento é que elas nunca tiveram a intenção de fazê-lo. A intenção de fazer discípulos exige um plano, e se você não tem um plano, no fundo, você não tem a intenção de fazê-lo. O Projeto Bonhoeffer ajuda cada participante a desenvolver um plano que é biblicamente correto e que se encaixa bem no contexto do seu ministério. Cada uma das reuniões se concentrará num tema específico, ao qual um projeto mensal dá continuidade.

CONTATO

www.projetobonhoeffer.com

NOSSA HISTÓRIA

A Converge é um movimento de igrejas que trabalham para ajudar as pessoas a conhecer Jesus e segui-lo. Fazemos isso plantando e revitalizando igrejas no mundo todo. Por mais de 165 anos, a Converge tem ajudado igrejas a trazer transformação de vida para comunidades em todo o mundo por meio da plantação e multiplicação de igrejas.

NOSSA VISÃO

Estamos pedindo a Deus por um Movimento do Evangelho em cada comunidade menos alcançada do Brasil em nossa geração. Caracterizamos um Movimento do Evangelho como a ação progressiva do Espírito Santo na proclamação do evangelho, na multiplicação de discípulos, no engajamento de comunidades e na plantação de igrejas.

NOSSO CONVITE

Se você é um plantador de igrejas, um pastor ou um líder de ministério, queremos convidá-lo a conhecer a Converge Brasil e colaborar conosco.

CONHEÇA MAIS

www.converge.org
www.convergebrasil.org